Oberprima in Heidelberg, Sandgasse 1949 / 1950

Vorwort

Als ich 1940 ins Heidelberger Gymnasium kam, gab mir mein Vater mit auf den Weg: Wenn du Fragen nicht mit ja oder nein beantworten kannst, schweige. Es genügt, wenn einer in der Familie gefährdet ist. Im Februar 1945 endete der erste Teil meiner Schulzeit abrupt. Während mein Freund und ich mit einem alten Fahrrad auf der sonst völlig leeren Autobahn von der Schule nach Hause (Mannheim) fuhren, wurden wir plötzlich von amerikanischen Jagdbombern angegriffen. Glücklicherweise und gerade noch rechtzeitig fanden wir in einem Rübenloch Schutz. Danach war die Zeit des Krieges und des Schweigens zwar vorbei, aber es ging dann nicht so sehr um die Fortsetzung der Schule, sondern um die pure Existenz und um das nackte Überleben, erst allmählich um die Zukunftschancen in einer neuen, friedlichen Welt. Diese spannenden Jahre, mittlerweile 5 Jahrzehnte nach 1950 von unterschiedlicher Warte anschaulich und lesenswert zugleich darzustellen, ist das Ziel unsrer „späten Klassenarbeit".

Jedenfalls freue ich mich mit meinen Mitschülerinnen und Mitschülern, es entgegen mancherlei Bedenken gewagt zu haben, in einer Zeit, die so rasch vergeht, einen Moment inne zuhalten, um unsre Gedanken und einige Erfahrungen, von dem, was für uns wichtig war und bleibt, an unsre Leser, Eltern und Schüler der nächsten Generation weiterzugeben.

Ich bedanke mich daher sehr herzlich bei allen für ihre, von mir hochgeschätzte Mitarbeit und hoffe, daß wir mit dieser etwas ungewöhnlichen Broschüre den Nachdenklichen unsrer Zeit eine bleibende Freude bereitet und für uns selbst einen würdigen Rahmen zum Jubiläum gefunden zu haben.

Mein besonderer Dank gilt meiner lieben Frau und unsern Kindern, besonders Ulli und Albrecht für alle geistigen und technischen Anregungen, diese Broschüre angenehm und 'ansehnlich' zugleich zu gestalten.

Hermann Schönthal

Gerhard August

Abiturrede am 28.7.1950 Ort: Stadthalle ***Heidelberg***

Sehr geehrter Herr Direktor, verehrte Eltern und Lehrer, liebe Mitschüler!

Die Älteren unter Ihnen werden sich bei solch einer Abschlußfeier wohl ihrer eigenen Schulzeit entsinnen und dann diese Zeit mehr oder minder in dem verklärenden Licht der Erinnerung schauen. Meine jüngere Schülergeneration dagegen als „δαρεισ ανθρωποσ“, die noch unter dem Gesetz und der Zuchtrute der Schule stehen, werden eher dem entgegengesetzten Extrem zuneigen und das Penal samt allem, was damit zusammenhängt, etwas strenger und unnachsichtiger beurteilen, als dies eigentlich nötig wäre.

Wir Abiturienten stehen nun unserm Alter und unsrer Lebenserfahrung nach gerade in der Mitte zwischen diesen Anschauungsweisen und werden deshalb von den gegensätzlichsten Gefühlen bewegt.

Lassen Sie mich freimütig reden: Vor 2 Jahren, als wir jene Rede Ciceros gegen Catilina lasen, die anhebt mit dem pathetischen „abiit, excessit, evasit, erupit!“, da war meine Aufmerksamkeit längere Zeit durch eine Zwangsvorstellung gestört. Ich sah nämlich Catilina aus Rom, meine Klassenkameraden und mich nach bestandenem Abitur aus dem altehrwürdigen Gemäuer des Gymnasiums „entweichen, entrinnen, entfliehen, entspringen“ (Im Deutschen kann man das gar nicht so wundervoll übersetzen) und dabei ganz unhumanistische Laute von uns geben. Meine Herrn Lehrer werden diese menschlichen Anwandlungen gewiß verstehen, obwohl ich mir vorstellen kann, daß eine gewisse Demut und ein wenig schmerzlicher Verzicht von jedem Lehrer aufgebracht werden muß, sobald er erkennt, wie sehr die Schule - sein Aufgabenfeld - als bloße Übergangsstufe und als Mittel zum Zweck nur gewertet wird. Ganz so stürmisch und vorbehaltlos glücklich, wie ich mir´s damals vorstellte, scheiden wir heute doch nicht von der Schule und zwar aus verschiedenen gewichtigen Gründen:

Zum ersten sind wir der Anschauungsweise der Älteren soweit näher gekommen, daß wir erkannt haben, wie höchst notwendig diese Übergangsstufe der Schule ist, und außerdem, daß wir letztlich nicht „dareis“, „Geschundene“, sondern Beschenkte sind. Denn wir wollen nicht jene Minuten vergessen, zu denen wir immer wieder einmal durch die graue und oft anödende Schale des Unterrichts hindurch stießen wie zu einem süßen Kern. Ob es nun während der Deutschstunde bei einem Gespräch über die menschliche Freiheit war, ob die Chöre der Antigone in ihrer gewaltigen Sprache uns gefangennahmen, ob die Schicksale eines König Ödipus uns erschütterten oder ob der Religionsunterricht in fast schmerzhafter Nüchternheit uns aufforderte zur Stellungnahme gegenüber der Not und Armut des modernen Menschen, die unsere eigene Not und Armut ist - um all dieser Minuten willen, die als unverhofftes Geschenk die Stunden eintöniger Alltagsarbeit krönten, in denen wir die kahlen, beengenden Wände des Klassenzimmers vergaßen und weit hinter uns ließen, um all dieser Minuten willen wollen wir ein ganzes und dankbares Ja sagen zu den zehn Jahren, die heute ihren Abschluß finden.

Diese zehn Jahre machten uns ja nicht nur mit einer Fülle von Stoff aus den verschiedensten Wissensgebieten bekannt, sondern sie schufen auch Gemeinschaft unter uns. Da wurden Brücken geschlagen von Mensch zu Mensch, von Schüler zu Schüler und auch von Schüler zu Lehrer. Schmerzlich wird uns in diesen Tagen bewußt, was wir uns bisher noch gar nicht recht klar machten: Unser Abschied von der Schule bedeutet auch ein gewaltsames Zerreißen all dieser feinen Fäden, die uns in jahrelangem Zusammensein miteinander verbanden. Denn wenn das wirre Schicksal dieser Jahre uns erst in die verschiedensten Gegenden und Berufe verweht hat, wird es immer schwerer, in vielen Fällen ganz unmöglich werden, Beziehungen zueinander aufrecht zu erhalten.

Ich sagte, daß Brücken auch von Schülern zu Lehrern und umgekehrt geschlagen wurden. Das Lehrer - Schülerverhältnis begleitete uns ja, besonders über die Jahre der Oberstufe, als stets lebendiges Problem. Es wurde viel darüber diskutiert, vielleicht ein wenig zu viel, jedoch nicht ohne positive Ergebnisse. Wir sahen das Menschliche und Allzumenschliche an unsern Lehrern mit den unbarmherzig scharfen Augen der Jugend, die immer prüfen wird, ob die Autorität ihrer Lehrer und

Erzieher auch durch menschliche Qualitäten gerechtfertigt ist. Aber wir fanden auch vornehme Menschlichkeit und hilfreiches Entgegenkommen, und dafür sind wir dankbar.

Was aber zum anderen die Freude an unsrer Mulusfreiheit etwas dämpft, ist das Wissen, daß wir in eine große Dunkelheit hinaus und auseinandergehen. „Angst ist der Schwindel der Freiheit" sagt Sören Kierkegaard. Wenn Freiheit und Angst von Natur schon verwandt sind, wieviel mehr muß sich Angst zu unserer Freiheit gesellen, die fast der Freiheit eines Kindes gleicht, das man ins Dunkel hinausschickt. Nachts sind überall Wege - und nirgends. Wie wenig können uns heute die Eltern weiterhelfen, wenig schützen Grundbesitz und Kapital vor neuen drohenden Katastrophen!

Wie wird man später im Rückblick das Jahr unsres Abiturs nennen? Werden wir sagen: Es war im Heiligen Jahr oder im Bachjahr? Oder werden wir das bestätigen müssen, was uns Abendländern heute als dunkle Drohung hinter allen Dingen erscheint und uns schreckt: Es war im Jahr, da ein neuer Weltkrieg seinen mörderischen Lauf begann ?

Mir scheint, es sind diese großen Namen, deren jeder einen ganzen Kosmos umfaßt, Goethe und Bach, unsern Jahren nicht nur um der Erinnerung willen gegeben, der Erinnerung an zwei Gipfelpunkte abendländischer Kultur. Ich glaube, daß sie sich darüber hinaus als beschwörende Zeichen gegen ein dunkles Dämonisch - Chaotisches wenden, das uns bedroht und das dem Antlitz unsres Zeitalters seine finstere Prägung geben will.

Wir werden Stellung beziehen müssen in diesem Kampf der Kultur und Ordnung gegen das Chaos und die Finsternis. Und deshalb müssen wir nach den Waffen fragen, die man uns zu diesem Kampf gegen alles Zerstörende in die Hand gibt.

Könnten wir unsrer Schule eine schöneres Prädikat zuerkennen als dies: sie sei eine Waffenschmiede des Geistes, die Waffen gegen das Chaos und für die Klarheit schmiede? Aber um des Ernstes unsrer Lage willen wollen wir auch fragen, ob diese Waffen taugen und allen Belastungen gewachsen sind oder ob sie zerbrechen werden draußen, eine nach der andern, so daß wir schließlich ganz arm und wehrlos den Mächten des Chaos und des Nihilismus ausgeliefert sein werden ? Und ich glaube, sie werden zerbrechen, die Waffen der „reinen Menschlichkeit", einer hohen Ästhetik und Moral, die Waffen des Wissens, und wie sie sonst noch genannt werden mögen. Sie werden zerbrechen, wenn sie nicht durch das eine gestählt sind, das man uns an dieser Schule auch zu vermitteln suchte: den Glauben!

Mit dem Wort „Glauben" rühren wir auch an die geistigen Hintergründe jener Welt, die wir mit dem Namen Johann Sebastian Bach in Erscheinung rufen.

Man kann an Bach herantreten mit der bloßen ästhetischen Freude an seiner Musik, deren Lob in diesem Jahr schon genugsam und von weit berufenerer Seite erschallt ist. Man kann diese genialste Verschmelzung von Musik und Mathematik studiert und nach ihren Gesetzen durchforscht haben - und wird dem Thomaskantor doch in einem tieferen Sinne verständnislos gegenüberstehen, wenn man diese kleinen Wörtlein zu Anfang und Ende seiner Partituren übersieht: „Jesu juva" und „Soli Deo Gloria!"

Daß dies keine Phrasen des Thomaskantors sind, beweist seine Musik selbst, die immer auch in der lebensfrohesten Daseinsbejahung, über sich hinaus weist und in heiliger Objektivität von sich selbst hinweg zu einem Größeren führt, die sich immer wieder vom Übermenschlichen, von Gott selbst, besiegen läßt.

Daß der Glaube die Substanz von Bachs Leben und Schaffen ist, beweist weiter sein Sterben. Der heutige 28. Juli, der Todestag des Meisters vor genau 200 Jahren, mahnt uns ja besonders an dies Sterben, das ist: die Summa seines Lebens. Die Todesstunde befreit von Eitelkeiten, sie schenkt dem Menschen letzte Erkenntnis seiner selbst und läßt auch die nächtlich hinter ihm liegenden Landschaften seines Lebens erhellt erscheinen.

Wir werden deshalb auch das Vermächtnis Bachs, das er im Angesicht seines nahenden Todes seinem Schwager Altnikol in die Feder diktierte, sehr ernst nehmen müssen: Jenen Orgelchoral, den man mit Recht später als Schlußstein in die unvollendete „Kunst der Fuge" einsetzte:

> „Vor deinen Thron tret ich hiermit, o Gott und ich demütig bitt,
> wend dein gnädig Angesicht von mir blutarmen Sünder nicht.
> Ein selig Ende mir bescher, am jüngsten Tag erweck mich Herr,
> daß ich dich schaue ewiglich, Amen, Amen, erhöre mich".

Hierin wird die Summe dieses Lebens und dieser Musik mitgeteilt, die in diesem Vermächtnis zu wunderbarer Einheit verschmolzen sind: Bachs Leben und Musik war, wie Bischof Lilje es in einer Gedächtnisrede sehr fein ausdrückte, „Präludium aeternitatis“, ein Vorspiel der Ewigkeit. Ich möchte an dieser Stelle fragen: Ist nicht diese tiefe existentielle Gläubigkeit letztlich die Quelle und Wurzel der abendländischen Kultur überhaupt gewesen, aus der die gewaltigsten Leistungen gleich herrlichen Blumen hervortrieben?

Wenn uns nun unsre Schule nur einige dieser Blumen gepflückt und als Strauß mit auf den Weg gegeben hätte - werden sie nicht früher oder später welken?

Wenn die Schule uns aber auch die Wurzeln und einen guten Boden vermittelte, wer weiß, ob dann nicht aus diesem Boden neue , den alten an Schönheit ähnliche Blüten wieder hervortreiben können!

Das Bachjahr 1950 ist - was Bach selbst in seinem Leben und Schaffen war - ein Hinweis auf die letzten Wurzeln der abendländischen Kultur, die aus dem Boden des Christusglaubens ihre unerschöpfliche Nahrung gesogen hat!

Wir Jungen spüren sehr wohl die Verpflichtung und Verantwortung., die uns das Erbe einer solchen Kultur auferlegt. Wir spüren zugleich unsere Armut gegenüber solcher Größe der Vergangenheit und wir wollen versuchen, Wächter an der Grenze zu werden, gegen die Angriffe der Unkultur und des Unglaubens.

Wir verabschieden uns nun vom Gymnasium und seinen Lehrern in Dankbarkeit und mit dem Wunsch, daß unsere Schule noch lange als eine Pflegestätte des Geistes und als Vorbereitung zu gewissenhaftem wissenschaftlichen Denken erhalten bleiben möge! Wir Abiturienten aber wollen den Schritt in einen neuen Lebensabschnitt freudig und mutig tun, und über alles die Worte der Antigone stellen., die zugleich eine Kampfansage sind gegen alle Finsternis und allen Haß unsrer Zeit:

„Nicht mitzuhassen, mitzulieben bin ich da“.

B. Ulmer: Toscana

Gerhard August

Ist die christliche Religion die einzig wahre? - Zum Absolutheitsanspruch des Christentums[1]

1. Bestandsaufnahme und heutige Problematik

1.1 Wir Christen in Westeuropa befinden uns in einer Gewißheitskrise im Blick auf unsern Glauben: Wir sind unsicher geworden gegenüber den eigenen Glaubensinhalten. Die Bibel wird dem modernen Menschen immer fremder und unverständlicher; nicht zuletzt deshalb, weil sich die Gesellschaft im technischen Zeitalter so sehr verändert hat gegenüber dem Menschen und dem Weltbild in biblischen Zeiten. Ohne zusätzliche Verstehenshilfen kann ein Ungeschulter kaum die Bibel noch lesen, oder er wird sie vielfach mißverstehen. Da das Lesen so schwieriger Texte Mühe und ernsthafte Arbeit verlangt, lassen viele es ganz bleiben. (Mein Schwager, damals Pfarrer in Heidelberg, bekam einmal von einem Taxifahrer 20 Traubibeln überreicht, die alle von Brautpaaren im Taxi zurückgelassen worden waren).

1.2 Wir wissen heute vielmehr von andern fremden Religionen als frühere Generationen. Vieles daraus fasziniert uns, zieht uns an. Bei der Darstellung fremder Religionen haben wir es meist auch mit deren Idealbildern zu tun. Die eigene Religion und Kirche dagegen erleben wir in ihrer unvollkommenen Wirklichkeit, die uns oft ärgert und abschreckt. So hat sich ein ganzer Markt religiöser Möglichkeiten und Angebote außerhalb des Christentums gebildet. Jeder kann sich aus diesem oder jenem Religions.- und Kulturkreis etwas aussuchen und sich daraus eine Privatreligion zusammenstellen. Da heute alle Institutionen an Anziehungskraft und Glaubwürdigkeit verloren haben, nicht nur die Kirche, sondern auch Staat, Gewerkschaften, Vereine usw. ist die Versuchung um so größer, ja wird für viele zur Notwendigkeit, sich auf dem Markt der Religionen individuell zu bedienen.

1.3 Mit dem Absolutheitsanspruch scheint sich notwendig Intoleranz, Unduldsamkeit zu verbinden. Dafür gibt es in der Kirchen.- und Weltgeschichte zahllose Beispiele. Intoleranz aber können wir uns in einer pluralistischen Gesellschaft nicht mehr leisten. D e n christlichen Staat gibt es ja schon lange nicht mehr. Die Gesellschaft unsres Landes ist aus vielen verschiedenen Weltanschauungen und religiösen Überzeugungen zusammengesetzt. Absolutheit scheint also ein Luxus früherer einheitlicher Kulturen und Völker zu sein.

1.4 Auch die religionswissenschaftliche Forschung scheint den christlichen Absolutheitsanspruch zu widerlegen. Sie entdeckte nämlich, daß der gleiche Anspruch von vielen Religionen erhoben wird. Außerdem arbeitete die Forschung gleiche oder ähnliche Strukturen, Symbole und Bilder in vielen Religionen heraus, was auf eine universale Verwandtschaft schließen läßt. Ich denke z. Bsp. an die „Große Mutter“, die in vielen Religionen eine Rolle spielt und im Christentum in der Marienverehrung weiterlebt, oder an das „göttliche“ Kind. So sind vom Standpunkt der Religionswissenschaften alle Religionen gleichwertig, weil Wissenschaft überhaupt nicht wertet, sondern nur beschreibt und vergleicht. Eine philosophische Aufarbeitung ihrer Ergebnisse könnte etwa zu dem Resultat kommen: Alle Religionen enthalten Splitter der einen göttlichen Wahrheit und Wirklichkeit, ohne diese im ganzen fassen zu können. Wenn so alle Religionen in gleicher Weise gültig sind, ist es dann völlig gleichgültig, ob wir Christen, Hindus, Buddhisten oder Muslime sind? Und das, obwohl doch das Neue Testament die universale und ausschließliche Heilsbedeutung Christi ganz klar verkündet?

1.5 Wenn ich richtig sehe, können wir uns dieser Problematik auf zweierlei Weise stellen: Wir können entweder unserem Sicherheitsbedürfnis nachgeben und uns in die Festung der fundamentalistisch verstandenen Bibel zurückziehen. Dann ist für uns jedes Wort der Bibel von Gott

---

[1] Vortrag 1999. Vorbemerkung: „Absolut“, wörtlich losgelöst, hier verwendet im Sinne von „einzigartig, einmalig, unvergleichlich“.

eingegeben und damit ewig gültige Wahrheit. Über den Absolutheitsanspruch des Christentums brauchten wir dann gar nicht mehr weiter zu diskutieren, weil er ja nach biblischem Befund feststeht. Hier allein ist die von Gott offenbarte Wahrheit und alles andere ist Irrtum und Abfall vom rechten Glauben. Das gibt ein Gefühl der Sicherheit. Es macht aber sehr empfindlich gegen jede geringste Kritik am Text der Bibel. Die Zeitgebundenheit der biblischen Texte wird geleugnet. Auf berechtigte Hinweise auf die naturwissenschaftliche, kulturelle und soziale Zeitgebundenheit (ich erinnere nur an die Schöpfungsgeschichte) reagiert man allergisch und aggressiv.

Aus meiner Sicht wird hier Glaubensgewißheit mit objektivem Wissen verwechselt., Geborgenheit in Gott wird mit Sicherheit verwechselt die es in Glaubensfragen niemals gibt. Ebenso wird die eigentliche Botschaft der Bibel, der lebendig machende Geist wird mit den toten Buchstaben verwechselt. Ich lade Sie deshalb zu einem andern Weg ein, auf dem wir uns als angefochtene, suchende und gesprächsbereite Christen auf eine Begegnung mit Andersgläubigen und dem christlichen Glauben kritisch bis ablehnend gegenüberstehenden Zeitgenossen einlassen und ihre weithin berechtigten Einwände ernst nehmen, sie bedenken und von ihnen lernen wollen, ohne dabei unsern Christenglauben zu verleugnen.

2.Die christliche Religion und Christus.

2.1 Als ich Student war, wurde uns als Leere des großen Theologen Karl Barth eingeprägt: Alle Religionen sind sündige Versuche des Menschen, von sich aus zu Gott vor.- und emporzudringen. Alle Religionen sind vergebliche Versuche der Selbsterlösung und damit Ausdruck der Sünde des Menschen, seines Getrenntseins von Gott. Allein in Christus kommt Gott von sich aus seiner Verborgenheit auf uns zu. Daher ist der christliche Glaube keine Religion wie die anderen, er steht außerhalb des Reigens der Religionen. Diese Aussage hat gewiß im Lichte des Neuen Testamentes Wahrheitsgehalt. Aber - so meine ich - hier muß säuberlich unterschieden werden zwischen dem Christentum und der Person Jesu Christi. Wenn wir auf die Geschichte des Christentums zurückblicken, dann müssen wir schlicht und nüchtern feststellen: Selbstverständlich ist das Christentum eine Religion mit allen typischen Merkmalen einer solchen: Mit echter Frömmigkeit und vielen Mitläufern, mit Lehre und Lehrstreitigkeiten, theologischen Schulen und Konfessionen, Priesterhierarchie, Traditionen und Riten, mythischer Sprache von Gott - und vor allem ist das Christentum im Lauf seiner Geschichte immer wieder der Versuchung erlegen, mit dem Staat und den Machthabern gemeinsame Sache zu machen und ist damit selbst in Machtpolitik, Machtkämpfe und Machtverflechtungen hineingeraten, samt aller Schuld, die Machterwerb und Machterhalt mit sich bringt!

Nicht zuletzt ist das Christentum ein wesentlicher und prägender Bestandteil unsrer abendländischen Kultur, und es ist eben auch unser kulturelles Schicksal, daß wir als Christen aufgewachsen sind und erzogen wurden. Wären wir in einem islamischen Land oder in Indien aufgewachsen, dann hätten wir mit an Sicherheit grenzender Wahrscheinlichkeit eine andere Religion. Es hat einmal einer, der die Geschichte des Christentum sehr genau kannte, etwas zugespitzt gesagt: „Das Christentum ist die Summe der Irrtümer, die sich um die Person Jesu Christi gebildet haben". Und zu diesen Irrtümern kommen leider noch Schandtaten schlimmster Art, Verbrechen gegen die eigenen Glaubensgeschwister, gegenüber den Nichtchristen und vor allem an den Juden. Das Christentum ist ja eine Tochter des Judentums, und wie alle Töchter mußte es sich von der Mutter abnabeln und eine eigene Identität finden. Das erklärt manche antijüdische Tendenz bereits im Neuen Testament. Was aber daraus im Lauf der Kirchengeschichte erwuchs, ist grauenhaft und hat in den KZs des 3. Reiches seinen schaurigen Höhepunkt, leider nicht seinen Endpunkt gefunden. Und die Christenheit trägt ein gerüttelt Maß an Mitschuld am Antisemitismus, vom 1. Jahrhundert an. So ist das Christentum eine fragwürdige Religion geworden - wie es übrigens alle Religionen sind. Viele Menschen gerade unsrer Zeit haben sich von Christus abgewandt oder nie zu ihm gefunden, weil die Christen mit ihrem unglaubwürdigen Leben ihnen den Weg zu Christus versperrten. Gottlob ist das nicht alles, was vom Christentum zu sagen ist.

2.2. Wenn wir also von Absolutheit, Einzigartigkeit, Unvergleichlichkeit sprechen, so kann sich das nie auf das Christentum, sondern immer nur auf die allerdings einmalige Gestalt Jesu beziehen. Jeder, der dieser Gestalt begegnet und sich ihren Wirkungen aussetzt, wird zutiefst beeindruckt und in seinem ganzen Gewissen angesprochen sein. Viele erkennen in Jesus zunächst den so ganz anderen Menschen, den mitleidenden Bruder, den gottbegnadeten Rabbi, den Propheten und Gerechten. Wir sollten diese Einschätzung Jesu auch bei unsern Zeitgenossen ruhig zulassen. Sie haben ja gar nicht unrecht, denn all das ist Jesus a u c h, und diese Sicht gibt Juden und Muslimen, ja sogar einen Atheisten einen Zugang zu Jesus. Vielleicht haben wir selbst ihn über große Strecken unsres Lebens so gesehen.

Aber immer wieder ist Menschen ganz allmählich oder auch blitzartig plötzlich aufgegangen, daß ihnen in Jesus noch mehr begegnet als ein begnadeter Menschenbruder und Prophet: Daß Jesus in seinem Leben und Wirken ganz transparent, ganz durchleuchtet ist von einer andern Wirklichkeit, einer neuen Schöpfung, einem neuen Sein, ja daß die uns zugewandte Seite Gottes selbst in ihm begegnet.

Wo diese Erkenntnis in einem Menschen aufdämmert oder aufblitzt, da begegnet ihm das Absolute, Wahrheit, Licht und Leben. Und er erkennt zugleich, daß diese nicht nur ihn selbst angeht, sondern alle Menschen, ob sie es wissen oder nicht, annehmen oder nicht. Für ihn wird Jesus zum unvergleichlichen „Pontifex", zum Brückenbauer. Wir übersetzen es meist mit Priester. Der Priester wird gesehen als Brückenbauer zwischen Gott und Menschen. Der Hebräerbief im Neuen Testament sieht demgemäß in Christus den eigentlichen und einzigen Hohenpriester, der uns die Brücke baut zu dem heiligen und für unser Erkennen letztlich ganz unzugänglichen Gott.

Diese Überzeugung von der überragenden Bedeutung Jesu Christi kommt über mich als ein Überwältigt werden und ein Geschenk. Sie ist für mich existenzerschütternde und erhellende Wahrheit. Im Neuen Testament wird dieser Erkenntnis in vielen Bekenntnissen Ausdruck verliehen, z. Bsp. „Christus ist das Ebenbild des unsichtbaren Gottes, der Erstgeborene vor aller Schöpfung" (Kolosser 1). „Es ist in keinem andern Heil, ist auch kein anderer Name unter dem Himmel den Menschen gegeben, durch den wir gerettet werden sollen!" (Apostelg. 4, 12). „Darum hat ihn auch Gott erhöht und ihm einen Namen gegeben, der über alle Namen ist" (Philipper 2). Aus diesen und vielen andern Bekenntnissen spricht die tiefe existentielle Überzeugung, daß im Christusgeschehen etwas für unser Menschsein ungemein Wichtiges, Heilendes, Rettendes und Wegweisendes uns zuteil wird. Und das ist ein Geschenk an alle Menschen.

2.3 Damit wird aber auch deutlich, was die Aussage: „Das Christentum ist die absolute Religion" bedeutet und was sie nicht bedeuten kann. N i c h t gemeint ist damit eine objektive Seinsaussage, die für jeden einsichtig und beweisbar wäre wie ein Naturgesetz. Objektiv ist die Absolutheit Christi überhaupt nicht beweisbar, sie ist nur e r f a h r b a r . Das heißt, wir haben es mit einem W e r t u r t e i l zu tun. Werturteile sind niemals von außen beweisbar.

Wollte man den Absolutsheitsanspruch objektiv beweisen und beurteilen, dann müßte es ja einen Ort außerhalb aller Religionen geben, von dem aus wie aus einer Zuschauerloge ich die Religionen betrachten und beurteilen könnte. Das gibt es aber nicht, da religiöse Erfahrung immer nur als existentielles Werterlebnis möglich ist und nicht objektiv von außen beurteilt werden kann. Deshalb bemüht sich auch die Religionswissenschaft, ihren Gegenstand wertfrei zu beschreiben, die Religionen einfach zur Kenntnis zu nehmen. Und das wieder hat zur Folge, daß ich in meiner Überzeugung von der Absolutheit Christi auf Menschen stoße, die von dem Absolutheitsanspruch etwa des Islam genauso überzeugt sind. Was sich nach den Gesetzen der Logik eigentlich ausschließt, daß es zwei oder mehrere absolute Religionen geben kann, kann ich in der Wirklichkeitserfahrung der Menschen nicht ausschließen! Ich kann höchstens von meiner Sicht aus sagen: Die andern irren sich. Aber ich muß dem Andersgläubigen abnehmen, daß er von seiner religiösen Erkenntnis genauso existentiell durchdrungen und überzeugt ist wie ich von meiner. Wer nun wirklich der absoluten Religion anhängt, kann letztlich nur Gott entscheiden. Denn es gibt ja keinen neutralen Ort für uns außerhalb der Religion und auch keine objektiven Kriterien. Allenfalls müßten wir in jeder Religion 20 - 30 Jahre leben. Denn solange bräuchten wir, um wirklich in die Wesenstiefe einer fremden Religion einzudringen. (Man gebe sich doch nicht der Illusion hin, durch eine äußerliche Beschreibung das Wesen einer Religion zu erfassen). Zu dem eben genannten Experiment reicht aber unsre kurze Lebensspanne bei weitem nicht aus. Landen wir damit bei der weit verbreiteten Meinung, es sei völlig gleichgültig, welcher Religion man angehört? Und hätten wir damit - wenn doch alle Religionen gleichwertig sind - jedes Recht auf Mission, auf Überzeugungsarbeit verwirkt? Keineswegs! Denn a) kann nur ein Mensch, der selbst gar keine Glaubensüberzeugung hat und dem die Welt des Glaubens völlig fremd ist und gleichgültig ist, zu solch einem Urteil gelangen. Und b) ist es ja meine tiefste

Überzeugung , daß das Christusgeschehen a l l e Menschen angeht. Dann aber schulde ich auch das Zeugnis von Christus allen Menschen.

Für den Glaubenden aber kann die Konsequenz aus den vorhergehenden Überlegungen eine ganz andere sein: Ich habe Christus als den Weg, die Wahrheit und das Leben erkannt und möchte diesen Weg gehen, wenn ich dabei oft strauchle und falle. Die andern Religionen kann ich zur Kenntnis nehmen, von der einen oder andern auch lernen. Soweit sie aber ganz andere Wege zeigen und andere Sinnangebote machen, gehen sie mich Nichts an! Genau dies wird schon im 1. Gebot von Israel gefordert: DU SOLLST KEINE ANDEREN GÖTTER NEBEN MIR HABEN! Die Existenz anderer Götter wird hier gar nicht bestritten. Aber, du Israelit, Jude, Christ, bist von dem EINEN und letztlich EINZIGEN, dem Absoluten und Einzigartigen gefordert und an IHN allein gebunden. Dir will ER angehören und IHM gehörst Du. Diesen ewigen Bund halte ein!

3. Ausstrahlungen auf das Christentum

Nachdem ich vorhin leider um der Wahrheit willen viel Negatives über die christliche Religion sagen mußte, möchte ich nun auch von den Lichtseiten unsrer Religion sprechen: Christus spricht: „Ich bin das Licht der Welt; wer mir nachfolgt, der wird nicht in der Finsternis bleiben, sondern das Licht des Lebens haben. (Joh. 8,12) und er gibt dieses Lichtprädikat in der Bergpredigt an die Seinen weiter als Zusage und Verheißung: „Ihr seid das Licht der Welt“! (Matth. 5, 14) Trotz allem Abfall von Christus sind die Wirkungen und Ausstrahlungen Christi doch tief in die Christenheit eingedrungen, haben die Gewissen geschärft und immer wieder Menschen zur Christusnachfolge und zu einem glaubwürdigen Christenleben erweckt. Gewiß war es in der Regel keine kirchliche Institution, sondern es waren einzelne Menschen innerhalb der Kirchen. Aber diese Einzelnen haben in der Kraft Christi Erstaunliches und Großes bewirkt.

Ich erinnere nur an einige wenige Namen: Franziskus von Assisi, der Narr in Christo und Wiederentdecker der christlichen Armut; Hildegard von Bingen, die große Mahnerin und Gotteslehrerin für Kaiser und Päpste; Martin Luther, der Wiederentdecker der göttlichen Gnade und der Freiheit eines Christenmenschen; Johann Hinrich Wichern, der Begründer der Inneren Mission und des Diakonischen Werkes; Friedrich von Bodelschwingh, der Gründer der Krankenstadt Bethel, besonderer Helfer der Epileptiker und „Brüder von der Landstraße“ (heute: Nichtseßhafte genannt); Henry Dunant, der Gründer des Roten Kreuzes; Toyohiko Kagawa, der Bruder der Slumbewohner von Tokio und Begründer eines japanischen Sozialwerkes; Saddhu Sundar Singh, der große indische Missionar; Mathilda Wrede, der Engel der sibirischen Zuchthäusler und Gefangenen; Mutter Teresa, die Helferin der Gescheiterten in der Großstadt Kalkutta; Dietrich Bonhoeffer, der bedeutende Theologe und Blutzeuge gegen die Diktatur Hitlers.

Hunderte weiterer Namen bedeutender Christen ließen sich nennen, die am Licht Christi ihre Liebeskraft entzündeten und selbst zum Licht in ihrer Zeit und Umwelt wurden. Und Hunderttausende von unbekannten Christen gibt es, die alle in ihrem Lebensumkreis Christusnachfolge in Werk und Bekenntnis übten und üben. Jawohl: Ü b e n , denn die tätige Nächstenliebe ist nicht nur eine Sache des Gefühls, sondern ausdauernder und immer neuer Einübung. Dazu gehören Willenskraft, Selbstüberwindung und Ausdauer. Und jeder Übende wird dabei auch immer Rückschläge erleben, weil in uns allen noch so viel vom alten, unerlösten Menschen west.

Ich bin fest überzeugt und kann es belegen: Ohne das Christentum wäre das geistige Weltklima um etliche Grade kälter und unwirtlicher. Fast alle sozialen Einrichtungen vom Krankenhaus über Schulen und Universitäten bis hin zu den modernen Sozialversicherungen sind direkte oder indirekte Auswirkungen eines christlichen Menschenbildes und christlicher Grundeinstellung. Und wir erleben ja heute im eigenen Land, wie das soziale Klima mit dem Dahinschwinden des christlichen Menschenbildes kälter, ja eisig zu werden droht. Eine Sozialethik wie im Christentum gibt es im Hinduismus und Buddhismus aus den eigenen Kräften dieser Religionen nicht. Der Charakter der großen asiatischen Religionen ist vielmehr durch Weltabkehr als durch Weltverantwortung und Weltgestaltung geprägt.

Die großen und in vielem bewunderten hinduistischen und buddhistischen Religionen nehmen auch die Person, den Einzelnen, viel weniger ernst als das Christentum. Personhaftigkeit ist dort etwas, was überwunden werden sollte, damit das Individuum sich ganz in das Göttlich Eine hinein versenken und schließlich darin aufgehen kann. Das ist das Erlösungsziel. Nach jüdisch - christlicher Überzeugung besteht das Erlösungsziel nicht in der Auflösung der Schöpfung und des Menschen in Gott, sondern in der Vollendung der Person und in der Gemeinschaft mit Gott.

Aber mit diesen Hinweisen will ich nicht etwa die Absolutheit des Christentums zu beweisen suchen. Absolutheit kann nicht von außen bewiesen werden; sie ist die Frucht innerer Erfahrungen! Ich wollte aber darauf hinweisen, daß nicht nur Schatten und manchmal mörderische Finsternis über der christlichen Religion liegen. Sondern trotz aller Verkehrung und alles Abfalls von Christus, an dem jeder von uns mitschuldig ist, strahlt in den Gaben des christlichen Glaubens ein großes Licht unter den Völkern auf, dessen wir uns wahrlich nicht zu schämen brauchen; allerdings ist es nicht unser eigenes Licht, sondern das Licht Christi!

4. Zusammenfassung und biblische Betrachtung

4.1 Vielleicht fragen Sie sich: Was glaubt der Redner denn nun eigentlich? Ist für ihn die christliche Religion die einzig wahre und einzigartige, unvergleichliche oder nicht? Klare Antwort: Die christliche Religion als geschichtliche Erscheinung n i c h t , Jesus Christus als Mittelpunkt der christlichen Religion s e h r w o h l, und soweit die christliche Religion wirklich Werkzeug und Medium Christi ist, von seinem Geist erfüllt und getrieben, bekommt sie an der Absolutheit Christi Anteil!

4.2 Lassen Sie uns kurz innehalten und zurückblicken: Wir stiegen ein bei der modernen Glaubenskrise. Wir sprachen von den Schwierigkeiten, die der moderne Mensch mit der Bibel hat, von der Anziehungskraft fremder Religionen und dem Markt der Religionen, von der Gefahr der Unduldsamkeit beim Absolutheitsanspruch. Toleranz und Absolutheitsanspruch schließen sich *keineswegs* aus, wie wir am Beispiel Jesu sehen können. Wir streiften die religionswissenschaftliche Forschung, welche die Wertfrage gegenüber den Religionen bewußt weitgehend ausklammert. Wir sprachen von einer fundamentalistischen und einer dialogbereiten Einstellung zu unsrer Thematik. Dann arbeiteten wir den Unterschied heraus zwischen der christlichen Religion in ihrer geschichtlichen, recht fragwürdigen Gestalt und der Person Jesu Christi. Absolutheit kann nur für ihn beansprucht werden, weil immer wieder Menschen in Jesus Christus Gott selbst begegneten und begegnen. Bekenntnisse zu Christus aus dieser existentiellen Glaubenserfahrung finden wir in der Bibel, in vielen menschlichen Zeugnissen, nicht zuletzt in der Weltliteratur. Und schließlich zeigten wir auf, daß der Absolutheitsanspruch nie von außen bewiesen werden kann, sondern als ein Werturteil immer auf religiöser Erfahrung des Einzelnen beruht. Gerade deshalb müssen wir auch Menschen aus andern Religionen Absolutheitserfahrungen zugestehen, auch wenn wir diese nicht teilen. Schließlich sprachen wir von den Ausstrahlungen, die von der Person und dem Geist Christi auf die Christenheit und die Menschheit ausgegangen sind.

4.3 Mit der kurzen Auslegung eines brisanten Christuswortes möchte ich meinen Vortrag abschließen: Im Johannesevangelium (14, 10) wird das Wort überliefert: „Ich bin der Weg und die Wahrheit und das Leben; niemand kommt zum Vater als durch mich!" Leider wurde und wird dieses Wort oft als Hammer benutzt, um Zweifelnden oder Nichtglaubenden damit vor den Kopf zu schlagen: „Wenn du dies nicht glaubst (d.h. für wahr hältst), dann wehe dir, dann bist du verloren". Als ob es irgend jemanden auch nur das Geringste nützte, wenn er ohne existentielle Erfahrung dieses oder irgend ein anderes Wort der Bibel als richtig unterschriebe. Denn die Wahrheit und das Geheimnis dieses Wortes kann sich nur in der Nachfolge, im existentiellen Erkennen Christi erweisen. Jesus sagt uns darin: „Ich bin der Weg, der Weg der dienenden Liebe, des Einsatzes für andere, geht den Weg dessen, der alles von Gott erwartet, der sein Lebensleid mit mir teilt und darin Trost findet, der die Gewalt verschmäht, der nach Gerechtigkeit hungert und dürstet, geht den Weg der Barmherzigkeit und des Vergebens, den Weg des Friedensstifters. Geht diesen Weg, dann werdet ihr meine Wahrheit und mich in Wahrheit erkennen!"

„Wahrheit" im Alten Testament (emet) ist nicht das Ergebnis allgemein gültiger rationaler Erkenntnis im Sinne von Richtigkeit. Sondern das Wort bedeutet: Wirklichkeit, Stabilität, Treue, Zuverlässigkeit und zwar bezogen auf eine menschliche Lebensgemeinschaft. Im Psalm 100 lesen wir: „Der Herr ist freundlich und seine Gnade währet ewiglich und seine Wahrheit für und für". Gottes Wahrheit ist seine Wirklichkeit, Zuverlässigkeit und Treue. So auch Christus als die Wahrheit. Sie kann nur im Leben mit Christus erfahren werden, und wer diesen Weg geht, der wird zum wahren und erfüllten Leben durchdringen, zu einem Leben, das sich nicht als sinnlos, leer und als totgeschlagene Zeit erweist. Und weil dieses Leben für andere Menschen, für eine große Aufgabe, für die Liebe die Bestimmung des Menschen ist, so bringt sie ihn in Verbindung mit Gott als Vater mit der uns zugewandten Seite des unerforschlichen Gottes. Gott an sich ist unzugänglich, heilig, fremd, unbegreiflich, ja tödlich. Gott als Liebenden erkennen wir nur durch die Liebe und den Weg Christi. Sonst müssen wir an ihm verzweifeln, weil vieles zu vieles geschieht, das mit einem liebenden Gott nicht zu vereinbaren ist! Auch Jesus ist am Kreuz an Gott gescheitert. Er hat an diesem Scheitern furchtbar gelitten - und dennoch an Gott, seinem Vater festgehalten. Wer wirklich liebt, wird immer auch leiden müssen. Weil Jesus den Weg der Liebe in letzter Konsequenz ging, wurde er selbst zum Weg und zu Wahrheit und zum Leben. Und sein Weg, sein selbstloser Einsatz für die Kranken, Unreinen, Ausgestoßenen und Außenseiter machte ihn selbst zum Außenseiter, führte ihn in Konflikte mit Staat und Kirche seiner Zeit, Konflikte, die er unbeugsam und bis zur letzten Konsequenz durchstand. Das ist die Absolutheit, die Einzigartigkeit Jesu. Christi Auferstehung ist das Symbol für das Ja Gottes zu diesem Weg.

Und Menschen, die in seiner Nachfolge diesen Weg gingen, haben erkannt: Dieser Weg führt mich zur Erfahrung der Treue und Verläßlichkeit Gottes und zum wahren Leben. Ich kann Gott als Vater erkennen und mich seiner Wirklichkeit, Treue und Verläßlichkeit anvertrauen im Leben und im Sterben. Theoretisch mag es viele Wege zu Gott geben. Aber für den, der diesen Weg geht, ist kein anderer mehr möglich: „Christus spricht: Ich bin der Weg und die Wahrheit und das Leben; niemand kommt zum Vater als durch mich“. Das ist kein Hammer, um Zweifelnden damit Angst einzujagen. Das ist ein Angebot und eine Verheißung, die uns zur Erkenntnis des Absoluten führen kann.

Gerhard August (Theologie)

Christina Falck - Ytter

Von der Philologie zur Eurhythmie

Man könnte unsre Zeit das Zeitalter der Bewegung nennen. Die Motilität im äußeren Bereich wird als Naturnotwendigkeit empfunden. Schon das kleine Kind bewegt sich auf seinem Dreirad fort, es folgen Fahrrad, Rollschuhe usw. Das Auto bringt uns überall hin, zur Schule und in die Ferien. Bahn und Flugzeug vervollständigen unser Bedürfnis nach Bewegung zu anderen Ufern. Da kann man sich fragen. Wo ist der Mensch noch zu hause, oder entspricht es seiner neuen Wesensart, auf dem Weg zu sein?

Wenn ich mich zurück erinnere an die Aufbruchzeit nach dem Krieg, so war es für uns Kinder selbstverständlich, auch größere Wege in der Stadt zu Fuß zu gehen. Wir staunten über die vielen neuen Autos der Amerikaner. Dann galt es, das Land wieder aufzubauen, zu produzieren und den vorgezeigten Weg des Fortschritts zu gehen. Der hat uns nun mit einer solchen Menge von Fortbewegungsmitteln überschüttet, daß man nur bremsen möchte. Die äußere Bewegung ist aber nur ein Teil der menschlichen Bewegungsmöglichkeit.

Die Denkbewegung ist uns ja auch selbstverständlich. Sie muß vorausgehen, muß erforschen und Zusammenhänge herstellen, damit etwas entdeckt, gelehrt oder produziert werden kann. Eine seelische Bewegung, Empfindungsbewegung, muß aber auch den Forscher beseelen, so daß er auf seinem Forschungspfad weitermachen kann, damit ein als notwendig empfundenes Produkt herauskommt.

Zu allen Zeiten ist die Kunst aus einem inneren Erlebnis hervorgegangen. Mozart lebte so in einer dauernden produktiven Stimmung, daß ihm mache Themen im Traum gegeben wurden und er sie nur aufschreiben mußte. Auch Beethoven erwachte mit neuen Melodien, die dann noch einer geduldigen Ausarbeitung bedurften, um zu den ergreifenden Symphonien heranzureifen. Auch Friedrich Schiller hatte zuerst einen musikalisch - rhythmischen Eindruck eines entstehenden Gedichtes, bevor er es mit Inhalt erfüllte und in Form brachte. So ist das innerlich - seelische Bewegtsein die Voraussetzung für kulturelle Leistungen. Wie ist es aber in unsrer Zeit? Durch den Lärm und die Hast der Außenwelt ist die Produktivität des inneren Menschenkernes gefährdet. Gleichzeitig verlieren wir die Kriterien der Kunst aus dem Auge. Für Goethe war das Schaffen der Natur ein Vorbild für Kunstausübung. „Wem die Natur ihr offenbares Geheimnis vertraut, der fragt nach ihrer würdigen Auslegerin, der Kunst". Wo sind die Quellen der Kunst?

Gewiß hat jede der Künste ihren eigenen Geltungsbereich. Die bildenden Künste suchen ihre Anregung woanders als die musikalisch - sprachlichen Künste. Ein Gebiet, wo diese beiden Kunstgattungen zusammenfallen, ist die Sprache selber. Sie malt mit ihren Adjektiven die schönsten Stimmungen aus, bringt sie in Bewegung durch die Verben, verbindet Gegenstände, Substantiva miteinander und kann eine Landschaft plastisch vor uns hinzaubern. Gleichzeitig vermittelt die Sprachmelodie die Empfindungslage, eine Frage, Befehl oder Begeisterung. Das tut sie durch das Ausdrucksmittel der Vokale, wogegen die Beschreibung der Dinge durch das Nachplastizieren der Konsonanten erreicht wird.

> Fischers Fritz fischt frische Fische,
> frische Fische fischt Fischers Fritz.

Durch solche Sprachübungen wird man auf je eine besondere Erlebnisqualität eines Konsonanten hingewiesen. Dieses Prinzip wird auch in der Werbung verwendet. Während die Sprache im täglichen Leben mehr oder weniger bewußt gehandhabt wird, wird sie in der Welt der Wissenschaft auf ihren Ursprung, ihre Aussagekraft, ihre Form und Struktur hin untersucht.

Die Philologie entstand aus der Liebe zum Wort. Sie untersucht die Sprache, ihren Ursprung, ihre Aussagekraft, ihre Form und Struktur. Durch das Erlernen der lateinischen und griechischen Sprache wurde uns Schülern, abgesehen vom Inhalt des Gelesenen, die Logik und stringente Form nahegebracht. Wir erlebten ferner die rhythmische Gestaltung, die Biegsamkeit der Sprache in die verschiedenen Rhythmen und die Schönheit der Worte und Sätze. Während wir die Odyssee lasen, prägte sich der Hexameter unvergeßlich ein. Die 2 Kürzen, die einer Länge entsprechen und durch kleine Füllwörter entstehen, und die Längen, gebildet durch einen langen Vokal oder 2 an den kurzen Vokal anschließende Konsonanten, zeigen die Mannigfaltigkeit der Wortbildungen. Später las ich bei TH. Georgiades, daß diese geschriebenen Worte auch Melodieanweisungen enthalten, denn die Sprache wurde eigentlich gesungen oder jedenfalls ganz musikalisch gesprochen.

Dieses musikalische Element muß sich besonders in der Vorführung der griechischen Dramen entfaltet haben, wobei ihre erschütternde Wirkung bedacht wurde, denn sie sollten die Seele der Zuschauer reinigen. Während unsrer Schulzeit wurde der Versuch gemacht, einen Teil des Dramas von Sophokles, nämlich Antigone, chorisch in griechischer Sprache aufzuführen. Dabei rezitierten die Schüler in der Gruppe und bewegten sich rhythmisch dazu. In der inneren Vorstellung erscheint die griechische Tragödie wie ein Gesamtkunstwerk, hervorgegangen aus Sprache, Musik und tanzender Bewegung. Die von den Griechen erstrebte KALOGATHIA, die Vereinigung von Schönem und Gutem, prägte sich so sichtbar aus. Der Unterricht am Gymnasium hat mich in eine vergangene Hochkultur zurückversetzt in ihrer vollmenschlichen Erscheinungsform mit ihren Idealen und hat in mir die Liebe zur Poesie geweckt, durch die sich mein weiteres Leben gestaltete.

Ein anderes Erlebnis mit der Sprache ergab sich beim Studium des Hebräischen. Es war sehr eindrucksvoll zu erleben, wie der Wortstamm, die drei Konsonanten, den Inhalt des Wortes vollkommen zum Ausdruck bringen. Die Vokale modifizieren nur die Aussage, stellen die Beziehung zu andern Worten und dem Zeitenlauf her. Die drei Konsonanten wirken wie eine Ursprache, unumstößlich in ihrer Aussage. Das Schwierige war nur, durch welches Hilfsmittel kann man sich diese Aussage erschließen und damit das Wort behalten und lernen? Damals kam ich dazu, in den Konsonanten selber eine Eigenqualität zu entdecken, die man mit einer Tätigkeit beschreiben kann.

Das Paradigmawort - KATAL - töten beginnt mit dem K des Erschlagens durch Gewaltanwendung, das T deutet auf das zielgerichtete Erstechen und das L breitet die Tätigkeit auf das ganze Geschehen aus. Durch diese Laute ist also das Wort hinlänglich definiert. Drei Bewegungsworte zeigen den Vorgang an, also müssen sie auch durch Bewegungen ausdrückbar sein. Damals war diese eine innere Bewegung, durch die Bekanntschaft mit der Eurhythmie wurde sie auch äußere Bewegung.

Durch meine Eltern kam ich mit der Eurhythmie in Berührung, eine durch Rudolf Steiner entwickelte gegenwärtige Bewegungskunst, durch die Musik und Sprache am Menschen sichtbar gemacht werden. Direkt nach dem Krieg fanden in Mannheim mehrere Eurhythmieaufführungen statt, wo ich die an der Sprache orientierte Bewegungsart anschauen konnte. Später nahm ich an Kursen teil und dadurch begeisterte ich mich dafür, selber eine Ausbildung in Eurhythmie zu machen.

In der Lauteurythmie werden Dichtungen gestaltet, deren innere Erlebnisaussage als Bewegung im Raum erscheint. Die Dynamik und Stimmung wird dabei durch den rhythmischen Ablauf ausgedrückt, der aber auch innere seelische Bewegungen erscheinen lassen kann, selbst wenn äußerlich kein Wort anklänge. Unterstützt durch farbige Beleuchtung kann ein ganzes Seelendrama zur Anschauung kommen. Daher eignet sich die Eurhythmie auch besonders zur Darstellung von Märchen, wobei von einem Sprecher rezitiert wird. Wenn Kinder zuschauen, vergessen sie ganz, daß dies nicht ein Theaterstück ist, weil ja die Akteure nicht sprechen. Aber dennoch sprechen sie, nämlich durch ihre Gebärden. Diese sind der Sprache abgelauscht.

Die Sprache besteht aus Vokalen und Konsonanten, die in ihrer Verbindung das Wort hervorbringen. Das klingende Element sind die Vokale, das formende und in Bewegung bringende Element sind die Konsonanten. Die Vokale machen den tönenden Erlebnisgehalt des Wortes aus. Im Deutschen können die Worte ihren Empfindungscharakter und ihre Bedeutung grundsätzlich verändern, je nachdem, welcher Vokal erscheint:

Sagen - Segen - siegen - Sog; Mast - meßt - Mist - Most - mußt.

Das Erlebnis kann man so andeuten:

A - offen	E - fest	I - Licht	O - voll	U - dunkel	au - außen	ei - innen
Andacht	Lesen	Licht	rot	rufen	Baum	Keim
lachen	Sprechen	Ich	golden	suchen	Schaum	leise
ahnen	sehen	Fittich	Ofen	Ruhe	Schauen	schreiten
Acht - haben	verstehen	Hitze	Wort	Luft	Lauschen	weinen

Vokale drücken Seelenempfindungen, Stimmungen aus, die sich wiederum in verbalen Ausdrücken fassen lassen Es wird etwas getan, eine Bewegung entsteht. Sie klingt wie der Laut und wird durch die Stimmbänder des Kehlkopfes hervorgebracht und durch die Mundwerkzeuge geformt, so daß der Ton sich in klare Richtungen ergießen kann. Er wird sichtbar gemacht durch geometrische Figuren:

AXIOU ausführbar durch die Arme, Hände , Finger, Füße.

Was geschieht dadurch? Seelisches wird in Bewegung übergeführt, es artikuliert sich nach außen, bringt den Atem in Bewegung und erzeugt Klarheit .Die hygienische Bewegung ist: Klarheit in der Bewegungsaussage, Ergreifen des Körpers durch eine atmende Bewegung.

Ich möchte jetzt einige Konsonanten charakterisieren und zwar so, daß die Charakterisierung in eine Bewegungsform einmündet. Versuchen Sie, lieber Leser, diese mit der Hand auszuführen.

Das R ahmt das Drehen eines Rades eines Rades nach, eines großen Rades im Wort „Raum" oder eines kleinen Rades im Wort „Rädchen". Daher wird die Bewegung rund drehend ausgeführt.

Bei dem F wird die Luft fein und flach ausgestoßen. Das Volksempfinden verbindet mit diesem Vorgang die Vorstellung, daß mit dem Atmen etwas vom Wesen der Person mitgegeben wird, etwas Weisheit. Daher sagt man: Ich kann etwas aus dem ff. Es wird also eine flache, ausstoßende Bewegung ausgeführt.

Wenn man das S ausspricht, so hat man das Gefühl, daß es in die Umwelt eindringen und etwas in der Luft bewirken kann. Ein sausendes Geräusch entsteht, wenn der Wind durchs Schlüsselloch bläst oder wenn ein Band kräftig durch die Luft geschlagen wird. Daher die Worte sausen, Wasser, fassen. Die Hand macht eine gebogene Linie . Mit dem S kann man auch Kinder besänftigen.

Das L bringt alles zum Ausdruck, was fließt, quillt, schwillt, lebt und sich im Flüssigen entfaltet. Daher Welle, Quelle, ausgeführt wie Ringe im Wasser in runder Bewegung. Das M dagegen hat eine Strömungsrichtung, die sich mit Maßen in der Mitte hält. Mit dem M kann man nur etwas mit Mühe bewegen, also sanftes Schieben und Wahrnehmen. Das T als Stoßlaut bedeutet Tat. Etwas wird auf die Spitze gestellt, daß es steht. Bewegung von oben nach unten.

Man kann sich das Wort „FROST" aus den folgenden charakterisierten Lautgebärden zusammengesetzt veranschaulichen: Der Lufthauch des F bläst heran, bringt die Luft zum Rollen. Durch das O verbindet sich der Mensch damit. Das S schärft und erkältet, während das T das Geschehen erstarren läßt. Dann kristallisiert das Eis.

Die Menschen achten gewöhnlich nicht darauf, welche wunderbaren Bilder die Sprache dauernd vor sie hin stellt. Im Deutschen sind diese besonders plastisch in ihrer Anschaubarkeit. Wird die Sprache in Bewegung überführt, so kann der Übende am Werdeprozeß des Wortes teilhaben und dieses in die Sichtbarkeit bringen. Aus dem Hörbaren wird ein sichtbares Ereignis.

Dadurch werden Bewegungsprozesse veranlaßt, die es so in der Sichtbarkeit nicht gibt, die aber in unserm Körper in den Organbewegungen dauernd vor sich gehen. Dort wird auch Flüssiges gemischt, mit Luft durchsetzt, abgesondert und zugeführt. Was an Naturereignissen vor sich geht und im Makrokosmos der Erde mit ihrem Umkreis zur Erscheinung kommt, hat sein Gegenbild im Inneren des menschlichen Leibes. Das Wort aus dem Makrokosmos herausgeboren hat seine Wirkung auf den Mikrokosmos. Die Lautbewegung wirkt auf die Vorgänge des Körpers zurück. Was in der Krankengymnastik schon zur Anwendung kommt, kann durch die Heileurhythmie noch viel differenzierter für vielerlei Krankheiten eingesetzt werden. Rudof Steiner drückt dies so aus: „Weil die Bewegungen, welche in der Eurhythmie von dem Menschen ausgeführt werden, aus dem gesunden Organismus stammen, können sie auch so umgestaltet werden, daß der kranke oder schwache Organismus, wenn er sie in fachkundiger Art ausführt, durch sie gesundet und erstarkt. Es entsteht dadurch eine Heileurythmie, aber sie ist aus ihr hervorgebildet" (Torquay, 1924).

Es ist vielleicht deutlich geworden, daß die Eurhythmie als Kunst konzipiert ist und den bewegten Menschen als Mittler verwendet für die Aussage von Dichtung und Musik. Da auch die Sprache sinnvoll gestaltet ist, wird die Choreographie der Eurhythmie, die meistens im Zusammenwirken mehrerer Menschen ausgeübt wird durch klare Raumformen bestimmt. Es erscheinen geometrische Figuren wie Dreiecke, Fünfecke, und Siebenecke, Spiralen und Wellen, Schleifen und Zacken. Für den Ausführenden erfordert diese Zusammenarbeit ein gesteigertes Wahrnehmen der andern Mitausführenden, ein Zusammenwirken und Zusammenspiel, das soziale Fähigkeiten schult. Daher wird die Eurhythmie auch als Pflichtfach in Waldorfschulen eingesetzt. Sie erzieht die Kinder und vermittelt Freude an Musik.- und Textdarsterllungen.

Der Schöpfer dieser neuen Kunst war Rudolf Steiner, der Begründer der Anthroposophie. Dieser entwickelte zu Beginn des 20. Jahrhundert eine Geisteswissenschaft. R. Steiner studierte Naturwissenschaften an der Universität Wien und arbeitete über mehrere Jahre u.a. an der Veröffentlichung der naturwissenschaftlichen Schriften Goethes. Seine besonderen Fähigkeiten, in übersinnlichen Bereichen wahrzunehmen, etwa Naturzsammenhänge intuitiv zu erfassen oder Wirkungen verstorbener Menschen anzuschauen, zeigten sich schon beim Kind, gleichzeitig auch das Bestreben, diese Fähigkeiten durch geschultes Denken zu kontrollieren und weiter zu entwickeln. R. Steiner setzte sich auch gleichzeitig mit der Philosophie seiner Zeit auseinander und schrieb selbst philosophische Abhandlungen, in denen er immer bemüht war, aus dem spekulativen in ein wirklichkeitsgemässes Denken zu gelangen in Fortführung der Erkenntniserrungenschaften des deutschen Idealismus. Als die wissenschaftliche Welt seinerzeit diese entwickelte Denkart abwies, fand er Verständnis in Kreisen der Theosophie, die erstrebte, altes Weisheitsgut des Ostens in Zusammenhang mit der westlichen wissenschaftlichen Denkweise zu bringen.

Sobald R. Steiner in diesen Zusammenhängen zu wirken begann, machte er klar, daß er aus eigenen Einsichten lehren würde, im Anschluß an das Geisteserbe Griechenlands und Europas unter Einbeziehung des Christentums. Da ein Teil der Theosophen diesen Weg nicht mit ihm gingen, wurde er aus der theosophischen Gesellschaft ausgeschlossen und begründete weiterhin die Anthroposophie als Geisteswissenschaft. Sie erforschte das Wesen des Menschen in Zusammenhang mit der Weltentwicklung. Im Laufe dieser Arbeit entstand das Bedürfnis, die lebendigen Anschauungen in künstlerischen Arbeiten zum Ausdruck zu bringen. Dieser Impuls führte zum Bau und der Ausgestaltung des ersten Goetheanums in Dornach, Schweiz, welches ganz aus Holz gefügt und im Inneren geschnitzt und plastisch ausgestaltet wurde.

Über mehrere Jahre entfaltete sich hier ein Wirken von Menschen vieler Nationen in gemeinsamer Arbeit, während der 1. Weltkrieg wütete. Es entstand ein eigenartiger, von bewegter Dynamik geprägter Holzbau, der leider Ende 1923 durch Brandstiftung vernichtet wurde. An seiner Stelle wurde dann ein Bau in Beton aufgeführt, der noch heute Tagungsort und Zentrum der anthroposophischen Bewegung ist. Während der Errichtung des ersten Goetheaneums wurden auch szenische Darstellungen vorbereitet, die sog. Mysteriendramen, und gleichzeitig die Bewegungen der Eurhythmie geschaffen. R. Steiner bezeichnete diese Art des tänzerischen Ausdrucks als bewegte Plastik. Dieser Begriff wird anschaubar durch die Bekleidung der Eurhythmisten, die in lange farbige Gewänder gehüllt sind. Darüber tragen sie einen dünnen Seidenschleier, der bei der Bewegung des Körpers und der Arme vielerlei Formen annimmt und so die Wirkung der Sprache im Medium der Luft veranschaulicht. Es ist das Bestreben der Eurhythmie, das Wort und den Ton durch Bewegung objektiv nach ihren innewohnenden Gesetzmäßigkeiten zum Ausdruck zu bringen und so eine bewegte Sprache und einen bewegten Gesang für den Zuschauer zu erzeugen.

Steiner war auch auf vielen andern Gebieten Kultur erneuernd tätig. So geht die Waldorfschule auf seine Anregungen zurück. Er gab Initiativen für die Medizin, Heilpädagogik, Landwirtschaft, soziale Gemeinschaftsbildung und Religion. Als R. Steiner 1925 starb, lag ein großes Feld umfassender Impulse vor, was von seinen Nachfolgern im Lauf des gerade vergangenen Jahrhunderts aufzuarbeiten begonnen wurde. Ausgehend von einer geiteswissenschaftlichen Schulung liegt der Quellpunkt im intuitiven künstlerischen Ergreifen der Gegenwartssituation, um dem meist geistfremd gewordenen Kulturbetrieb Inhalt und Keimkraft zu geben.

In meiner Biographie ist der erstaunliche Schritt vom gelesenen Wort zum in Tätigkeit versetzten Wort vor sich gegangen und diese Bewegung führt auch weiter in die Zukunft hinein.

Christina Falck - Ytter, geb. Herrmann (Pädagogik)

Agathe Hommel

Milet im Wandel der Zeiten

Grablöwe (6. Jh.v.Chr.), Pergamonmuseum Berlin

Die Stadt Milet, als Hauptstadt Ioniens, an der Westküste Kleinasiens - der heutigen Türkei - gelegen, ist uns als ein Zentrum früher geistiger Kultur, ja als Heimstätte des Geistes und Ursprung der antik - abendländischen Philosophie schlechthin bekannt.

Anfangs lag Milet mit seinen vier Häfen am Ausgang eines tief eingeschnittenen Golfes, in den der Mäanderfluß mündete. Es wurde vorwiegend zu Schiff erreicht. Einer der Häfen, der sog. Löwenhafen führte direkt in das Stadtgebiet und war an seinem Eingang von zwei sich gegenüberliegenden mächtigen Marmorlöwen flankiert, die in ihrem Maul eine Sperrkette halten konnten, womit der Hafen in Kriegs.- und Gefahrenzeiten versperrt wurde. Der Löwe als Wappentier von Milet (s. Abb. am Ende des Kapitels) ist auch das Wahrzeichen milesischer Münzprägung.

Heute hat die durch Jahrhunderte währende Verlandung und Versandung durch die Ablagerungen des Mäanders die Meeresküste um etwa 35 km vorverlagert, so daß Milet - heute nur noch Ruinenstadt und Ausgrabungsstätte - 9 km landeinwärts liegt.

Milet war fortlaufend seit der Mitte des 2. Jahrtausend v. Chr. besiedelt. Es erlebte über drei Jahrtausende eine wechselvolle Geschichte, bis es schließlich im Mittelalter wegen der Fiebersümpfe, die den ehemaligen latmischen Golf verdrängt hatten, verlassen wurde. Die Fläche des ursprünglichen Meerbusens bildet heute eine Ebene, die bis zum 2. Weltkrieg noch sumpfige, fieberschwangere Steppe war. Erst seit etwa 40 Jahren wird sie durch Kanalisationssysteme entwässert und so zu einem riesigen Hauptanbaugebiet von Baumwolle in der westlichen Türkei.

Der Name Miletos oder Milatos, wie die dorischen Griechen sagten, ist schwerlich griechischer Herkunft. Er weist schon deshalb auf eine alte Siedlung vorgriechischer Zeit hin. Die Funde, die mindestens bis in die Mitte des 2. vorchristlichen Jahrtausend zurückreichen, deuten auf noch ältere Ansiedlungen hin. Die erste Gründung soll kretisch gewesen sein. Vermutlich war Milatos in Kreta, östlich von Mallia gelegen, die Mutterstadt des späteren kleinasiatischen Ortes.

Die große Zeit Milets fällt in das 7./6. Jahrhundert v. Chr. In dieser Zeit führt Milet den Reigen der vorsokratischen ionischen Philosophen mit 3 bedeutenden Namen - Thales, Anaximandros und Anaximenes - an. Jene „Entdecker des Geistes“, die als die einzigen in großartiger Einsamkeit nur der Erkenntnis wegen lebten, waren keineswegs wirklichkeitsfremd, wie Nietzsche vermutete.

Thales von Milet, der älteste dieser 3 Philosophen war zugleich der erste der „sieben Weisen“, die wiederum nach Nietzsche, den Griechen das bedeuteten, was für andere Völker ihre Heiligen sind. Seine Lebenszeit setzt man in die Regierungszeit des Krösus und der vergleichsweise milden, lydischen Besatzung, die unter persischer Herrschaft in relativer Selbständigkeit im vorderasiatischen Griechenland in der Zeit von 624 bis 545 regierte.

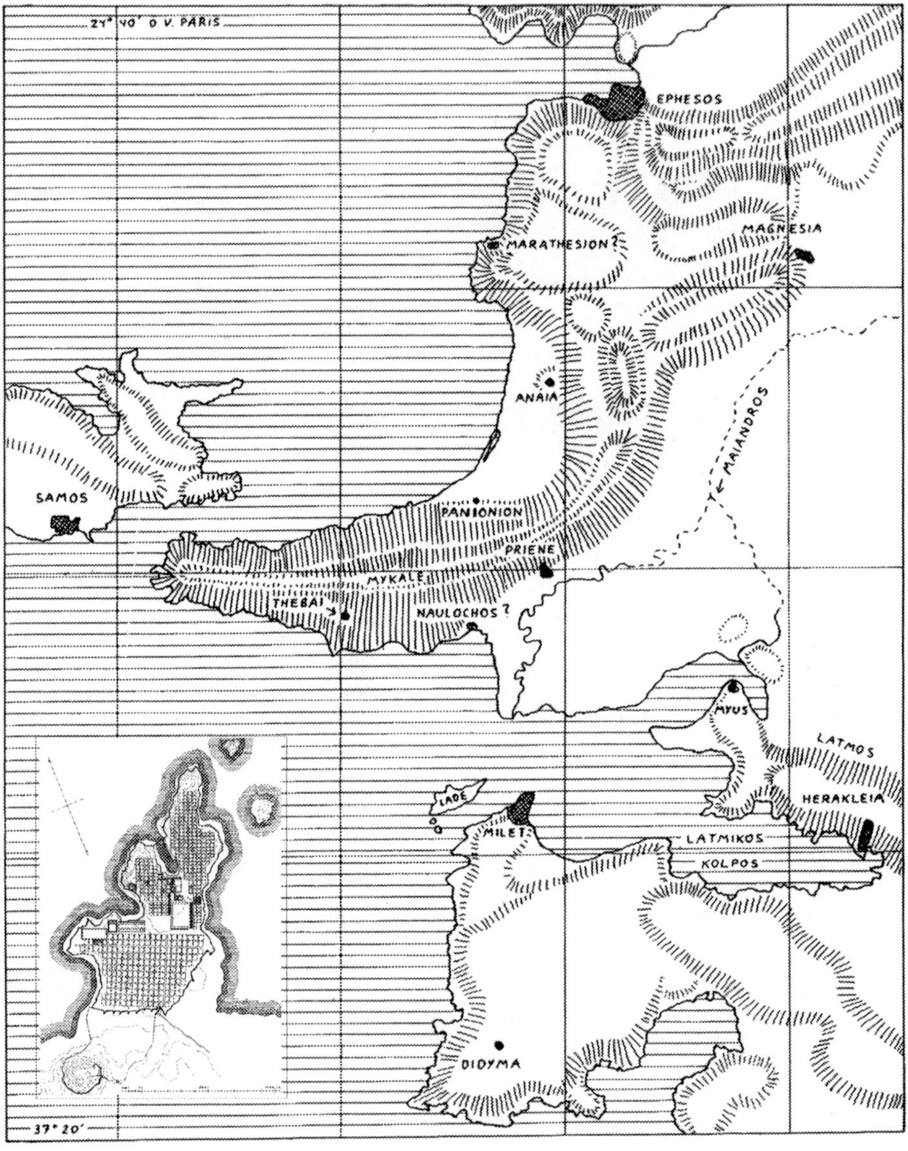

Lage Milets an der heutigen türkischen Mittelmeerküste

Thales war Naturwissenschaftler von Rang. Er berechnete nicht nur exakt die Sonnenfinsternis vom 28. Mai 585, sondern er soll als Geometer und Vermessungsingenieur als erster auch die Nordrichtung des „kleinen Bären" und damit den Polarstern ermittelt haben. Er hat ebenso die Pyramiden nach ihrem Schatten bemessen. Ferner versuchte er, dem Geheimnis der jährlichen Nilüberschwemmung auf die Spur zu kommen.

Die Voraussetzungen für seine Experimente und genauen Forschungen mit mathematisch - naturkundlichen Erkenntnissen in der Heimatstadt brachte er wohl von seinen früheren Reisen nach Mesopotamien und ins Nildelta mit, wo er gewiß auch schon von babylonischer Sternkunde profitierte. Als er irgendwo Magneteisen fand und seine Eigenschaften bewundernd feststellte, da konnte er sich dies nur durch Vorhandensein einer anziehungskräftigen Seele im Mineral erklären.

Den in einem 12 - Städtebund, dem sog, „Panionion" lose organisierter ionischer Städte, soll er den Rat erteilt haben, sich vor dem langsam herandrängenden persischen Koloß durch engeren und strafferen Zusammenschluß zu sichern. Erst später hat die Legende aus ihm den weltfremden Gelehrten gemacht, der die Vorgänge am Himmel beobachtet und zu deuten versteht, aber dabei einen Brunnen auf der Erde übersicht und hinein fällt, was eine vorübergehende Magd mit Spott quittiert.

In Wirklichkeit hatte er gerade zum Wasser ein sehr tief gegründetes Verhältnis. Aristoteles hat ihn sogar als Begründer der Philosophie des Wassers vorgestellt. Thales sah das Wasser als d e n Urstoff alles Werdens an, dem alles andere zugrunde liegt, auf dem die Erde, weil sie schwimmfähig ist, wie ein Schiff im Urmeer schwimmt, woraus er auch die Erdbeben zu erklären versuchte. Wir denken dabei an Goethes feinsinnige Würdigung des Thales in der „Klassischen Walpurgisnacht" (Faust II), wo er den weisen Mann ausrufen läßt:

„Heil! Heil aufs neue!
Wie ich mich blühend freue,
vom Schönen, Wahren durchdrungen:
Alles ist aus dem Wasser entsprungen!
Alles wird durch das Wasser erhalten!
Ozean, gönn uns dein ewiges Walten!
Wenn du nicht Wolken sendetest,
nicht reiche Bäche spendestest,
Hin und her nicht Flüsse wendetest,
die Ströme nicht vollendetest,
was wären Gebirge, was Ebnen und Welt!
Du bists, der das frischeste Leben erhält!"

Thales jüngerer Zeitgenosse und Landsmann Anaximandros sah den Ursprung aller Dinge in einem unbegrenzten Stoff, dem a p e i r o n, in welchem man wohl eine begriffliche Ausdeutung des Chaos zu sehen hat und aus dem nach Hesiod sich der Kosmos geformt habe. Allmählich sondert sich aus dem apeiron das Kalte und das Warme als Luft und Feuer ab, die das noch später entstandene Land und das Meer umhüllen wie die Rinde den Baum. Die Gestirne sind Lücken in der Luftschicht, durch die das Feuer sichtbar und spürbar wird und in der Sonnenhitze wie im Blitz zu uns dringt.

Bemerkt sei hier noch, daß auch Anaximandros ein durchaus exakter Wissenschaftler war, der einen Himmelsglobus - die Sphaira - und eine Sonnenuhr konstruiert hat, aber auch eine Erdkarte entwarf, die dann später sein Landsmann Hekataios verbessert hat.

Bevor wir uns diesem zuwenden, sei noch eines unmittelbaren Schülers des Anaximandros gedacht, nämlich des Anaximenes, der als Ursprung aller Dinge die Luft ansah, aus der sich durch Verdichtung Wasser und Erde, durch Verdünnung das Feuer gebildet habe. Wie bei Thales die Erde auf dem Wasser ruht, so bei Anaximenes auf der Urluft, was ja unsern Vorstellungen von der Atmosphäre und dem Äther etwas näher kommt. Übrigens war Anaximenes der erste, der erkannte, daß der Mond kein eigenes Licht strahlt, sondern es von der Sonne erhält und zurückwirft.

Den Hekataios aus Milet schließlich, der mit seinem Leben und Wirken bereits ins 5. Jahrhundert v. Chr. hinein reicht, pflegt man schon nicht mehr zu den großen vorsokratischen Philosophen zu rechnen, da andere - und zwar Nichtmilesianer wie Pythagoras, Empedokles und Xenophanes - diese Tradition entschiedener verkörperten, während Hekataios als Politiker einerseits, als Spezialgelehrter andererseits sich von der reinen Philosophie entfernte. Er hat, wie zuvor Thales, seinen Landsleuten kluge Ratschläge gegeben, die sie - wären sie befolgt worden - vielleicht vor der großen Katastrophe des Jahres 494 v. Chr., der Zerstörung Milets durch die Perser bewahrt hätten.

Aber vor allem ging er als Geograph und Historiker in die Wissenschaftsgeschichte ein, dessen Ruhm nur dadurch verdunkelt erscheint, daß sein bedeutenderer Nachfolger Herodot von Halikarnaß gegen ihn lebhaft polemisiert hat und tatsächlich entscheidend über ihn hinaus gekommen ist. Aber auch Hekataios fühlte sich bereits über seine Vorgänger erhaben, wenn er in der Einleitung zu seinem genealogisch angelegten Geschichtswerk sich selber rühmt: „Ich schreibe so, wie es mir der Wahrheit zu entsprechen scheint; was die Griechen bisher von sich gaben, ist vielerlei und lächerlich, wie mir vorkommt." Bei aller Überheblichkeit ist damit doch dem unbedingten Streben nach Wahrheit in der Wissenschaft die Bahn geebnet, ohne daß der subjektive Aspekt dabei zu kurz kommt.

Vollends einer neuen Zeit und Welt gehört der milesische große Baumeister Hippodamus an, von dem wir durch Aristoteles wissen, daß er auch Staatstheoretiker gewesen ist. Ihm verdankt Milet nach der großen Zerstörung, von der sich die Stadt nie wieder ganz erholt hat und die man als Ende der „großen Zeit" bezeichnet hat, zu Beginn des 5. Jahrhunderts eine neue Stadtorganisation und das sog. „Hippodamische System". Dies ist ein städtebaulich organisiertes Netz sich rechtwinklig schneidender Straßen, das sich auch in andern Städten, bsp. in Priene oder in Piraeus, der Hafenstadt Athens bis hin zum heutigen Mannheim bewährt hat.(s. Abb. der antiken Region um Milet, der Küste und des Mäander, sowie des alten Stadtplans von Milet).

Übrigens stammte - allerdings etwa 1000 Jahre später - einer der beiden Erbauer der Hagia Sophia in Konstantinopel unter Kaiser Justinian auch aus Milet.

Das große Orakelheiligtum von Didyma war seit früher Zeit kultisches Zentrum von Milet. Man weihte es Apollo, dem Gott des Lichts, der Reinheit und der Musik. Es war durch eine 14 km lange heilige Prozessionsstraße mit dem Apollo - Heiligtum im Zentrum Milets verbunden. Diese Straße wurde später in der Zeit des Kaisers Trajan noch einmal vollständig erneuert. Der Tempel war das bekannteste Heiligtum im griechischen Osten. Er wurde wie Milet zerstört, später in monumentalen Dimensionen wieder aufgebaut. Allein es dauerte Jahrhunderte, so daß er nie vollendet wurde. Er fand weit in die byzantinische Zeit als christliche Basilika noch Verwendung, bis er wegen eines Erdbebens in sich zusammen sank.

Rückblickend darf ein bedeutsames Phänomen nicht unerwähnt bleiben, das sich vom 8. Jahrhundert an synchron zur Zeit der großen Philosophen ereignete: Nämlich die gerade auch von Milet mitgetragene, große Kolonisationsbewegung, deren Ausdehnung sich von Osten bis in den westlichen Mittelmeerraum erstreckte und bis nach Marseille und Spanien reichte. Die > 80 Kolonien, die Milet vorwiegend am Schwarzen Meer, ferner im Nildelta und in Italien gegründet hatte, sind ein weiteres Zeugnis seiner geschichtlichen Größe. In dieser Kolonisation war Milet absolut führend. Es bildete so die Voraussetzung der Einheit der Antike, was sich später im Weltreich von Alexander dem Großen und im römischen Imperium fortsetzte, wobei auch die Christianisierung in Milet eine große Rolle spielte. In hellenistischer und römischer Zeit, zur römischen Provinz Asia gehörend, erlebte Milet eine weitere Blütezeit, in welcher alle Städte Kleinasiens stark unter den Einfluß von Rom gerieten.

Auf seiner 3. Missionsreise besuchte Paulus im Frühjahr 56 n. Chr., mit dem Schiff vom Norden kommend, Milet, um sich hier mit den Ältesten aus Ephesos zu besprechen, ehe er weiter nach Jerusalem zum Pfingstfest reiste. Die Bedeutung Milets geht auch aus der Apostelgeschichte (Apg. 20, 15 ff.) hervor. Seine Abschiedspredigt, wenn auch von Lukas stilisiert, aber wohl in der Substanz echt, schließt Paulus mit dem heute noch wie vor 2000 Jahren gültigen Wort:

„G e b e n i s t s e l i g e r d e n n N e h m e n". (Anspielung auf den Geiz der Handels - und Gelderwerbsstadt Milets?).

Das Theater von Milet, das in den folgenden Jahrhunderten zu einem der größten und schönsten Kleinasiens ausgebaut wurde, war mit ca. 15000 Plätzen, zusammen mit dem Kastell in spätantiker Zeit eine Attraktion und ein Mittelpunkt der byzantinischen Welt. (Abb. Theater und Marktor von Milet). Anläßlich der Errichtung des Kastells wurde der 3. Rang des Theaters abgetragen. Hierdurch wird der spätere Name des Ortes - „P a l a t i a" - verständlich, der sich seit der islamischen Zeit im Wort „Balat" bis auf den heutigen Tag erhalten hat und der das außerhalb der Ruinen gelegene bescheidene Dorf bezeichnet. Weiter diente Milet vorübergehend als Bischofssitz, damals sog. Polis für die benachbarten, im Latmosgebirge gelegenen christlichen Klöster. Das Latmosgebirge besteht aus wild zerklüfteten Bergen, die vor allem Granit enthalten. Es lag ursprünglich am Ende des tief eingeschnittenen Golfes, wovon heute nur noch ein Binnensee existiert. Das Wasser ist leicht salzig, praktisch ein Gemisch aus Süß - und Salzwasser. Das Felsmassiv, das stellenweise 1400 Meter erreicht, blieb das Rückzugsgebiet der Mönche, insbesondere als Schutz vor den Arabern, welche schließlich die Region besetzten. In den Höhlen und Klöstern sind heute noch berühmte Fresken erhalten. Mit dem Beginn der Seldschukenzeit (11. Jahrhundert) und der darauffolgenden Emiratszeit verließen die Mönche endgültig diese Gegend und fanden Zuflucht auf der gegenüberliegenden Insel Patmos, wo ihr Wirken bis heute fortdauert.

Die Zeit, die den Niedergang durch ständig fortschreitende Versumpfung schon heraufbeschwört, gleichwohl bis ins hohe Mittelalter noch Zugang zum Meer bestand, birgt die allerletzte Blüte Milets durch ein Emirat, das noch auf eine gewisse Bedeutung des Platzes schließen läßt: Während der Mongolenstürme hat deren Herrscher Timur das Emirat noch einmal erneuert, nachdem es bereits an die Osmanen verloren war. Er verbrachte hier den Winter 1402 /03. Aus dieser Zeit stammt die prachtvoll erbaute Moschee, die noch heute eine Zierde des Ortes bildet. Ab 1425 sind die Osmanen endgültig die Herren dieses Gebiets.

Die deutschen Ausgrabungen in Milet und seine systematische Erforschung, die durch die beiden Weltkriege unterbrochen, bis heute noch nicht abgeschlossen sind, wurden 1899 unter ihrem ersten Leiter Theodor Wiegand eröffnet. Er war auch der Begründer des Pergamon Museums in Berlin und dessen erster Direktor. Aus seiner breit gefächerten Forschungstätigkeit möchte ich nur die von ihm durchgeführte Freilegung der römischen Großstadt erwähnen. Dadurch hat er das Markttor und dessen 2- stöckige Fassadenarchitektur aus den Trümmern gerettet und im Pergamonmuseum wieder errichtet, wo es heute zu Weltruhm gelangt ist.

Agathe Hommel (Archäologie)

Milet: Amphore aus dem 6.Jh. v. Chr.

Hans Christoph Huber

Zustände der Volksschule

Inhaltsverzeichnis

Lebhaftigkeit - Lautstärke ... 24

Ursachen dieser Unruhen ... 25

Konzentration ... 25

Ehrfurcht ... 26

Der oben erwähnte Begriff Kameradschaft ... 27

Taschengeld ... 27

Körperliche Züchtigung ... 28

Sitzenbleiben ... 28

Niveau der Volksschule ... 29

Die Pädagogik vor 50 Jahren und heute ... 29

Zum Schluß exemplarisch: Veränderungen in der Stoffauswahl und deren Darbietung in der Schule ... 31

- Deutsch ... 31
- Musik ... 31
- Werken (Basteln) ... 32
- Rechnen ... 32
- Physik ... 32
- Gemeinschaftskunde ... 32

Ganz am Rande noch das Thema: Kollegen und Schulleitung ... 32

Schluß ... 32

Anhang ... 40

Einleitung

Zustände der Schule - hauptsächlich der Volksschule - wie sie sich mir zu Beginn meiner Lehrtätigkeit 1958 darstellten, bei gleichzeitiger Gegenüberstellung späterer Zustände, bis etwa 1992.

1958 begann in der Einklassenschule Strümpfelbach bei Backnang (Württ.) der Unterricht mit einem Choral, meist "All Morgen ist ganz frisch und neu, des Herren Gnad' und große Treu" 1960 in der Arbeiterstadt Singen am Hohentwiel mit dem Gebet "Mit Gott fang' an, mit Gott hör' auf, das ist der schönste Lebenslauf." Sicher wurde der Gebetstext da und dort formelhaft gesprochen, aber, der Unterricht begann mit einer Art Andacht oder Besinnung, überdies mit der Achtung vor dem Lehrer und der Institution Schule, m.a.W. die Achtung vor metaphysischem, transzendentem, vor einer unsichtbaren 'Macht' war damals unbewußt real da.

Wie beginnt der Unterricht heute? Ob jüngere oder ältere Schüler, unbewußt ist im allgemeinen kaum Achtung vor diesen Mächtigkeiten oder der Institution Schule (Lehrer) da. In der Hauptschule eine tägliche religiöse Andacht - undenkbar. Ist die Lehrkraft eine Persönlichkeit, kann der morgendliche Gruß unter dem Aspekt menschlicher Achtung stattfinden, kann sich eine geistig - seelische (Ver-)bindung als etwas unsichtbar Wirkliches real zwischen Lehrer und Schüler auftun.

Im folgenden will ich versuchen - ohne in Schwarz - Weiß - Malerei zu verfallen - Ursachen für Veränderungen aufzuzeigen. (Durch den vorgegebenen Rahmen von zehn Schreibmaschinenseiten pro Beitrag können die Ursachen nur andeutungsweise - bruchstückhaft unbefriedigend dargestellt werden.)

Lebhaftigkeit - Lautstärke

Lebhaft und laut waren Kinder – wir auch - immer; ja, wären Kinder nicht lebendig, umtriebig, es würde etwas nicht stimmen. Nur, wie unterscheiden sich frühere und heutige Kinder unter diesem Aspekt? Kommt man heute in ein durchschnittliches Schulhaus, oder begegnet man im Wald einer Klasse auf dem Schulausflug, so tönt einem unsinniger fast rasender Lärm entgegen. Im Unterricht herrscht im wahrsten Sinn des Wortes eine Zappeligkeit, die schwer oder kaum zu steuern ist, übertrieben: jeder sucht möglichst noch lauter als der andere zu schreien, führt sich noch zappeliger auf.

Für einen wirklichen Pädagogen war es vor 50 Jahren bestimmt möglich - ergänzt durch die real vorhandene Achtung vor der Institution Schule und Lehrer, s.o. - eine Klasse zu bändigen. War es eine *schwierige* Klasse, durfte hilfsweise körperliche Züchtigung, zu deutsch Schlagen, eine Hilfe sein. (Diese 'Hilfe', vor allem die brutalen Schläger in der Lehrerschaft haben der Volksschule von früher den negativen Aspekt der Schule und dem Lehrer aufgedrückt; daß diese Rasse in der Grund- und Hauptschule ausgestorben ist, ist wahrlich ein Glück.)

Ferner: es gab Dorfschulen, in denen die Klassen 1 bis 4 zusammen unterrichtet wurden, vielerorts auch die Einklassenschule, in der die Kinder zeitweise alle beisammen waren. Taugte hier der Lehrer etwas, dann war diese Schulatmosphäre die den Kindern am meisten entsprechende; die notwendige Disziplin für das Unterrichten hatte das Elternhaus vorbereitet. Natürlich läßt sich diese Atmosphäre heute nicht mehr herstellen; was aber während der Schulreformwut der sechziger und siebziger Jahre - vielleicht in der besten Absicht, 'modernen' Unterricht absolut in Jahrgangsklassen erteilen zu müssen - kurzsichtig oder aus einseitigem rationalen Denken an menschlicher Wärme und Geborgenheit vor allem auf dem Lande zerschlagen wurde, ist den maßgeblichen Pädagogen, die auf die politische Willensbildung Einfluß haben, und der Elternschaft längst klargeworden und eine "Gegenreformation" hat schon seit vielen Jahren eingesetzt.

Heute ist die erste Voraussetzung für das 'Fertigwerden', das Führen einer Klasse die Lehrerpersönlichkeit, schlicht eine ruhige in sich ruhende Person, welche die Mischung aus Kameradschaft, Strenge und Konsequenz ist (oder vorlebt). Die zweite das Klassenlehrersystem: Sind die Kinder in möglichst vielen Fächern in einer Hand, so ist es naturgemäß leichter, zu einem gelungenen Unterricht zu gelangen: Der eine Schüler ist geistig leichter zu entwickeln, der andere kann durch Lob (einer der Schlüssel für den Lehrerfolg) und Können im Sport (Turnen) oder handwerklichen Unterricht ein Stückchen zum Selbstbewußtsein, Selbstvertrauen geführt werden, der dritte durch großartige Leistungen im Zeichnen oder Malen. Hinzu sollte aber kommen, daß eine Lehrkraft die Klasse wenigstens drei Jahre führt. (Schlimm ist natürlich, wenn der Klassenlehrer "nichts taugt". Dem kann aber der Schulleiter einen Riegel vorschieben, indem er diese Lehrkraft nicht als Klassenlehrer einsetzt.) Fach- oder Nebenlehrer haben es heute teilweise unsinnig schwer. In musischen Fächern, im Sport (Turnen) sind die Kinder - auch für einen Klassenlehrer - kaum zu bändigen. Wenn ein Kunsterzieher oder Musiklehrer nur stundenweise in die Klasse kommt, ist er bisweilen verloren.

Ursachen dieser Unruhen

Ich denke, vor 50 Jahren war unsere Ernährung noch gesünder. Obst und Gemüse wurden noch nicht sinnlos gespritzt, mit Sicherheit wurde zusatzfreies Fleisch gegessen, (Massentierhaltung gab es noch nicht), auf jedem Bauernhof scharrten noch 'glückliche Hühner'. Als Laie möchte ich behaupten, daß die Rückstände von Spritzmitteln, die Zusätze bei der Tiernahrung, die 'Beruhigungsmittel', die den Tieren vor dem Schlachten verabreicht werden, als Spurenelemente mit Kindernahrung aufgenommen werden. Die auffallende Zunahme der Allergien sind ein Indiz dafür. Warum soll sich nicht der Zusatz von Phosphor bei der Lebensmittelkonservierung (Fleischwaren) auf das motorische Nervensystem der Schulkinder negativ auswirken? Ferner, es wurde früher zu Hause viel mehr gekocht, was ist heute nicht noch alles an Konservierungsstoffen in den Fertiggerichten enthalten! Daß überdies die beruhigende Wirkung der gemeinsamen Mahlzeit immer mehr weggefallen ist, wird niemand bestreiten.

In jeden Fall zeitiges zu Bett gehen der Kinder, vor allem auch jeweils zur gleichen Zeit, war früher eine Selbstverständlichkeit. Heute - schlaglichtartig erhellt - sieht man bei Zeltfesten schlafende Säuglinge um Mitternacht, völlig überdrehte Kleinkinder zwischen den Erwachsenen herumsausen, ganz als sei das normal. Und diese Kinder sollen dann am nächsten Tag ausgeschlafen sein und ruhig und konzentriert einen Kindergarten oder die Grundschule besuchen können.

Konzentration

Diese läßt nachweislich nach. Die 'alte' Rechtschreibung hat früher ein normal begabtes Kind nach einem ordentlichen Schulunterricht mehr oder minder beherrscht. Was meine Kollegen und ich heute an Einsatz bringen mußten, bzw. die ersteren immer mehr bringen müssen, um eine sichere Rechtschreibung bei den Schulkindern zu gewinnen, (um dann mit Sicherheit doch nicht, nicht einmal annähernd zu erreichen), ist nicht zu verstehen und steht in keinem Verhältnis zum Einsatz. Ich kann's mir nur mit der mangelnden Konzentration erklären. In meiner letzten, fünf Jahre lang geführten Hauptschulklasse fiel mir vor allem in Lauf des 9. Schuljahrs erschreckend auf, daß auch bei gutwilligen, in ordentlichen Elternhäusern aufgewachsenen Kindern die Fähigkeit, einer längeren mathematischen Ableitung zu folgen, nicht mehr vorhanden war. Das Gehirn war irgendwie blockiert, die Denkschritte konnten nach einer bestimmen Zeitspanne nicht mehr vollzogen oder geleistet werden. *Das* gab es früher nicht.

Bis zu unserem Abitur, also die ersten Jahre nach den Krieg, war eine normale Konzentration ebenso wie die Phantasie (Einbildungs- und Vorstellungskraft) in der damaligen Kindergeneration vorhanden. Was sollte dieselbe auch beeinträchtigen? Radio gab's zwar schon, Kino ebenfalls. aber wer durfte da als Kind schon hinein? Fernsehen war völlig unbekannt, Reklameüberflutung im Alltag spielte ein Jahr nach der Währungsreform (1948) noch keine Rolle. Es gab auch noch lange das Flüchtlingselend, insbesondere bei denen, die aus der damaligen DDR geflohen waren und längere Zeit in Lagern wohnen mußten. (Deren Kinder waren aber oft die aufgewecktesten!)

Was heute im Alltag durch die Reizüberflutung alles auf die Kinder einwirkt, können diese nicht ohne Beeinträchtigung ihrer geistigen (und seelischen) Gaben verkraften. Die Einbildungskraft (Phantasie) wird regelrecht erschlagen. Beispiel: wie kann ein Kind sich noch eine geistig-seelische Vorstellung des Ablaufs einer Märchenhandlung machen, wenn es in der (Groß-)stadt aufwächst ohne Natur, wie Wiese, Wald, Höhlen, wo die Zwerge wohnen, Waldlichtung, in der die Elfen tanzen, die Hexe im verfallenen Häuschen? Die Bilder werden fertig im Fernsehen vorgegeben. - Wenn etwas die Konzentration zerstört, dann die raffinierte Reklame mit Bilderfetzen oder Bilderüberschneidungen in nicht zu verarbeitender Schnelligkeit. Oder das Kind sieht zwei Spielfilme unreflektiert hintereinander.

Nach einem Regenwochenende war die Konzentration in den Klassen am schlechtesten. Die tollste Beobachtung machte ich an einem x-beliebigen Werktagmorgen. Ich hatte die Religionsstunde gut präpariert begonnen. Im allgemeinen kamen dann nach einer Weile die ersten Reaktionen oder ein Gespräch in Gange. Nichts dergleichen. Ich probierte, schob und versuchte durch 'Lehrermätzchen' die Aufmerksamkeit zu erringen - vergebens. Plötzlich kam mir die Erleuchtung: auf meine Frage, was gab's gestern im Fernsehen? Blitzartig wacht die Klasse auf und brüllt: "die Boxweltmeisterschaft!" Die Direktübertragung fand nach Mitternacht etwa um 1/2 3 Uhr statt. Ich weiß nicht mehr genau, waren es 2/5 oder 3/5 der Siebt - oder Achtkläßler, die mit den Vätern zusammen das Spektakel angeschaut haben. Und diese ehrenwerten Väter schicken dann nach ca. drei bis vier Stunden Schlaf die Kinder zur Schule, damit sie da was lernen.

Die in der Überschrift genannten Veränderungen in den letzten 50 Jahren haben die Voraussetzungen für das Unterrichten teilweise radikal verändert. Wie oben gesagt, die unbewußte Erziehung durch zeitiges und zeitlich gleiches zu Bett gehen fehlt, vielfach ein hastiges Frühstück (wenn überhaupt eines), kaum mehr ein Pausenbrot (dafür ist der Brötchen und Kuchenverkauf (!) beim Hausmeister zuständig, was wiederum die sozialen Gegensätze in der Klasse verschärft: eine Minderheit hat täglich soviel Geld dabei, daß sie sich zwei teure Stück Kuchen kaufen kann, die anderen nur eine trockene Brezel, einige hatten gar kein Geld, sondern 'nur' das Vesperbrot). Zu diesem Einschub siehe unten unter "Kameradschaft".

Was ich nicht mehr unmittelbar erlebt habe: die heutige 'Kleidungstyrannei'. Was sich da heute - von den Kindern kaum reflektiert doch ebenso stark prägend - in den Elternhäusern und Schulalltag der Kinder an seelischen Ringkämpfen zur 'Gleichschaltung' der (Schul-)Kleidung abspielt, ist fast nicht zu verstehen. (Zu unserer Zeit kein Problem: der schmale Geldbeutel, dazu die damals herrschende Sparsamkeit, die vielen Geschwister, sie angezogen sein wollten, regelten die Kleiderfrage von selbst.) Auf die Gefahr, daß nicht für alles hier angeführte der Beweis durch eigenes Erleben im Schulalltag angetreten werden kann, daß es unglaubwürdig klingt, weise ich hin: es würde die notwendig gedrängte Darstellung sprengen.

Wie sich das gesellschaftliche Denken, das auch auf die jüngere Lehrergeneration übergegriffen hat, geändert hat, soll folgendes Beispiel zeigen. Die letzte Einschulung von Erstkläßlern, die ich mitgemacht habe, ging folgendermaßen vor sich: Die Neuen sitzen mit ihren Eltern im schön vorbereiteten Turnsaal, auf dem Podium Schulchor, ältere Kinder sagen Gedichte auf, alles, wie man's sich wünscht. Dann die obligate kleine Ansprache des relativ jungen Schulleiters, die damit schließt: "... und nun stelle ich euch eure zukünftige Lehrerin vor! ..." (eine erfahrene anerkannte Lehrkraft, Mitte 50, muß auf das Podium, sich quasi vor den Kindern verneigen und darf diese anschließend ins Klassenzimmer geleiten.) Seine Majestät das Kind, gleich zu Beginn. Mancher Leser mag lächeln ob dieser Bemerkung. Aber ich lasse es mir nicht nehmen: hier sind Gewichte, Maßstäbe verschoben; genauso wenn junge Mütter morgens an mir als Aufsichtführendem sechzigjährigem Lehrer am Eingang hocherhobenen Hauptes grußlos mit ihrem Kind vorüber schreiten. Führt zum Thema Respekt, Ehrfurcht. Um Himmels willen, ich erwarte eine gewisse Haltung, (die aus einer Art Achtung herrühren sollte), aber wirklich nicht Ehrfurcht nach dem Motto "... vor einem weißen Haupte sollst du dich erheben...". Daß den Kindern die geschilderte Haltung unbewußt Vorbild wird, erübrigt sich zu bemerken.

Ehrfurcht

Wer in unserem Volk bis zum fünfzigsten Lebensjahr kennt nicht diese Mischung aus anerzogenem Respekt, angeborenen oder geweckten Gefühl der Achtung, gemeinhin auch Ehrfurcht genannt z.B. vor Persönlichkeiten in der Verwandtschaft, anerkannt selbstlosen Arztpersönlichkeiten, erhabenen, frommen Kirchen(-räumen), echter Trauer, der Natur. Wie eben angeführt, wie sollen Kinder das Gefühl für Achtung vor der sie umgebenden Umwelt (Menschen, Baulichkeiten, Natur - im speziellen Fall vor einem Lehrer) bekommen, wenn diese Haltung nie vorgelebt wurde?

Ich denke da an unsere Schulzeit, in jedem Fall war der Lehrer eine Respektsperson. (Selbst unser Hausmeister Vogel (avis war sein Spitzname) im Gymnasium, klein aber oho, freundlich doch sachlich streng, war selbstverständlich geachtet.) Heute muß sich jeder, der unterrichtet, Achtung, den persönlichen Respekt von den Kindern erringen - irgendwo nicht unrichtig - nur, daß verallgemeinert jede neue Lehrkraft, welche die Klasse betritt, häufig ohne Beachtung bleibt: nur nicht gleich aufstehen und in irgendeiner Form grüßen! Hier stimmt eine geistig-seelische Voraussetzung nicht.

Wie oben bereits darauf hingewiesen, die Gewichte sind einseitig verschoben. Aus dem Extrem unserer Zeit, die absolute Autorität des Lehrers, getragen von der Staatsautorität (diese weitgehend von der NSDAP bestimmt "Du bist nichts, dein Volk ist alles"), ferner Kirchenlehren, die auf Autorität basieren, wurde die Autorität des Standes 'Jugend', in der Geschäftswelt die Junioren benannt.

Wer oder was füllt geistig und seelisch diese Autorität? Die raffinierte nicht reflektierte Reklame, das Fernsehprogramm, das Kino, (allein dieses Phänomen wäre eine Untersuchung wert,) und die davon bereits erfüllte Elternschaft. Weiterhin sind gefährliche Autorität die geistig-seelischen Relativierungen zahlreicher Psychologen: "der Jugendliche hat Probleme mit den Lehrern ...". Manchmal muß man um der Deutlichkeit willen Schwarz-Weiß-Malerei betreiben.

Der oben erwähnte Begriff Kameradschaft

Uns im 3. Reich Großgewordenen eine Selbstverständlichkeit, vermutlich den in der FDJ der DDR Großgewordenen ebenfalls, weil das Füreinandereinstehen gegenüber der sozialistischen Obrigkeit dort sowohl eine Frage des materiellen wie des geistigen Überlebens war. Kameradschaft im weiten Sinn war früher teilweise Produkt des Aufeinanderangewiesenseins gerade sozial schwacher Familien, des Standes, in dem man aufwuchs, des weiteren von autoritären Staaten bewußt geförderten Gemeinschaftsbewußtseins unter der immanenten jeweils herrschenden und herrschen wollenden Staatslehre oder Staatsphilosophie. Daß Unternehmungen wie Zeltlager, Wanderungen, gemeinsame soziale Taten im Geist echter Kameradschaft großartig sein können, ja gegebenenfalls einen über sich hinaus heben können, wissen wir noch genau, und es wird niemand bestreiten, daß sie echte geistige und seelische Werte sind, daß die Kameradschaft fördert und erzieht.

Wie ist das heute? Vermutlich 1961 in Singen war es keine Sache, ein gehbehindertes Kind (6. oder 7. Schuljahr) im Leiterwagen auf den Jahresausflug mitzunehmen. Es war wirklich Ehrensache, daß alle, d.h. jeweils zwei den Wagen zogen. Vermutlich ist das auch heute noch möglich, wenn eine Lehrerpersönlichkeit, wie oben vorgestellt, mit der Klasse 'steht'. Wie sehr sich aber die Einstellung zum *Klassengenossen* (der Ausdruck ist absichtlich gewählt) später geändert hat, möge folgender Hergang wieder schlaglichtartig erhellen: es hatte innerhalb der Klasse Streit gegeben wegen des oben beschriebenen Brötchen- und Kuchenverkaufs in der großen Pause. Da gab es einen, der ***immer*** zwei oder drei weitere, die *häufig* sich teure, leckere Kuchenstücke kaufen konnten, die anderen nur eine Brezel oder ein Brötchen, eine ganze Anzahl gar nichts. Ich merkte, da brodelt etwas, die offensichtliche Ungerechtigkeit im geschilderten Geschehen. Vor (oder nach?) einer unbefriedigenden Diskussion über das Thema ließ ich einen Aufsatz schreiben etwa mit dem Thema "Soll der Brötchen- und Kuchenverkauf in dieser Form ohne Rücksicht auf die finanziell Schwachen geändert oder weitergeführt werden". Als ich dann die Aufsätze las, bin ich wirklich erschrocken: der allgemeine Tenor lautete, was der eine kauft, geht den anderen nichts an. Ich erinnere mich, der von mir menschlich am meisten geschätzte Schüler - aus einem ausgesprochen evangelisch christlichen Haus - äußerte seine felsenfeste Überzeugung, das sei Sache des einzelnen, das gehe niemanden etwas an. Nur ganz vereinzelt wurden Gedanken über die Ungerechtigkeit laut, waren sozialverantwortliche Gedanken niedergeschrieben worden. Da ging mir ein Licht auf: die Kameradschaft, das Füreinanderdenken unserer Zeit ist nicht mehr da. (Wir, Schülerinnen, Schüler und Lehrer sind uns damals bei der anschließenden Diskussion – mit- oder untereinander – nicht einig geworden.) Fazit: Das individuelle Denken hatte weitgehend schon das soziale Denken verdrängt, ersetzt. Und heute? Keine Frage, das Individuum, die Egozentrik steht im Mittelpunkt des Denkens, nicht mehr die Gemeinschaft.

Taschengeld

Zu unserer Zeit kein Thema. Manche erinnern sich: Unser erster Klassenlehrer im Gymnasium, Prof. Soellner, regte nach irgendeinem Ereignis die Anlage einer Klassenkasse an; jeder sollte 10 Pf pro Woche einzahlen. Ich weiß noch, daß ich in der anschließenden Pause zu ihm hinging, um ihm zu sagen, wie schwierig das für mich sei, ich bekomme für den fraglichen Zeitraum jeweils nur 10 Pf. Vielleicht waren meine Eltern besonders sparsam; indessen, bis auf ein oder zwei Klassenkameraden war kaum Geld in unserer Hand. Beim Schulausflug, wer konnte sich da was kaufen? Na, und heute? Als ich als Lehrer meine ersten Wandertage machte, war es mir selbstverständlich, den Fahrpreis so niedrig wie möglich zu halten. Deshalb nahm ich als Verkehrsmittel nur die Bahn, weil sie bis zu 75% Ermäßigung beim Schulausflug einräumte.

War ich nach den ersten Ausflügen erstaunt, *wie* viel Ausflugsgeld die Kinder bei sich hatten, (natürlich immer mit einzelnen Ausnahmen,) dessen Höhe bei weitem den Fahrpreis überstieg - und das steigerte sich von Jahr zu Jahr. Daß heute die Schulkinder (erst recht die Lehrlinge) zuviel (Taschen-)Geld haben, (vor allen auch durch Oma und Opa,) bestreitet niemand außer den Gewerkschaften.

Körperliche Züchtigung

Ohrfeigen, Tatzen, den 'Hintern voll' waren zu unserer Schulzeit bis in die sechziger Jahre gang und gäbe. Ich selber habe noch geschlagen, nur Stockschläge waren nicht mehr bekannt. Heute kostet eine Maulschelle, mag der Anlaß noch so begründet sein, den Lehrer mindestens 2000 Mark Geldstrafe. Aus einem *rechtmäßigen* Erziehungsmittel ist eine Körperverletzung *im Amt* geworden. - Die körperliche Züchtigung wird in Gespräch bleiben.

Mit Sicherheit wurde früher zuviel oder zu schnell geschlagen, und wie oben schon erwähnt, es gab leider unter der Lehrerschaft auch brutale Schläger. Sie sind zwar - Gott sei Dank - ausgestorben, waren aber wohl Anlaß, die körperliche Züchtigung prinzipiell zu verbieten. Ich selbst würde heute nur noch sehr selten schlagen. Geistige Schlagfertigkeit und Geduld sind ebenfalls Waffen. Aber bei intelligenten Kindern oder Jugendlichen, zum Beispiel faulen Gymnasiasten, die zweimal nicht versetzt auf die Hauptschule wechseln, um auf die 'billige' Tour - sie sind ja in Mathematik, Deutsch oder Fremdsprache den Volksschülern turmhoch überlegen - die Prüfung *Hauptschulabschluß* spielend zu machen, dabei die Klasse in der Zeit davor aus Langeweile oder Desinteresse aufstacheln und Lernerfolge verhindern, fände ich ein 'bis hierher und nicht weiter!' mit körperlicher Gewalt angebracht. - Man stößt bei diesen Überlegungen u.a. auf die Problematik des Art. I GG, "Die Würde des Menschen ist unantastbar". Ist die Individualität – hier die körperliche Unversehrtheit – höherwertig als das Gemeininteresse, hier: ein einigermaßen gleichmäßiger Unterricht bzw. Unterrichtserfolg - schließlich gibt es ja Schulbildung, Schulabschlüsse, die von Kindern *und* Eltern erreicht werden wollen. Die Grenzen der Beachtung der Würde des - jungen - Menschen ist in unserem Fall das Recht der Klassenkameraden auf angemessene Schulbildung. - Bitte, was war denn bei den geschilderten Gymnasiasten '*geworden*'? "Wird" denn nicht etwas im geistigen Sinn, wenn man diese jungen Menschen in 'ihre' Grenzen, Schranken weist?

Noch eine Überlegung dazu: wer über körperliche Züchtigung spricht, sollte meines Erachtens mehrere, möglichst verschiedenartige Kinder großgezogen haben. In der Theorie ist die vollständige Abschaffung jeder körperlichen Züchtigung eine feine Sache. Wenn man aber sieht, wie schon Kinder sich in der Öffentlichkeit bisweilen an ihren Eltern vergreifen, kommen einem Zweifel an solchen – grünen - Theorien.

Sitzenbleiben

Zu unserer Zeit und bis in die siebziger Jahre ein pädagogisch sinnvolles Mittel, Kindern aus persönlichen oder schulischen Gründen eine 'Pause' oder einen Neubeginn zu verschaffen. Diese Maßnahme wurde im allgemeinen nach verantwortungsbewußten Überlegungen von Klassen- und Nebenlehrern der Schulleitung vorgeschlagen, von derselben geprüft, gegebenenfalls ausgesprochen. Die in Frage kommenden Schüler - es sind in der Regel nur Buben, keine Mädchen - sind nicht motiviert. Verhältnismäßig häufig ist das bei Ausländerbuben (Thema Ausländerkinder siehe weiter unten) zu beobachten. Die Eltern, die als Gastarbeiter nur möglichst schnell möglichst viel Geld verdienen wollen, um später in der Heimat das Eigenheim zu bauen oder ein Geschäft zu finanzieren, haben keine Zeit oder kein Interesse an der Schulbildung ihrer Kinder. (Das hat sich aber heute geändert: viele Gastarbeiter wollen nicht mehr zurück oder gehören der zweiten, hier aufgewachsenen Generation an. Diese hat bisweilen mehr Interesse am Fortkommen ihrer Kinder als Einheimische.) Eine Motivation mit pädagogischen Mitteln wie Geduld haben, miteinander reden kommt kaum zum Zuge. Es kommt doch tatsächlich vor, daß auf der Volksschule (!) Kinder zweimal wegen Faulheit in der gleichen Klassenstufe sitzen bleiben müssen - müßten. Sie sind dann körperlich und geistig weiter als ihre Mitschüler und stören aus Langeweile und "Frust" den Unterricht so, daß wiederholt der Schulausschluß für eine bestimmte Zeitspanne ausgesprochen werden mußte. (Wer die Schulrealität kennt, weiß, daß diese pädagogische Maßnahme gar nichts bringt, im Gegenteil hinterher wird's oft noch schlimmer.) Versetzt man aber einen solchen Schüler in die nächste Klasse mit Hilfe geschönter Noten, dann ist die Entrüstung der Klasse groß *und* berechtigt und man kann natürlich in diesem Alter den Kindern die Gründe für die Versetzung nicht überzeugend vermitteln. (Bringt hier die Rücksichtnahme auf die Würde des Kindes [siehe oben S.6], auf das Individuum demselben etwas? Ist die massive Beeinträchtigung des Unterrichts und der Klassengemeinschaft, die Anspruch auf ordentlichen Unterricht und Schulbildung hat, nicht gewichtiger? Sollte man in solchen Fällen den Knaben nicht doch zu einem 'Werden' zwingen?

Niveau der Volksschule

Zu unserer Zeit und bis zum Beginn der radikalen Erziehungsreformen (antiautoritäre Erziehung) und etwa gleichzeitig verlaufenden Schulreformen in den siebziger Jahren war die Schule Lernschule und das Niveau der Volksschule nicht schlecht - die ordentliche Lehrkraft vorausgesetzt. Was ich selbst in den ersten vier Klassen der damaligen Volksschule - ich besuchte die Wilkensschule in Heidelberg mit einfachen Einzugsgebiet - gelernt habe, ist mir heute noch in Erinnerung: eine wirkliche *Heimat*kunde, ein anschaulicher Religionsunterricht, (Recht -)Schreiben und Lesen lernte doch jeder, einigermaßen genauso wie die mathematischen Grundkenntnisse; wie konnten wir singen! Natürlich floß nationalsozialistisches Gedankengut in den Deutschunterricht ein. Und die körperliche Züchtigungsarten waren eine Belastung. Aber der behandelte Stoff 'saß'.

Wie ist das heute? Trotz oft größtem Einsatz einer Lehrkraft - was "sitzt" am Ende des Schuljahrs? Schon nach ein paar Wochen frage man die Kinder nach einem interessiert aufgenommenen Thema aus den Fächern Deutsch, Geschichte, Biologie, Physik. Da kommt oft nichts, rein *gar nichts* - als ob der Stoff, das Thema nie behandelt worden war - unsinnig enttäuschend für den Lehrer. Die Ursachen für das gesunkene Niveau des Unterrichtserfolgs sind zahlreich: mangelnde Konzentration, fehlendes Aufnahmevermögen, Nervosität, usw. (siehe auch oben S.2); dazu kommen in den Klassen die vielen Ausländerkinder der hier in erster Generation arbeitenden Gastarbeiterfamilien. Wenn da z.B. ein 'Neuer' ohne jede Kenntnis der deutschen Sprache in den Unterricht kam, was war das anfänglich ein Zeitaufwand für diesen Burschen, bis der einigermaßen integriert war und dem Unterricht folgen konnte. Daß da natürlich die Klasse zu kurz kam, bzw. man mit dem Lehrplan in Verzug kam, leuchtet ein.

Waren mehrere Ausländerkinder mit mangelnden deutschen Sprachkenntnissen in der Klasse und konnten daher dem Unterricht nicht recht folgen, fingen sie an abzuschalten, wurden – insbesondere auch durch ihre körperliche Vitalität – besonders unruhig und hemmten den Lernerfolg. (Die Kinder türkischer Nationalität hatten nachmittags Unterricht beim türkischen Lehrer. Dort herrschte noch der Stock. Neutral und technisch ausgedrückt, beim deutschen Lehrer fiel diese 'Bremse' weg, und sie hatten im Nu heraus, was sie sich bei ihm herausnehmen konnten.) Die Kinder der zweiten Generation, die Deutsch als zweite Muttersprache sprechen, integrieren sich leichter und hemmten den Unterricht bei weitem nicht mehr so stark, insbesondere wenn sie in Deutschland eingeschult worden sind; Ausnahme: die Mädchen mohamedanischer Herkunft beim Turnen, die Buben desselben Glaubens können weiblichen Lehrkräften gegenüber aufsässig werden.

Einschub:

Waren diese Kinder erst einmal integriert, entwickelten sie manchmal mehr Energie, den Stoff aufzunehmen als ihre deutschen Mitschüler. (Zwei meiner Türkenbuben haben mit Erfolg schließlich eine Fachhochschule absolviert. Einer der beiden war so gerissen bzw. zielbewußt: er hatte gemerkt, daß ich ab und zu aus dem Übungsbuch der Klasse verdeckt ein Diktat vorbereitete. Das Buch lag dabei bei der Vorbereitung in einem etwas größeren in meinen Händen. Dieser tüchtige Knilch studierte am Nachmittag das gesamte Buch durch, fand das Diktat, lernte es praktisch auswendig und schrieb es in meiner Erinnerung fehlerlos!

Ein weiterer Grund für das Sinken des Hauptschulniveaus resultiert daher, daß weit mehr begabte Kinder die Volksschule nach dem vierten oder fünften Schuljahr verlassen. Zurück bleiben dann die weniger Begabten und die 'Spätentwickler'. Beide bestimmen als die eher langsamen das Niveau - hinzukommt, daß der Ausländeranteil insbesondere in den Stadtschulen etwa 50%. und mehr beträgt, (siehe hierzu auch die Ausführungen oben!)

Die Pädagogik vor 50 Jahren und heute

Wir, erst recht unsere Eltern und Großeltern, haben allesamt noch die sogenannte 'Lernschule' besucht. Es gab keinen Zweifel, der Begriff Schule war verbunden mit Lernen, Schulen. Die

Volksschule aber war damals M.E. pädagogisch dem Gymnasium, voraus: engagierte Lehrer weckten bei allem Drill in den Grundfächern Deutsch und Rechnen z.B. bei der Bastelstunde, verbunden mit dem Wecken technischer Phantasie, die Freude am handwerklichen Können. Der Zeichenunterricht wies bei begabten Lehrern wunderschöne Erfolge auf. Die meisten Kinder lernten Singen und die Liedtexte dazu einfach, weil sie schön waren. Eine einfache Physik wurde sehr anschaulich gegeben. Was hatten wir für eine brauchbare Heimatkunde wie oben S.8 gesagt, von der ich heute noch zehre! Das Gymnasium war naturgemäß mehr auf die geistige, richtiger intellektuelle Ausbildung ausgerichtet. (Aber, wie viele Stunden 'geistvollen' Unterrichts, Unterrichts voller Geist genossen wir?) Das begriffliche Denken hat man uns mit Hilfe der lateinischen Grammatik beigebracht, die reine Logik wurde durch die Mathematik erlernt. Doch wenigstens eine Fremdsprache soweit beherrschen lernen, daß man sich darin ausdrücken konnte, gelang nicht, nicht einmal im Fach Englisch. (Ich leide heute noch beim Sprechen einer Fremdsprache unter der Furcht: war der Satz grammatikalisch richtig, welche Fehler habe ich wieder gemacht? - die gymnasiale Methode war einfach sprechhemmend.)

Physik und Chemie wurden vielleicht insofern anschaulicher geboten als heute, weil diese Fächer nach heutigen Maßstäben nur eine einfache, meines Erachtens aber brauchbare Übersicht über die Naturkräfte bzw. chemischen Prozesse um uns vermitteln sollten. Der heutigen Forderung nach 'spielerischem Lernen' (nähere Ausführungen zu diesem Thema gleich anschließend) trugen erfahrene Kollegen - auch auf dem Gymnasium - längst Rechnung: uter alter neuter nullus, diese Wörter haben alle i-us in dem zweiten Falle, und im Dativ enden sie, wie alius mit langem i. (Hähnlein? - Gockel genannt) oder 3, 3, 3, bei Issos große Keilerei, (Lutz Wittmann). Das schmälert aber per Saldo nicht die Tatsache, daß die geschilderten Schularten Lernschulen waren, Büffeln von Vokabeln, Formeln und Geschichtszahlen - harte unerquickliche Arbeit - war selbstverständlich. Die von der 'Gesellschaft' heute als selbstverständlich erwartete Form des Unterrichts, *die* geistige Voraussetzung ist das 'spielerische Lernen'. Eine der Erklärungen für die Wandlung des Begriffs 'Lernschule', der Denkvoraussetzungen hierfür vielleicht der uns noch überkommene (Denk-)Drill durch Staat und Schule des 3. Reiches (und der davor liegenden geistigen Autoritäten.) Auf dieser Wandlung fußte dann, auch aus anderen in der Arbeit angedeuteten Gründen, die maßlose pädagogische Reformwut ab Mitte der sechziger Jahre bis weit in die siebziger Jahre in Richtung der heutigen gesellschaftlichen Auffassung der (Grund-)schule als 'Spielschule'.- Spielerisch Lernen ... diese Vorgabe muß einen nachdenklichen Menschen aufhorchen lassen. Ist das Auswendiglernen chemischer Formeln, Vokabeln einer Fremdsprache, usw. (siehe oben) Lernen und Vortragen einer Ballade wie der "Glocke" - vor allem auch unter der römischen Erkenntnis 'repetitio est mater studiorum' spielend möglich? Wer wird ernstlich bestreiten, daß dies harte geistige Arbeit ist? Daß man geistige Lockerheit, eine Art spielerisches Memorieren bei dieser Arbeit einsetzen kann, das wußten erfahrene Pädagogen schon immer. (An welchem Arbeitsplatz wird nicht gescherzt? Darüber hinaus, ist nicht die Begeisterungsfähigkeit der Lehrers einer der, vielleicht der Motor des Lernerfolgs des Kindes oder des Jugendlichen, der Klasse?)

Schule hat etwas mit ausrichten, richten auf ein Ziel hin zu tun (genauso wie erziehen: ziehen in eine Richtung, auf einen Zweck, auf ein Ziel hin). Vor allem letzteres kommt heute wohl in den meisten Elternhäusern aus Bequemlichkeit, weil es nicht mehr zeitgemäß ist, zu kurz. Natürlich versucht man trotzdem auch heute noch die Kinder in der Grundschule vom ersten Schuljahr an, sich einzugewöhnen, daran zu gewöhnen, die Bildungsinhalte anzunehmen. (Was da an Einsatz und Arbeit seitens der Lehrkraft im 1. Schuljahr zu leisten ist, kann ein Außenstehender kaum ermessen.) Da kommen z.B. eine ganze Anzahl von Kindern nach dem Besuch eines modernen Kindergartens, oder ohne Besuch eines Kindergartens, je nach Einzugsgebiet, in die Schule und damit zum ersten Mal mit einer Art von 'Müssen': Erziehung oder Konsequenz in Berührung.

Einschub:

Wie es um den geistigen Hintergrund der Kindergartenpädagogik steht, vermittle schlaglichtartig folgendes Beispiel: Spielen Kinder ein Gesellschaftsspiel miteinander, so dürfen dies nur Spiele sein, bei denen es keine Verlierer gibt!! (Zeuge: meine Tochter anläßlich des Praktikums für ihr Studium in einem Münchner Kindergarten.) Gibt es ein Fußballspiel, bei dem es kein Verlierer gibt? Auch beim Endstand 0:0 erringt eine Mannschaft in jedem Fall einen Punkt auf der Tabelle. Diese Lebensfremdheit ist kaum noch zu überbieten.

Zum anderen kommen Kinder in die Klasse, deren Individualität bereits so stark ist - genauso wie das Bewußtsein ihrer Persönlichkeit - daß jede Weisung, Anordnung, Vorhaben einer Lehrkraft zu begründen ist: "Hänschen, mach' mal die Tür zu!" "Warum?" tönt es einen entgegen. (In der Hauptschule dann: "Hebt mal die Papierschnitzel auf! "Dafür sind" - bitte schön - "die Putzfrauen da!" Solche Antworten tönten mir je länger, je mehr entgegen.) Solche verschiedensten Kinderseelen zu integrieren ist, wie gesagt, pädagogische Schwerstarbeit, die in dieser Form vor 50 Jahren nicht zu leisten war. - So also beginnt heute die Schule. Und wie die Schulpflichtigen heute den ersten Eindruck von der Schule bekommen, den Schulbeginn erleben, hierzu oben den Bericht über meine letzte Teilnahme an einer Einschulung.

Zum Schluß exemplarisch:
Veränderungen in der Stoffauswahl und deren Darbietung in der Schule

Deutsch

Glücklicherweise wird das Lesenlernen (nach behördlicher Anordnung) wieder mit Hilfe der synthetischen Methode erarbeitet: die Buchstaben werden in mühsamen Aufnahmeprozeß zu Silben, dann zu Wörtern verbunden. Zu der Zeit, als neben der synthetischen Methode auch die analytische Methode (Wörter, der Text werden in ihrer Gesamtheit erfaßt und anschließend auf gleiche Schriftzeichen (Buchstaben) hin untersucht, d.h. jeweils immer wieder oder häufig vorkommende Buchstaben werden herauskristallisiert, erkannt und notiert,) behördlich zugelassen und von vielen Kollegen benützt worden waren, hörte ich sehr früh einen Vortrag eines neurologisch bewanderten Pädagogen (oder war's ein Neurologe?), der u.a. meinte, die synthetische Methode sei der anderen deshalb überlegen, weil sie der Gabe des Gehirns entspricht, Einzelwahrnehmungen (Buchstaben) zu komplexen Gebilden, Wort oder Satz zusammensetzen zu können, und - das war sein Hauptargument - dasselbe adäquat zu trainieren, mit anderen Worten, das sei die adäquate Methode für die Ausbildung oder Entwicklung dieser Gehirntätigkeit. Die analytische Methode sei für intellektuell besonders Begabte vielleicht angebracht, nicht aber für das Groß der Kinder. (Die Mediziner mögen meine laienhafte Darstellung des Sachverhalts entschuldigen.) Ich kann aus Erfahrung hinzufügen, daß ich Kindern, die beim Lesen die Buchstaben ie und ei verwechselten, auf den Kopf zusagen konnte, ihr habt das Lesen nach der analytischen Methode erlernt. Das angemessene, oben beschriebene schrittweise Training war nie vollzogen worden. - Hier muß sich das Thema Rechtschreibschwäche (Legasthenie) anschließen.

Der gedrängten Darstellung wegen nur diese Bemerkung: Vor ca. 30 Jahren sprach ich mit unserer Schulkameradin Felizitas Lehmann über dieses Thema, die als anerkannte "Fachfrau" (Dipl. Psychologin) Erfahrung mit vielen schulpflichtigen kranken Kindern hatte. Ich meinte damals, meiner Erfahrung nach kämen auf 100 Kinder mit Rechtschreibschwäche höchstens zwei bis drei wirkliche Legastheniker. Sie fuhr förmlich auf: "Auf 1000 eines!" Es war die Bestätigung meiner Vermutung, diese 'Schülerkrankheit' ist weitgehend nur eine Konzentrationsschwäche, deren Ursachen im allgemeinen Teil der Arbeit dargestellt wurde.

Auswendiglernen

Es gehört m.E. in die Nähe des oben beschriebenen Gehirntrainings, (ganz abgesehen davon, daß man später - nehmen wir die erwähnte "Glocke" - feststellt, daß der Schiller da eine Menge zeitloser Wahrheiten darin verpackt hat, also neben formaler Bildung eine ganze Menge geistige Bildung vermittelt wird.) - Wo wird heute noch dieses Training, diese Weisheit umgesetzt? Kurze Gedichte, Liedverse vielleicht noch, aber wunderbare Gedichte wie ‘Der römische Brunnen‘ von C.F.Meyer oder gar die ‘Bürgschaft‘ - ich habe sie von keinem meiner eigenen Kinder vernommen. Dafür wurde es mit schlecht, wenn ich anstelle von netten Kinderreimen oder kleinen Gedichtchen in der Fibel einige Jahre lang folgende Ergüsse las: "Balla balla bumbum bim, bulla bulla wang, balla balla bum bum bim, bulla bulla wang” Glücklicherweise ist diese 'Phase' in der Kinderliteratur weitgehend überwunden und die Texte sollen keine Lautmalerei, sondern wieder Werte vermitteln.

Musik

Unser früheres Fach ‘Gesang‘ in der Volksschule, heute zum Fach Musik aufgewertet. In der Grundschule mancher Schritt nach vorne: Klang und Taktübungen, kindgemäße Instrumente wie Flöten und Orffsches Instrumentarium, leider weniger Lieder singen oder Liedtexte beherrschen. In der Hauptschule Musikunterricht sehr unbefriedigend: zuviel Musiktheorie, kaum Gesang. Zum Verständnis dieser Situation muß indessen hinzugefügt werden: die Disziplinlosigkeit ist in diesem Fach wirklich unglaublich, daher unsinnig hemmend für einen musikalischen Erfolg. Dennoch finde ich es bedauerlich, daß man in einem großen Schulhaus heute kaum mehr ein frisches Wanderlied ebenso frisch gesungen hört, lustige Liedschnurren, eine besinnliches schönes Abendlied. Über Musik reden, Noten von der Tafel abschreiben lassen, das ist kein Musikunterricht.

Werken (Basteln)

Ein gut entwickeltes, immer noch dankbares Fach. Werkzeug reichlich vorhanden, die Maschinen waren auf der Höhe der Zeit, die Lehrpläne durchdacht.

Rechnen

Nach der Phase des glücklosen Unterrichts in der Grundschule mit monatelangem Plättchen legen zum Erfassen logischer Zusammenhänge, der Mengenlehre, (die entsprechenden Schülerjahrgänge krankten jahrelang an der mangelnden Kenntnis des sog. bürgerlichen Rechnens), ist die Vernunft wieder eingekehrt, dazu ein brauchbarer Lehrplan: die Kinder lernen wieder die Grundrechenarten Addieren, Subtrahieren, Dividieren, Multiplizieren.

Physik

wird auf der Hauptschule mit Hilfe von zahlreichen Versuchen wirklichkeitsnah gelehrt. Am Gymnasium, inwiefern führen neben Versuchen ausgeklügelste Energieberechnungen zu einer physikalischen (Allgemein-)bildung? Bei allem Verständnis für die Anpassung der Lehrpläne an die rasende Weiterentwicklung der Kenntnisse von physikalischen Phänomenen, Unterrichtsziel muß auch die Hinführung zur Achtung vor den bewundernswerten Kräften oder Phänomenen des Mikrokosmos und Makrokosmos sein. Auch davon habe ich bei meinen eigenen Kindern nichts bemerkt.

Gemeinschaftskunde

Eine Art staatsbürgerlicher und Wirtschaftsunterricht. Steckte zu meiner Zeit - ich will es mal wertfrei definieren - noch im Experimentierstadium. Trotzdem, das Verlangen des Lehrplans im 7. Schuljahr (12 bis 13-jährige Schüler), die Lohnabrechnung des Vaters zu Unterrichtszwecken mitzubringen, war unentschuldbarer pädagogischer Irrsinn.

Ganz am Rande noch das Thema: Kollegen und Schulleitung

Pädagogischen Idealismus gab es in meinem Kollegium vielleicht sogar mehr als früher. Was ich da vor allem bei weiblichen Lehrkräften an den Grund- und Hauptschulen erlebt habe, Hut ab!: vorbildliche Unterrichtsvorbereitung, selbstverständliches Bewußtsein als Lehrer auch Sozialarbeiter zu sein, viel Zeit verschlingende Vorbereitung von Schulfesten, Lerngängen, Begleitung zu Theaterbesuchen, Landschulheimaufenthalte. (Welchen Einsatz von Zeit, Nerven und Energie eine Lehrkraft für letzter Unternehmen aufwenden muß, kann nur ein Teilnehmer an einer solchen Veranstaltung beurteilen.) Ich kann versichern, sie ist *mörderisch* anstrengend.

Die Schulleitung heute. Der Typ des alten Rektors, gediegen, ordentlich, vielleicht bisweilen geistig ein wenig eng - ich habe einige von ihnen noch erlebt - aber warmherzig und großzügig; es gibt sie wohl kaum mehr. Heute sind es, je nach Kultusminister (z.B. Mayer-Vorfelder, Oberleutnant d. Reserve, seine Devise 'Law and Order', aber bei CDU-Wahlversammlungen auf dem Lande feste auf seine Lehrer eindreschen,) meist jüngere Leute. Ich bin da befangen: ich mag Leute nicht, die ihre Aufgabe, Lehrer zu *sein*, möglichst früh verlassen, um weitgehend Verwaltungsaufgaben zu übernehmen. Um es neutral auszudrücken: Macht auszuüben kann eine geistige Versuchung sein.

Schluß

Vielleicht überwiegt der Niedergang, das Negative bei dieser Darstellung. Ich möchte aber ausdrücklich darauf hinweisen, und es ist positiv und erfreulich zu berichten: die heutigen Kinder sind nicht mehr so dressiert (oder geduckt oder niedergehalten), häufig auch verbogen durch die uns allen noch bekannte Strenge und eiserne Konsequenz in, Eltern- und Großelternhaus, übel prügelnde Lehrer, ferner durch die anerzogene Staatsautorität ("Du bist nichts, dein Volk ist alles!") Die Kinder sind heutzutage viel heiterer und gelöster und freier, als wir es sein durften. Die Kehrseite ist natürlich, sie sind mangels Erziehung und Führung kaum in der Lage, ihre Grenzen zu erkennen. Und leider geht ihnen fast jedes Verständnis für Begriffe wie Ehrfurcht ab. Respekt einer Autorität gegenüber wird kaum oder nur höchst widerwillig aufgebracht. Unreflektiert bestimmen die Egozentrik, das individuelle Dasein ihr Denken. Freiheit von etwas ist gefragt. Daß diese Freiheit denknotwendig mit einer Freiheit zu etwas verbunden ist, wer - schon von uns Erwachsenen realisiert dieselbe oder lebt sie vor?

Hans Christoph Huber (Pädagogik)

B. Ulmer

Ursula Koretzky-Wolffhardt

Schweigen ist ein wirkliches Verbrechen gegen das Menschheitsgeschlecht

Es war nicht selbstverständlich, daß wir Mädchen das humanistische Gymnasium besuchen konnten. Am 29 Januar 1938 hieß es in einem Erlaß des Reichserziehungsministeriums: Eine gemeinsame Schulerziehung der Geschlechter widerspricht nationalsozialistischem Erziehungsgeist. Doch das energische Bemühen einiger Eltern und das Eintreten unseres späteren Direktors Mildenberger – damals im Kultusministerium in Karlsruhe tätig – der sich nicht von Berlin seine Befugnisse beschneiden lassen wollte, brachte zumindest für Baden eine Sondergenehmigung. [2]

Ich ging gerne in diese Schule und verdanke ihr Vieles, trotz der schwierigen Kriegs- und besonders der ersten Nachkriegsjahre. Ich muß hier Carlo Schmidt zitieren, der in seinen Erinnerungen schreibt: „So gewann ich die Überzeugung, in der richtigen Schule zu sein, erst, als wir die Griechen lasen. Seitdem bedauere ich jeden, dem es versagt blieb, einige Jahre seines Lebens unter dem geistigen Himmel Griechenlands zu verbringen.“ [3]

Aber Vielen wurde dieses im Dritten Reich versagt. An sie, die kein Abitur mehr machen durften und später nicht mehr machen konnten, möchte ich hier erinnern.

Wie konnte es zu diesem extremen Haß auf die Juden kommem? kommen? Ich beschaffte mir Literatur und fand schon bei H.St. Chamberlain die Meinung vertreten: „Körperlich und seelisch ragen die Arier unter allen Menschen empor. Darum sind sie von rechts wegen die Herren der Welt. Der arischen Anlage zu freier Schöpferkraft gesellt sich ein weiterer Zug bei: die unvergleichliche und durchaus einzigartige Treue.“ [4]

Dies übernahm Adolf Hitler mit seinem geradezu paranoiden Haß auf alles Jüdische. Schon 1920 äußerte er in einem Gespräch mit Josef Hell: „Wenn ich einmal an der Macht bin, dann wird die Vernichtung der Juden meine erste und wichtigste Aufgabe sein. Sobald ich die Macht habe, werde ich, z. B. in München auf dem Marienplatz, Galgen neben Galgen aufstellen lassen – und zwar so viele, als der Verkehr zuläßt..... Daran werden die Juden aufgehängt, sobald man sie abgeknüpft hat, kommen die Nächsten dran, und das geschieht so, bis der letzte Jude in München ausgetilgt ist. Genau so wird in anderen Städten verfahren, bis Deutschland vom letzten Juden gereinigt ist.“ [5] Hier haben wir schon die typischen Worte wie ‚vertilgen, von ‚Juden reinigen‘, wie sie dann der berüchtigte ‚Stürmer‘ in seinen Hetzartikeln immer wieder verwendete.

Ein Buch mit dem Titel: ‚Trau keinem Fuchs auf grüner Heid und keinem Jud bei seinem Eid‘ erschien 1937. Es sollte eigentlich in der Schule eingeführt werden, wurde aber von der Schulbehörde nicht freigegeben wegen seiner kaum zu überbietenden Geschmacklosigkeit und Primitivität. Dennoch erschien noch im selben Jahr seine zweite Auflage (26 bis 40tausend).

Das erste Gedicht darin hatte den programmatischsten Titel:

Der Vater der Juden ist der Teufel

„Als Gott der Herr die Welt gemacht
Hat er die Rassen sich erdacht
Indianer, Neger und Chinesen
und Juden auch, die bösen Wesen.“

Hitler hat schon in ‚Mein Kampf‘ die Haupterziehungsarbeit der Schule in der Rassenlehre gesehen. Es heißt dort: „Die gesammelte Bildungs- und Erziehungsarbeit

---

[2] F. S. S263/4
[3] Carlo Schmidt – Erinnerungen, S. 25
[4] Die Grundlagen des 19. Jahrhunderts, S. 51
[5] Anhang: A, S 89

muß ihre Krönung darin finden, daß sie den Rassensinn und das Rassegefühl instinkt- und verstandesmäßig in Herz und Hirn der ihr anvertrauten Jugend hineinbrennt. Es soll kein Knabe und kein Mädchen die Schule verlassen, ohne zur letzten Erkenntnis über die Notwendigkeit und das Wesen der Blutreinheit geführt worden zu sein.“ [6]

Ein Stadtschulrat Fritz Fink arbeitete folgende Leitlinien des Antisemitismus im Unterricht aus:

Es beginnt so primitiv: Eine Herde Wildpferde läßt sich nicht von einem Wildschwein führen. Ein Junge oder ein Mädel muß dann aufstehen und sagen: „Ja, so ist es in der Natur. So muß es auch unter den Menschen sein. Unser Volk aber ließ sich einmal von Fremdrassigen, von den Juden führen.“

Als Zweites wird die Angst vor den Fremden als ein wichtiger Schritt im antisemitischen Unterrichtskonzept gesehen.

Als Drittes folgt das von ihm benannte ‚rassische Sehen‘. Es soll ein Wettbewerb entstehen: Wer erkennt einen Juden und woran. Die Juden laufen anders wie wir. Sie haben Senkfüße. Ihre Körperhaltung ist eine andere wie die unsrige. Sie haben längere Arme als wir.....

Derartige Absurditäten dienen dazu, die Schülerrinnen und Schüler darauf einzustimmen und ihre Gedanken darauf auszurichten, im Gegenüber den Juden aufzuspüren. Natürlich hat der Jude auch eine andere Seele, eine Judenseele. Sie denkt und fühlt anders als wir.

Als Viertes wird der Pogrom des Mittelalters angeführt, um der Ausgrenzung der Juden Plausibilität zu Verleihen. Aus einem Juden läßt sich kein Deutscher machen, und mag er auch 1000 Jahre unter uns weilen.

Als Fünftes wird das alte Testament angeführt. Der Gott der Juden verlangt die Vernichtung aller nichtjüdischen Völker.[7]

Die „heilige“ Schrift

Den Geist, der aus dem Buche spricht,
Versteht die deutsche Jugend nicht

[8]

Als Sechstes zitiert Fink die Kirche, die sich in der Vergangenheit ja deutlich gegen das Judentum ausgesprochen habe. Wie also kann ein solcher Kampf gegen die Juden unchristlich sein, wenn ihn die Kirche selbst Jahrhunderte lang gekämpft hat?

---

[6] Anhang: B, S. 105

[7] Anhang: C, S. 102

[8] Bild I: Die heilige Schrift, S. 208

Als Siebtes wird der Antisemitismus der Großen Deutschen bemüht. Es wird von Goethe über Bismarck, Fichte und Friedrich den Großen zusammengetragen, was an antisemitischen Tiraden in deren Schriften zu finden war. (The devil can cite Scripture for his purpose – Shakespeare, Merchant of Venice; I, 3, Vers 99)

Abschließend heißt es dort: „Ich möchte den deutschen Erzieher kennen, der aus dieser Fülle von Material, Verbrechen und jüdischen Namen nicht eine Anklage gegen Alljuda erheben könnte, die unseren Buben und Mädels nicht noch in den Ohren klingt, wenn sie längst grau geworden sind."

Wie stark sich diese Ideen bei manchen Schülern ‚eingebrannt' haben, sollen zwei Beispiele zeigen:
[9]

Eines Tages flüsterte mir Eine in der Klasse zu: „Du, wir haben fünf Judenmädle in der Klasse."

Brief eines BDM-Mädels aus Hamburg an das antisemitische Hetzblatt «Der Stürmer» April 1935

«Ich besuche eine bekannte Hamburger Oberrealschule. Leider haben wir noch immer sehr viele jüdische Schülerinnen und leider ist es Sitte, daß viele deutsche Mädel mit diesen Jüdinnen eng befreundet sind. An besonderen Tagen, wenn wir unsere Uniform auch in der Schule tragen, gehen dann diese Mädel in Uniform mit ihren jüdischen ‹Freundinnen› eingehakt auf dem Schulhof spazieren! Daß dies nicht immer einen sehr netten Eindruck macht, kannst Du Dir denken. Wenn man dann den betreffenden deutschen Schülerinnen ihr Tun klarmachen will, heißt es ‹Hetz doch nicht immer! Juden sind doch Menschen und ‚Eva' ist doch wirklich ein ‚bescheidenes' ‚anständiges' ‚nettes' Mädel!› (Das Schlimme ist, daß auch die Eltern derselben Ansicht sind.) Ich halte solche Freundschaften für sehr gefährlich, denn die Jüdinnen zersetzen mit ihren Verderben bringenden Ansichten, unmerklich, aber sicher die Seele des Mädchens. Und ein Mädchen von 14 Jahren, ist noch zu unerfahren, in den meisten Fällen wenigstens, um die Verschlagenheit und die eigentliche Absicht der jüdischen ‹Freundin› zu durchschauen. Ich selbst bin erst knapp 15 Jahre alt und daher nicht imstande, meinen Mitschülerinnen zu beweisen, wie blödsinnig ihre Anschauungen sind und daß Mitleid mit Juden, unseren größten Feinden, wie Du ganz richtig immer sagst, der reinste Selbstmord ist! Darum möchte ich Dich bitten: Kann Dein ‹Fritz Brand› nicht einmal einen derartigen Artikel darüber starten lassen? Es wäre bestimmt erfolgreich, denn Mädel sind über die Einzelheiten der Judenfrage viel zu wenig aufgeklärt. Richtige deutsche Jungs haben bestimmt keine Judenfreunde mehr und wenn das bei den Mädeln noch nicht der Fall ist, so liegt es nur daran, weil eben niemand da ist, der ihnen alles mal gründlich erklärt. Und noch eins: Ich kenne Leute, die wirklich gegen die Juden sind und die dann zu meinem grenzenlosen Erstaunen doch in die jüdischen Warenhäuser zum Einkaufen gehen. Wenn ich frage, sagen sie: ‹Mein Geld kriegt der Jude doch, so oder so! Der kleine deutsche Geschäftsmann ist ja gezwungen bei den jüdischen Fabrikanten zu kaufen, das Großkapital ist ja in jüdischen Händen. Da ist es doch gleichgültig, ob ich zum Juden oder Deutschen gehe und im Warenhaus habe ich noch den Vorzug der größten Auswahl!› Ist es nicht unglaublich, daß noch heute deutsche Frauen, und sogar deutsche Frauenbündler, solche Ansichten haben? Von einem 15jährigen Mädel lassen sie sich natürlich nicht bekehren! Aber wenn Du doch mal was darüber bringen würdest!?»

Veröffentlicht bei Fred Hahn: Lieber Stürmer! Leserbriefe an das NS-Kampfblatt 1924–1945, 1978, S. 171

Sie nennt mir ihre Namen. Drei von ihnen habe ich immer wegen ihrer vornehmen Kleider bewundert. sie wohnen auf dem Schloßberg, wo nur Leute wohnen, die Geld haben. Ihre Väter haben sogar ein Auto. Die beiden anderen aber sehen aus wie arme Kinder. Eine hat ein ganz gelbes Gesicht, ist dick und häßlich. Aber sie sind eigentlich alle fünf nicht anders als andere Kinder. Sie werden es erst, weil eine gesagt hat, sie seien Juden. [10]

Schlimm war auch das Denunziantentum. Selbst Kinder durften sich als staatssicherheitliche Petzer aufspielen. Sie kamen sich ungeheuer wichtig vor, wenn sie meinten, einen Schädling erwischt zu haben.

Irgend jemand erzählte in Gesellschaft folgendes: Ein Mann reist nach H. und besucht dort einen verheirateten Freund. Die Freunde sitzen abends noch lange beisammen und plaudern, zwischendurch fragt der Gast ängstlich, ob auch kein unbefugter Lauscher in der Wohnung sei. Der Freund beruhigt ihn, daß sie allein im Haus seien. Die Beiden sprechen sich also ungeniert aus. Am nächsten Morgen wird der Gast im Hotel in aller Frühe aus dem Bett geholt, von SA- oder SS-Männern bedroht und schließlich, unter schärfster Verwarnung, ‚für nächstes Mal' laufen gelassen. Er eilt zu seinem Freund, macht ihm Vorwürfe, sie seien doch belauscht worden. Der Freund schwört, kein Fremder sei in der Wohnung gewesen. Sie fangen schon an zu streiten, als die zwölfjährige Tochter des Hauses

---

[9] Anhang: A, S. 120
[10] Anhang: E, S. 21

hereintritt, mit der Eröffnung, sie habe die Unterhaltung mit angehört und es für ihre Pflicht gehalten, das Gehörte anzuzeigen.[11]

Hierzu ein Mitglied der Widerstands-Gruppe ‚Die weiße Rose': „Wenn sich Leute hinstellen und fragen: ‚Warum habt Ihr nicht?', dann kann ich nur sagen: Die haben keine Ahnung. Alles war ja durchsetzt mit Spitzeln, die Gestapo war unerhört raffiniert, unerhört schnell. Im Gefängnis konnte ich mit vielen verschiedenen Gruppen sprechen. Überall dasselbe Bild. Der Krieg hatte das Überwachungssystem noch unheimlich verschärft. Da gab es dieses Netz von Abhängigkeiten, an jedem Bahnhof ein Polizist, an jeder Ecke Ausweiskontrollen. Da war kaum ein Durchkommen."[12]

Kurz nach der sogenannten Reichskristallnacht predigte Pfarrer Julius von Jan über Jeremias 32, Vers 29.

„Ein Verbrechen ist geschehen in Paris. Der Mörder wird seine gerechte Strafe empfangen, weil er das göttliche Recht übertreten hat. Wir trauern mit unserem Volk um das Opfer dieser verbrecherischen Tat. Aber wer hätte gedacht, daß dieses Opfer in Paris bei uns in Deutschland so viele Verbrechen zur Folge haben könnte. Hier haben wir die Quittung bekommen auf den großen Abfall von Gott und Christus, auf das organisierte Antichristentum. Die Leidenschaften sind entfesselt, die Gebote Gottes mißachtet, Gotteshäuser, die anderen heilig waren, sind ungestraft niedergebrannt worden."

Es saßen natürlich Spitzel in der Kirche, und nach kurzer Zeit fährt ein Lastwagen mit zwanzig SA-Leuten vor das Pfarrhaus. Pfarrer von Jan wird halbtot geprügelt, ins Rathaus gebracht, vier Monate in Haft genommen und anschließend aus Württemberg ausgewiesen.

Der Bericht über dieses Ereignis endet mit einem traurigen Satz: „Nicht ein Einziger der damals Beteiligten hat sich jemals bei Pfarrer von Jan entschuldigt."

Sepp Huber, ein Nazi der ersten Stunde, schreibt: „Man hört aus dem Ausland Stimmen, die nicht verstehen, daß uns ein einziger Volksgenosse tausendmal mehr wert ist als das ganze jüdische Geschmeiß, das an den Völkern Europas herumschmarotzt. Bemerkenswert scheint uns zu sein, daß unter uns heute noch Einzelgänger herumwandeln, die in die gleiche Tüte blasen und vor Mitleid mit den armen Juden – ‚sie sind doch auch Menschen' – triefen. Das Mitleid ist ein schöner Zug, aber in diesem Fall völlig unangebracht."[13]

Mit einer Anweisung des Reichsministers für Erziehung, Rust, werden 1938 alle Juden der Schule verwiesen.[14]

[11] Anhang: E, S. 21
[12] Anhang: E, S. 21
[13] Anhang: A, S. 75
[14] Anhang: E, S. 237

IV. TRENNUNG

Anweisung von Reichsminister Rust:

Erziehung

a) Für das Reich

558. Schulunterricht an Juden.

Nach der ruchlosen Mordtat von Paris kann es keinem deutschen Lehrer und keiner deutschen Lehrerin mehr zugemutet werden, an jüdische Schulkinder Unterricht zu erteilen. Auch versteht es sich von selbst, daß es für deutsche Schüler und Schülerinnen unerträglich ist, mit Juden in einem Klassenraum zu sitzen. Die Rassentrennung im Schulwesen ist zwar in den letzten Jahren im allgemeinen bereits durchgeführt, doch ist ein Restbestand jüdischer Schüler auf den deutschen Schulen übriggeblieben, dem der gemeinsame Schulbesuch mit deutschen Jungen und Mädeln nunmehr nicht weiter gestattet werden kann.

Vorbehaltlich weiterer gesetzlicher Regelung ordne ich daher mit sofortiger Wirkung an:

1. Juden ist der Besuch deutscher Schulen nicht gestattet. Sie dürfen nur jüdische Schulen besuchen. Soweit es noch nicht geschehen sein sollte, sind alle zur Zeit eine deutsche Schule besuchenden jüdischen Schüler und Schülerinnen sofort zu entlassen.

Besonders infam waren die Gesetze und Verordnungen, die die Juden betrafen und die nicht einmal öffentlich bekannt gemacht wurden. Auf diese Weise bekam die Öffentlichkeit kaum mit, wie die Lebensmöglichkeiten der jüdischen Mitbürger immer mehr eingeschränkt wurden. [15]

Ab 1941 war es den Juden auch verboten, sich ohne Judenstern in der Öffentlichkeit zu zeigen. [16]

- Juden mußten einen „Zusatznamen" in ihren mit „J" gekennzeichneten Paß eintragen lassen; die Frauen hießen künftig zusätzlich „Sara", die Männer „Israel".
- Ihre Kinder durften nur noch jüdische Schulen besuchen.
- Der Besuch von Theateraufführungen, Konzerten, Vorträgen und Kinos war Juden verboten, das Betreten von Bibliotheken untersagt.
- Parks sowie alle öffentlichen Anlagen und bestimmte Sperrgebiete, wie z.B. das Regierungsviertel, durften von Juden nicht mehr betreten werden.
- Juden war es untersagt, Zeitungen zu abonnieren oder am Kiosk zu kaufen.
- Sie durften weder Autos noch Fahrräder besitzen.
- Selbst die Benutzung öffentlicher Verkehrsmittel, wie Bus oder Straßenbahn, war ihnen in der Regel verboten.
- Sie durften sich nicht mehr beim Friseur die Haare schneiden lassen; keine Wäschereien benutzen.
- Ihre Telefonanschlüsse wurden abgeschaltet; öffentliche Telefonzellen durften sie nicht betreten.
- Juden mußten in der Rüstungsindustrie Schwerstarbeit leisten oder andere niedrige „Hofarbeit" verrichten.
- Einkaufen durften sie nur in wenigen, besonders gekennzeichneten Geschäften.
- Zwischen 20 Uhr abends und 5 Uhr morgens durften sie ihre Wohnung nicht verlassen.
- Mieterschutz gab es für sie nicht.
- Gegebenenfalls mußten sie ihre Wohnung für bombengeschädigte Volksgenossen zur Verfügung stellen und zu anderen Juden ziehen.
- Anspruch auf ein eigenes Zimmer hatten sie nicht.
- Juden durften kein Radio besitzen.
- Elektrische Apparate, wie Kochplatten, Tauchsieder, Bügeleisen, mußten abgeliefert werden; ebenfalls Fotoapparate und Feldstecher; schließlich auch Woll- und Pelzkleidung

Juden, die wissen wollten, was sie denn nun schon wieder nicht mehr durften, mußten sich bei einer Zentralstelle der früheren jüdischen Gemeinde erkundigen. Die meisten erfuhren allerdings nur indirekt und auf vielen Umwegen von jenen „Maßnahmen", die ihr Schicksal bestimmten. „Unkenntnis war dennoch keine Entschuldigung", schrieb ein „Betroffener", „denn der geringste Verstoß, auch gegen die lächerlichste Verordnung, und war es nur gegen eine Verkehrsvorschrift, hatte die alsbaldige Verhaftung durch die Gestapo zur Folge . . ."

Krakauer, Max, S. 20.

Sie mußten ein Leben als Unerwünschte führen. Hitler hatte ja geschrieben: „Nein, der Jude besitzt keine irgendwie kulturbildende Kraft, da der Idealismus, ohne den es eine wahrhafte Höherentwicklung des Menschen nicht gibt, bei ihm nicht vorhanden ist und niemals war. Daher wird sein Intellekt niemals aufbauend wirken, sondern zerstörend und in ganz seltenen Fällen höchstens

[15] Anhang: E, S. 29

[16] Anhang: E, S. 29

aufpeitschend, dann aber als Urbild der ‚Kraft, die stets das Böse will und stets das Gute schafft!!‘ Nicht durch ihn findet ein Fortschritt statt, sondern trotz ihm.....“[17]

Dazu eine Stelle aus Fritz Sterns Buch ‚Verspielte Größe‘: „Haber und Einstein rufen auch die äußere Seite der deutschen Überlegenheit in Erinnerung. Seit der erstmaligen Vergabe des Nobelpreises im Jahre 1901 bis zu Hitlers Machtergreifung vereinigten die Deutschen mit über 30 Prozent einen größeren Anteil der Preise auf sich als irgend eine andere Nation. Unter den Ausgezeichneten befanden sich annähernd 30 Prozent deutsche Juden, auf dem Gebiet der Medizin stellten diese 50 Prozent der Nobelpreisträger.“[18]

In Seinem Buch ‚Das feine Schweigen‘ [19] schreibt Fritz Stern zu der Frage, ob der Triumph des Nationalsozialismus ein Betriebsunfall oder ein Zufall gewesen sei: „Er war vermeidbar, er hatte seine tapferen Gegner, aber es gab auch Vieles in der deutschen Geschichte und der damaligen Gegenwart, das ihn begünstigt hat. Dazu gehörte unter anderem, und mehr will ich dazu nicht sagen, eine Tradition des ‚feinen Schweigens‘.“ Er zitiert dann Nadeschda Mandelstamm, die in ihren Memoiren aus der Zeit des sowjetischen Terrors schrieb: „Schweigen ist ein wirkliches Verbrechen gegen das Menscheitsgeschlecht.“[20]

Das KFG führte 1946 zur Vierhundertjahrfeier die Antigone von Sophokles auf. Mit ihr möchte ich auich schließen, denn sie gibt klare Antworten auch auf Fragen, die uns hier bewegen. Antigone antwortet Kreon, dem Vertreter der Staatsgewalt:

„War's doch nicht Zeus, der Dieses mir geboten, noch Dike, hausend bei den untern Göttern, die dies Gesetz festsetzten unter Menschen.

Auch hielt ich nicht für so stark Dein Gebot, daß Menschenwerk vermöcht zu überholen das ungeschriebne, heilige Recht der Götter.

Denn nicht von heute oder gestern, ewig lebt dieses ja, und keiner weiß seit wann.“ [21]

Es galt also auch damals im ‚Dritten Reich‘, aber zu wenige haben es befolgt.

Später sagt Teiresias: [22]

„Wohl ist den Menschen gemeinsam, ihnen allen, daß sie fallen. Doch nach dem Fall der ist nicht mehr verkehrt und nicht verblendet, der nach bösem Fall auf Heilung sinnt und nicht in sich erstarrt.

Anhang

Verwendete Literatur:

A **Judenfeindschaft und Schule in Deutschland 1933 bis 1945**
Peter Schmidt (Hrsg); Weingarten 1988.

B **Mein Kampf** – Adolf Hitler; Zentralverlag der NSDAP in München

C **Schicksale jüdischer Schüler und Schülerinnen in der NS-Zeit**
Benjamin Ortmeyer; Wehle 1988

D **Wir schritten durch eine schweigende Stadt** – Texte: Regina Bruss, dritte Auflage; Bremen: Staatsarchiv 1991

E **Leben im Dritten Reich** – Hrsg: Bundeszentrale für politische Bildung; Autor Alfred Krink, Bonn.

F **Pädagogium-Lyceum-Gymnasium – 450 Jahre Kurfürst-Friiedrich-Gymnasium zu Heidelberg** - Verlag Brigitte Guderjahn – Heidelberg 1996.

G **Das feine Schweigen** – Fritz Stern; Verlag Beck München, 1999

H **Verspielte Größe** – Fritz Stern; Verlag Beck München, 1996

I **Die Tragödien** – Sophokles übersetzt von H. Weinstock; Krönerverlag Stuttgart, 1953

Ursula Korretzky-Wolfhardt

[17] Anhang: B, S. 322
[18] Anhang: H, S. 218
[19] Anhang: G, S. 159
[20] Anhang: G, S. 160
[21] Anhang: I, Vers 450 bis 458
[22] Anhang: I, Vers 1023 bis 1027

Reinhold Kreile

Richard Strauss und das Urheberrecht

Vorbemerkung:

Auch wenn man nur die beiden ersten Klassen im Kurfürst-Friedrich-Gymnasium in Heidelberg verbrachte (man kann nicht unbedingt sagen, verbringen durfte, denn es war auch schön, die weiteren Klassen bis zum Abitur dann am Theresien-Gymnasium in München verbringen zu können), gab es doch einiges, was einen geprägt hat: die Musik. Ob es der Unterricht war, weiß ich nicht mehr, hier werden die verschiedensten Musiklehrer- und professoren dann auf einmal zu einer pädagogischen Erinnerungseinheit. Aber geprägt haben die Stunden, in welchen die Matthäuspassion vorbereitet wurde, und dann man die Knabenchorstimme in der Schloßkirche mitsingen konnte. Damals wurde Johann Sebastian Bach in den Knaben – und den wenigen Mädchen, die in unserer Klasse waren – lebendig; daß dem so ist, ist diesem Gymnasium zu verdanken. Und weil dem so ist, weil spürbar erfahren wurde, welchen gewichtigen Anteil die Musik im Leben haben kann, richtete sich das ganze Leben nicht zwar unmittelbar nach der Musik, wohl aber um die Musik herum: aus dem Sextaner und Quintaner in Heidelberg wurde eben der Student der Rechte- und Staatswissenschaften, der nebenbei Hilfsorganist am Sankt Matthäus in München war; und sowohl die Anwaltstätigkeit wie auch die politische Tätigkeit hatte immer wieder Begegnungen mit der Musik, die Musik beginnend bei der Renaissance und beim Barock bis zur heutigen Zeit. Einer der Brücken zur Musik war dann das Urheberrecht. Und so soll zu unserem Werk „Die Zeit vergeht" eine kleine Betrachtung erfolgen, warum weder die Musik noch die Rechte an der Musik vergehen dürfen: weil sie die Voraussetzung dafür sind, daß Kultur entsteht und bleibt.

Wie kaum ein anderer Komponist unserer Tage hat dies Richard Strauss schon frühzeitig gesehen, und sein ganzes Leben durchgesetzte. Da ich das Glück habe, einer seiner Nachfolger auf dem Präsidentenstuhl der GEMA zu sein, möchte ich ein bisschen Bericht geben vom „Geist der Zeit – im Urheberrecht", mit der Hoffnung, daß diese Zeit nie vergeht.

I. *Der Grundgedanke*

Der Kampf ums Urheberrecht und seine Durchsetzung war ein *Kontinuum* im Leben von Richard Strauss. Liest man heute die Denkschriften, mit denen er die Verbesserung des Urheberrechts forderte, in denen es ihm geradezu um die Grundlegung des Urheberrechts ging, liest man die zahlreichen Briefe, die sich mit diesem Thema immer wieder beschäftigen, so wird einem klar: Das schöpferische Genie weiß, was es der Welt schuldig ist, nämlich die Schaffung eines die Welt begleitenden, sie verändernden und damit verbessernden musikalischen Lebenswerks. Das schöpferische Genie weiß aber auch, was die Welt ihm schuldig ist, als Äquivalenz für sein Werk. Strauss's Petitum, immer wieder variierend, aber immer wieder die Grundmelodie herausstellend, hat er in dem Satz zusammengefaßt: der ernsthaft strebende Künstler, der Wertvolles zu bieten hat, darf nicht notleiden, durch wirtschaftliche Bedrängnis nicht in seinem Schaffen gelähmt werden. Und sehr früh, schon zu Ende des vergangenen Jahrhunderts, und dann zu jeder Zeit seines Lebens, gegenüber jeder politischen Strömung und Regierung, vertrat er seine weitere Grundthese, daß - nach Wegfall eines Mäzenatentums - der Künstler auf sich selbst angewiesen ist, er deswegen gegenüber dem Staat und der Gesellschaft, präziser gesagt, gegenüber der Rechtsordnung, die Forderung erheben und durchsetzen muß, daß er an den Früchten seines Werks unmittelbar zu beteiligen ist (Richard Strauss, Gedanken zum Urheberrecht; in: Archiv für Urheber-, Film-, Funk- und Theaterrecht 1934, S.217/218).

II. *Selbsthilfeorganisation der Komponisten*

Als größte Ungerechtigkeit, unter der er geradezu körperlich litt, empfand Richard Strauss den Umstand, daß Urheberrechte an einen Verwerter - z.B. an einen Verleger oder Veranstalter - übertragen werden konnten, und zwar endgültig. Nicht nur ihn hat tief erbittert, daß es eine schwer reformierbare Rechtsordnung lange Zeit zuließ, daß Komponisten ihre Werke schlicht und einfach endgültig verkaufen konnten, der Käufer dann mit den Werken, Geschäfte machen konnte, ohne den geistigen Schöpfer des Werks an dem durch sein geistiges Schöpfertum geschaffenen Gewinn zu beteiligen. Ein klassisches Beispiel hat ihn lebenslang erbost: daß Robert Stolz für die Operette *Im Weißen Rößl* seine Schlager *Die ganze Welt ist himmelblau* und *Mein Liebeslied muß ein Walzer sein,* also unvergängliche Evergreens, gegen eine einmalige Zahlung von 500 Reichsmark verkaufen mußte – auf alle Zeit und Ewigkeit. Es ist der große Verdienst von Richard Strauss, deutlich gemacht zu haben, daß diese Rechtspraxis eine wahre Unrechtspraxis ist, daß die Rechte an der Musik nicht eine Ware wie jede andere sind.

Richard Strauss und seine Freunde haben früh erkannt, daß sie diese Unrechtspraxis nur selbst stoppen könnten. Dies allerdings nur, wenn sie sich in Form einer Selbsthilfeorganisation zusammenschließen, dieser Organisation die Wahrnehmung ihrer Rechte übertragen und damit stets den Einfluß auf die Ausübung dieser Rechte behalten. Schon um 1898 war voraussehenden Männern um Richard Strauss klar, daß es zu einer solchen Organisationsform kommen mußte, und Strauss selbst war es, der als erster und langjähriger Präsident eine solche Organisation, nämlich eine Verwertungsgesellschaft, gestaltete und leitete. Insofern ist er der wahre Stammvater der heutigen GEMA und manch anderer Verwertungsgesellschaften in aller Welt. Man hat mit ihm und durch ihn begriffen, daß nur die engste Zusammenarbeit in dieser sich ständig technisch verändernden Welt sicherstellen kann, daß jeder Komponist und jeder Textdichter seinen angemessenen Anteil für die Aufführung seines Werkes erhält.

III. *Fast eine Anekdote über die Entstehung von Verwertungsgesellschaften*

Die erste Idee einer musikalischen Verwertungsgesellschaft stammt aus Frankreich, und ihre Verwirklichung begann 1850, als in Paris ein Komponist und ein Librettist in einem Café saßen, dort eine damals teure Spezialität, das *Zuckerwasser,* tranken und dabei ihr eigenes *Couplet* hörten, das in den Theatern bereits große Erfolge feierte. Der Kellner kam, er legte die Rechnung vor, der Komponist sagte, die Rechnung gehe in Ordnung, aber auch er habe eine Rechnung zu stellen, nämlich die für die Aufführung seiner Musik. Ob der Komponist exakt erklärte, er *rechne auf,* wie der juristische Terminus heißt ist nicht überliefert. Überliefert aber ist,' daß er sich weigerte zu bezahlen, wenn er nicht seinerseits bezahlt würde. Nach drei Instanzen entschied das oberste Gericht in Paris, er habe tatsächlich Anspruch auf Bezahlung seiner Musik. Die erste Phase für die Gründung einer Verwertungsgesellschaft zur kollektiven Wahrnehmung von Urheberrechten war damit eingeleitet.

IV. *Eine revolutionäre Idee: Zum Notenentgelt noch das Aufführungsentgelt*

Was Deutschland betrifft, mußte allerdings das Problem des Aufführungsentgelts erst noch überwunden werden. Dessen Überwindung ist ohne Richard Strauss undenkbar: Er war der Treiber und Betreiber, und er war - was in solchen Fällen das wichtigste ist - die moralische Instanz, die eben nur ein erfolgreicher Komponist abgeben kann, wenn er nicht nur für sich, sondern vornehmlich für alle Urheber und Schöpfer spricht. Und dies tat er denn auch, indem er den Gedanken seines Freundes Hans Sommer aufnahm, der in dem heute noch lesenswerten Aufsatz *Die Werthschätzung der Musik* klarmachte, daß die finanzielle Wertschätzung der Musik es nicht dabei bewenden lassen könne, daß jemand für die vom Verleger produzierten Noten ein Kaufentgelt entrichte, vielmehr sei auch für die Aufführung des Werks ein Entgelt zu entrichten. Denn gerade bei der Musik liege die Wertschätzung darin, daß sie aufgeführt werden müsse; Denn Musik müsse man hören!

Was uns heute so ganz selbstverständlich ist - daß nämlich für jede, genauer, für jede öffentliche Aufführung eines geschützten Werks eine Vergütung an den Komponisten (über die jeweilige musikalische Verwertungsgesellschaft) bezahlt werden muß - war damals ein das Verlags- und Musikgeschäft umstürzender Vorgang. Denn die Verleger, die seinerzeit ihre Tätigkeit meist mit dem Notendruck und Verkauf beendet sahen, wollten den Absatz der gedruckten Noten in keiner Weise gefährdet sehen, und verzichteten oft auf den Vermerk, auf den es angekommen wäre: daß nämlich das

Aufführungsrecht vorbehalten bleibt. So bedurfte es einer wirklichen Bewegung", wie Strauss dies selbst einmal nannte, die gesetzgeberische und kulturelle Öffentlichkeit davon zu überzeugen, daß dieses Aufführungsrecht immer dem Komponisten vorbehalten bleiben müsse. Und so beschwor denn Richard Strauss seine Komponisten-Kollegen stets, nicht die Aufführungsrechte mit den Verlagsrechten wegzugeben. Er stritt auch mit einem engen Verleger-Freund wie Eugen Spitzweg, der daraufhin die Strauss'sche symphonische Tonschöpfung *Ein Heldenleben* als Verleger nicht übernehmen wollte. Doch Strauss erläuterte in liebenswürdiger Härte in seinem Brief an Spitzweg aus dem Jahre 1898:

> *„Mit Bedauern nehme ich von Deinem Verzicht auf ‚Heldenleben' hiermit Kenntnis, da es mir, wie schon gesagt, absolut unmöglich ist, das Aufführungs-recht meiner Werke künftig dem Verleger zu übergeben. Es ist dies der Hauptpunkt in unserer ganzen Bewegung, und ich als Anstifter darf nicht mit schlechtem Beispiel vorangehen. Verlagsrechte dem Verleger, Urheberrechte dem Urheber. Anderen Modus gibt's künftig nicht."*

Immer wieder beklagt sich Strauss auch darüber, daß nicht nur die Verleger diesen Grundsatz - von dem die urheberrechtliche Rechtsordnung des zwanzigsten Jahrhunderts als Selbstverständlichkeit beherrscht ist - nicht erkennen wollten, sondern auch seine eigene Komponisten-Kollegen nicht. Und es ist mehr als ein Stoßseufzer, wenn er seinem Freund, dem Komponisten und Dirigenten Max von Schillings, schreibt: jeder Komponist hat den Verleger, der er verdient. Wenn ich etwas anderes gelernt hätte - weiß Gott, ich sattelte heute noch um, um aus der Kollegenschaft herauszukommen."

Gott und den Musen sei gedankt, daß Richard Strauss nichts anderes gelernt hat als die Musik, aber dabei und darüber hinaus das Urheberrecht: Und ganz speziell hat er gelernt, daß es auf die finanzielle Umsetzung des Urheberrechts ankommt. Dies hat er dem Gesellschafts- und Kulturverständnis unseres Jahrhunderts gelehrt. Als 1920 Hugo von Hofmannsthal, in gerade wirtschaftlich sehr mißlicher Lage, Strauss gegenüber auf den Schutz des geistigen Eigentums in Südamerika zu sprechen kam, erwies sich dieser als internationaler Urheberrechtsexperte, der die *Berner Konvention zum Schutze des geistigen Eigentums* und die Mitgliedsstaaten dieser Konvention, also hier Argentinien, genau kannte. So tröstete er denn im Schreiben vom 17.3.1920 Hugo von Hofmannsthal: "Natürlich gibt es dort Tantiemen, ich glaube sogar in ausländischen Valuta." Aus dieser Bemerkung läßt sich auch der Beleg für die These entnehmen, wonach Urheberrecht ein anderer Ausdruck für Geld ist. Dabei ist klar, Geld ist nur ein Teil des Urheberrechts; seine Wichtigkeit zu unterschätzen wäre aber genauso verfehlt, wie sie zu überschätzen.

V. *Vier Beispiele von der Straussischen Auffassung über Wert und Würde des Urheberrechts*

1. Respekt vor dem Willen des Genies

Doch nicht um Geld, sondern um Wert und Würde des Urheberrechts ging es Richard Strauss bei der Frage, ob nach Ablauf der Schutzfrist für das Gesamtwerk Richard Wagners auch das Bühnenweihespiel *Parsifal* - entgegen dem ausdrücklichen Willen des Komponisten, der die Aufführung des *Parsifal* Bayreuth vorbehalten sehen wollte - von allen Bühnen aufgeführt werden dürfte, obwohl Wagner auch nach Ablauf der Schutzfrist den *Parsifal* nach wie vor nur in Bayreuth aufgeführt sehen wollte – und zwar gleichgültig, ob die Schutzfrist 30 Jahre,50 Jahre oder 70 Jahre andauerte.

Als das Jahr 1913 herankam, in welchem die Schutzfrist von 30 Jahren nach Tod des Urhebers für die Werke Wagners und damit auch für den *Parsifal* abgelaufen sein würde, und sich die Theater in aller Welt - und eben auch in Deutschland - darauf einstellten, endlich auch den *Parsifal* aufführen *zu* können, war es Richard Strauss, der hier nicht das finanzielle Element in der Debatte sah, sondern die Frage nach dem Recht des Autors, im konkreten Fall die Frage nach dem Recht des Genies stellte: „Für mich", so Richard Strauss, „gibt es in der Parsifal-Frage nur einen Richtungspunkt: Respekt vor dem Willen des Genies. Leider aber haben in der Frage des Parsifal-Schutzes nicht Leute zu entscheiden, denen die Steigerung und Verfeinerung unserer Kultur am Herzen liegt, sondern nur Juristen und Politiker, deren Horizont nicht bis zu dem Verständnis von den unbeschränkten Rechten des geistigen Eigentums reicht."

Die damalige Debatte war mehr als eine Debatte um das Urheberrecht, sie war eine Debatte um die Kultur, um das Ermöglichen von Kultur, aber auch eine Debatte um die Antagonismen, welche sich in der ebenso wirtschaftlich wie kulturell bestimmten Wirklichkeit stets gegenüberstehen. Man hat die Debatte damals mit scharfen Waffen geführt und ist mit Vorwürfen wie *Habsucht* und *pekuniäre Spekulationen* auf der einen Seite, *Freiheit der Kunst* auf der anderen Seite sehr frei umgegangen. Ein Argument allerdings verfehlte seine Wirkung nicht: daß nämlich *Parsifal* auf allen Bühnen der Welt aufgeführt werden müsse, um offensichtliche Mißgriffe der seinerzeitigen Bayreuther Inszenierungen widerlegen *zu* können. Gleichwohl ist aber Richard Strauss zu danken, daß er als schöpferischer Künstler in diese Debatte mit den Argumenten eingriff, daß das Urheberrecht als Kulturrecht dazu da ist, in einem Kulturstaat Wert und Würde des im Werk konkretisierten geistigen Eigentums zu garantieren.

2. Wider die Ausbeutung alter Meister

Von diesem Wert und dieser Würde des geistigen Eigentums war er auch beseelt, als er manch schonungslose Worte gegen die Ausbeutung der Melodien der großen Meister - in einem spektakulären Fall auch bei einer seiner eigenen melodischen Schöpfungen - in einer seiner Notizen festhielt: „Bei dem Stand der Urhebergesetzgebung in anderen Culturländern ist die Einführung einer 50jährigen Schutzfrist in Deutschland nicht nur ein Akt der Gerechtigkeit, sondern geradezu eine Notwendigkeit. Ich persönlich betrachte auch diese nur als Anfang zum unbeschränkten Schutz des geistigen Eigentums, welche als selbstverständlich die Strafbarkeit der Ausbeutung des Melodienschatzes unserer großen Classiker durch Foxtrott-, Marsch- und Operettenkomponisten im Gefolge haben müßte. Bevor die Composition eines *Dreimäderlhauses* nicht mit Zuchthaus bestraft wird, bleibt jede Urheberrechtsgesetzgebung ein Torso."

Über solche Gedankengänge und solche Worte scheint man in einem Zeitalter, in dem alles und jedes popularisiert wird - es von Beethoven und Mozart Popmusik-Fassungen *en masse* gibt, auch die Werbeträchtigkeit und Popularität von Einleitungstakten symphonischer Tondichtungen von Richard Strauss zu mancherlei Werbung genutzt werden – hinweg zu gehen; aber es ist gut, sich ihrer gleichwohl zu erinnern.

3. Engagement für das Urheberpersönlichkeitsrecht

Wie Wert und Würde eines Kunstwerks von Richard Strauss gesehen und gefühlt werden, hat er im Vorspiel der Oper *Ariadne auf Naxos* thematisiert: Wenn dort auf der Bühne der junge Komponist einer musikalisch engagierten *opera seria* seinem Musiklehrer erklärt, er habe nichts gemein mit dieser Welt, in welcher der reiche (im Libretto nicht näher benannte) Mann, in dessen Haus seine *opera seria* aufgeführt werden soll, entschieden hat, daß zusammen mit dieser heroischen Oper eine *opera buffa,* also zwei sich widerstrebende Opern *gleichzeitig* aufgeführt werden sollen; und wenn dann der alte Musiklehrer dem verzweifelten jungen Komponisten, der sich erneut fragt, was er denn hier *verloren* habe, antwortet: „die fünfzig Dukaten unter anderem, von denen Du das nächste halbe Jahr zu leben gedachtest“, dann ist in diesem Vorspiel zu *Ariadne auf Naxos* die urheberrechtliche Situation eines Komponisten zu jeder Zeit verdeutlicht. Es geht eben nicht nur „um's Geld", es geht hier um das *droit moral* oder *moral right,* das im_deutschen Recht *Urheberpersönlichkeitsrecht* heißt. Aber genau dieses könnte jener reiche Herr in der *Ariadne auf Naxos* mit seinem launigen Kopulationswunsch zweier eigenständiger Werke zunächst verfehlt haben; aber es ist dann mehr als tröstlich, daß es im Werk des realen Komponisten Richard Strauss mit diesem musikdramatisch einmaligen, kühnen *Sujet zu* einer Schöpfung unvergleichlicher Geistigkeit gekommen ist, einem singulären Schatz der Welt der Musik. Wert und Würde des geistigen Eigentums liegen also gelegentlich auch darin, daß neue Wege begangen werden, Neues und bisher nicht Gedachtes gedacht und gestaltet wird. Richard Strauss hat sehr wohl verstanden, daß das Urheberrecht zu beidem dient: zum Schaffen und zum Bewahren des Neuen.

4. Komponist versus Verleger

Von beidem ist dann in dem Liederzyklus *Der Krämerspiegel* die Rede; und mit seiner Musik hat Richard Strauss weniger einen juristischen Kommentar als geradezu ein juristisches Lehrwerk in Musik über die Beziehung zwischen dem schöpferischen Autor, dem Komponisten, und seinem Verleger gestaltet. Die Verleger haben damals geglaubt, diese von Alfred Kerr, offenbar nach meisterlichen Anweisungen von Strauss formulierte Attacke, ginge unmittelbar gegen sie; nach über einem halben Jahrhundert wissen wir es besser. Wir wissen, daß sich auch die musikalische Welt zwischen Verlagen und Komponisten verändert hat, daß man einander braucht, um der Musik die Öffentlichkeit zu geben, ihr den Weg zum Hörer zu erschließen.

Es scheint eine amüsante Fußnote in der Geschichte des deutschen Urheberrechts, daß es über diesen *Krämerspiegel* zu einem Rechtsstreit kam, und zwar ausgerechnet über die Frage, ob Strauss mit diesen zwölf Gesängen seiner Verlagsverpflichtung nachgekommen sei, dem Verlag Bote & Bock sechs neue Lieder „zu liefern", wie es in der Krämerspiegel-Sprache heißt. Das angerufene Amtsgericht Berlin meinte denn auch - und nicht immer erweisen sich Gerichte in musikalischen Fragen, auch wenn sie in urheberrechtliche Kleider gehüllt sind, als kompetent oder gar weise - diese Krämerspiegel-Lieder seien nicht „richtige Lieder", sie seien nicht zur Erfüllung des Vertrages geeignet. Richard Strauss trieb dann das, was er selbst "eine Künstlerlaune" genannt hat, noch ein wenig weiter, er schrieb zusätzlich die ihm vom Amtsgericht auferlegten sechs Lieder. Er vertonte zur Erfüllung seiner Vertragsverpflichtung drei Texte der wahnsinnigen Ophelia aus Shakespeares *Hamlet* und drei Gedichte aus Goethes *Buch des Unmuts*. Und da opus 66 für den *Krämerspiegel* vorgesehen war, der mit dieser Opusnummer von dem Literaturverlag Paul Cassirer 1921 gedruckt wurde, verblieben dann dem Verlag Bote & Bock diese Lieder des Wahnsinns und des Unmuts als opus 67. Erst 1959 wurden die Lieder des *Krämerspiegels* in einem Musikverlag, bei Boosey & Hawkes, verlegt. Damit nicht genug. Inzwischen ist der Musikverlag Bote & Bock im Verlagskonzern Boosey & Hawkes aufgegangen, der *Krämerspiegel* also im weiteren Sinne - wer denkt da nicht an Hegels List der Vernunft - in seinem einstmals vorgesehenen Verlagshaus angekommen. Wenn also am Anfang des zwanzigsten Jahrhunderts im ersten Lied der Krämerspiegel-Gesänge Alfred Kerr gedichtet und Richard Strauss komponiert hat „Einst kam der Bock als Bote zum Rosenkavalier", kann man am Ende dieses Jahrhunderts weiterdichten „Es hat der Rosenkavalier vereint die Lieder und Gesänge."

VI. Fazit

So läßt sich ein Fazit zur Rolle von Richard Strauss bei der Entwicklung des Urheberrechts, des Rechts des Schöpfers und des geistigen Eigentums vom Ende des 19. Jahrhunderts bis heute ziehen: Ohne Richard Strauss wäre nicht nur die Welt der Musik, sondern auch das Urheberrecht in seiner Theorie und Praxis, in seiner Dogmatik und seiner finanziellen Ausgestaltung trostlos ärmer. Hieraus speist sich auch das Engagement, jenen Satz von Richard Strauss weiterhin ernst zu nehmen und verstärkt in die Wirklichkeit umzusetzen, den er schon 1898, seinerzeit als königlicher Kapellmeister in München, für die Denkschrift zur Neugestaltung des Urheberrechts schrieb: *"Komponisten haben, wenn auch keinen Anspruch auf Unsterblichkeit, so doch das Recht, gespielt und gehört zu werden, und öfter gehört zu werden...*". So soll es denn so sein, wie Richard Strauss und der andere Richard, dem er als Wagnerianer und als Nichtwagnerianer verbunden war, festgesetzt und fortgeführt, es dekretiert haben: Ehret und spielt eure (nicht nur, aber auch die deutschen) Meister und zahlt für das, was unbezahlbar ist: das Glück, daß es Musik gibt.

Prof. Dr. Reinhold Kreile (Jura)

Peter Kunkel

Négritude

1

Es ist zur Zeit Mode, vom Verständnis für fremde Menschen und Kulturen zu schwärmen und davon, wie gut man doch damit in einer Multi - Kulti - Gesellschaft leben könne. Von nahem betrachtet, stellt sich oft heraus, daß das 'Verständnis' für die anderen sich auf Kopftücher beschränkt und der Schwärmer gar nicht in der Lage ist, zu erfassen, wie anders Menschen einer anderen Gruppe sind. Das ist in der Regel nicht sein Fehler. Oft braucht man lange Zeit vor Ort, um zu begreifen, auf welcher psychisch - kulturellen Grundlage diese Andersartigkeit erwächst, und nicht immer heißt Begreifen auch, daß wir uns diese Andersartigkeit hineinversetzen und die Wege der Empfindungen und Gedanken, die aus ihr erwachsen, nachvollziehen können.

Und doch, meine ich, ist es wichtig, daß wir zum mindesten etwas davon wissen. Wir sind mehr und mehr gewohnt, in einer 'verwestlichten' Welt zu denken und die Welt, die wir uns mit Wissenschaft und Technik im zwanzigsten Jahrhundert geschaffen haben, als erdumspannend verbindlich anzusehen. Wir bemerken nicht mehr, wie eng unsere Wissenschaft und Technik mit der ethnischen Grundlage unseres Denkens und Fühlens verbunden ist. Viele von uns sind sich überhaupt nicht bewußt, daß der größere Teil der Menschheit nach wie vor anders fühlt und denkt, und wie anders[23]!

2

Hier soll von Afrika die Rede sein, einfach, weil ich es am ehesten kenne, und dort wieder die Länder um den Kivusee : die Kivuprovinz des Ostkongo, Ruanda und Burundi. Meine Frau und ich haben dort insgesamt zehn Jahre verbracht. Darüber wäre einiges zu berichten. Hier möchte ich zwei Grundeigenheiten schwarzafrikanischen Wesens herausgreifen, die ich für das Verständnis und den Umgang mit diesen Leuten als besonders wichtig ansehe.

Schwarzafrikanischen Wesens? Auf Grund von Erfahrungen in einem doch sehr kleinen Bereich dieses großen Kontinents?

'Afrika - das gibt es nicht' heißt der Buchtitel eines recht intelligenten Buches. Was besagen will, daß jedes Land in Afrika seine eigene Identität und seine besonderen Probleme hat. Das stimmt in vielfacher Weise. Aber Schwarzafrika - das gibt es eben doch, wenigstens nach unseren Erfahrungen. Die Grundzüge, von denen ich hier sprechen möchte, lassen sich auch in anderen Regionen wiederfinden, wenn man erst einmal auf sie aufmerksam geworden ist. Außerdem gibt es literarische Zeugnisse und altafrikanische Plastiken. Darin zeigt sich auch das Verhalten schwarzafrikanischer Politiker, was ich hier darzustellen versuche.

Die beiden Grundeigenschaften schwarzafrikanischen Wesens, von denen ich hier sprechen will, sind von Europäern bzw. Amerikanern, die länger im Land weilen, nicht ohne weiteres auszumachen. Die eine sollte offensichtlich genug sein, läßt sich aber aus westlicher Sicht beliebig falsch interpretieren. Die andere zu erkennen kostet Zeit, Jahre, und mancher Europäer in Afrika schafft es nie...

---

[23]) Wobei ich nicht an Moslems denke, deren geistes - und religionsgeschichtliche Nähe zum christlichen „Abendland“ um so deutlicher wird, je länger man unter wirklich anderen Menschen lebt.

Ich habe beides nicht systematisch - wissenschaftlich untersucht. Dazu war ich nicht in diese Länder gekommen. Ich erzähle hier 'anekdotisch', wie ich auf die beiden Wesenszüge der Leute gekommen bin. Ich glaube, daß ich auf diese Weise auch besser herbeibringen kann, was ich deutlich machen möchte.

3

Wenn man durch eine ländliche Gegend im Kivuhochland oder auch in Ruanda oder Burundi läuft, besonders wenn es sich um ein noch wenig 'entwickeltes' Gebiet handelt, fällt auf, wie 'primitiv' diese Leute leben. Die Hütten sind eng. Die Inneneinrichtung besteht aus einem Feuerplatz und ein, zwei Bettstellen am Boden, und viel Hausrat ist da auch nicht. Ein irdener Topf zum Kochen, schon zu unserer Zeit, in den sechziger Jahren meistens durch eine Aluminiumschale ersetzt, eine Kalebasse zum Wasserholen, ein paar Schalen, früher aus Holz, heute Zeit aus schreiend buntem, emailliertem Importaluminium, ein großer Holzlöffel zum Umrühren des Bohnenbreis, Messer, Flechtteller, Strohbesen, Matten und Decken zum Schlafen, Kamm und Rasierklinge, das alles läßt sich ebenso schnell aufzählen wie das, was die Familie sonst noch besitzt : Arbeitsgerät - Hacke, Machete, Beil, Sichel -, Waffen und Jagdgerät - Speer, Schwert, Schild und Hundeglocke - ein paar Dinge, die man für die heiteren Seiten des Lebens braucht : Tabakpfeife, Trinkkalebasse und Gerät zum Brauen und Transport von Bier, Spielbrett, kleine Musikinstrumente, Glasperlenschmuck und, bereits schon in den sechziger Jahren fast schon zur Tradition gehörend, ein Transistorradio und eine Armbanduhr. Schließlich noch ein paar Körbe und ein Aluminiumkoffer, in denen man etwas aufbewahren kann. Die ganze bewegliche Habe einer Familie läßt sich in ein großes Tuch schlagen und auf dem Rücken einer Frau davontragen, und so wird es bei Umzügen auch gemacht.

Den europäischen Neuling rührt dieses scheinbare Elend meistens mächtig an. Er entnimmt auch der Tatsache, daß der Herr des Hauses auf seiner Tenne nur selten einen anderen Sitzplatz hat als einen naturbelassenen Baumstamm, vor allem, daß diese Leute einfach arm sind, und schämt sich seines Lebensstandards, obwohl auch er viele von den Dingen, die Standing und Würze mitteleuropäischen Daseins ausmachen, plötzlich nicht mehr hat (aber das ist ein anderes Kapitel).

Verblüfft stellt er aber nun fest, daß der Häuptling, von dem er inzwischen weiß, daß er über sämtliche Felder seines Herrschaftsbereichs verfügen kann, daß er selbst ausgedehnte Bananenpflanzungen mit der Fronarbeit seiner siebzigtausend Untertanen unterhält, Steuern einzieht und im Bedarfsfall Sondersteuern von beliebiger Höhe erheben kann und auch erhebt, daß dieser unvorstellbar reiche Mann auch nicht anders lebt. Er hat ein paar Hütten mehr, die aber genauso dürftig eingerichtet sind. Zu unsrer Zeit besaß er ein Häuschen europäischen Stils, eine Art Nachkriegsschrebergartenhäuschen, für seine Amtsgeschäfte. Einrichtung: ein Tisch und drei Stühle einfachster Machart.

Kongolesische Angestellte an unserm Institut hatten nach der Unabhängigkeit einige auf europäische Familien zugeschnittene Häuser zugesprochen bekommen. Oft ging es darin ordentlich zu. Aber der viele Kleinkram, der sich in einer europäischen Wohnung ausbreitet und sie wohnlich und gemütlich macht, fehlte. Auf dem Büffet lag nichts. Die Bücherbretter waren leer. Der einzige Schmuck der Räume waren, namentlich bei naiveren Gemütern, Fotos des Hausherrn in allen Variationen.

Dies sind nur einige Beispiele für einen wesentlichen Grundzug der Schwarzafrikaner : den geringen Drang, die materielle Umwelt über einen für uns fast unvorstellbar engen Kreis hinaus in die Hand zu nehmen.

4

Dazu noch einige Beispiele mehr.

Wir haben, wie wohl ersichtlich, sehr unafrikanisch, Ethnographika gesammelt (und auf diese Weise viel gelernt), und dabei hatten wir zwei Leute, die begriffen hatten, was wir wollten. Daß wir einen Querschnitt durch ihre gesamte Kultur zusammenbringen wollten und daß damit auch etwas Wichtiges bei uns erhalten bleiben könnte, was, wie sie selber am besten wußten, dabei war zu verschwinden. Sie sammelten also für uns, sehr gezielt und mit den richtigen Angaben zu den Gegenständen. Sie fingen auch Feuer für dieses Projekt. Aber sie selbst behielten höchstens einmal ein Flechttäschchen für sich, um Tabak und Pfeife aufzubewahren oder auch ein kleines Musikinstrument vielleicht. Aber diese Sachen 'verloren' sich bald wieder, und das taten offenbar auch etwa Wörterbücher, die wir Schüler ausliehen. Wohl können auch Afrikaner um den Kivusee Spaß an einem Gegenstand haben, aber nach allem, was wir erlebt haben, nur an einem, höchstens zwei, und auch das nicht für lange.

Diese Beschränkung auf ein Minimum von Menschenhand geformter Umwelt gilt nicht nur für Besitz und Benutzung solcher Gegenstände, sondern auch für die Gestaltung der Gegenstände selbst. Sie sind immer so klein, wie es für eine sinnvolle Verwendung gerade noch möglich ist. Hier ist nicht der Platz, dies im einzelnen auszuführen. Ich möchte nur ein Beispiel geben, bei dem die Entwicklung ziemlich genau in die entgegensetzte Richtung tendiert als bei uns: Lanzen und Schilde, die bei Schautänzen verwendet werden, sind nicht etwa auffallender und größer als wirkliche Waffen, sondern kleiner. Die Tanzlanzen haben nur die halbe Länge der 'echten' Speere, und die Schilde, deren große Vorbilder mit einem halben Meter Länge auch nicht gerade groß sind, sind oft nur zehn Zentimeter lang und drei Zentimeter breit. Sie verschwinden fast in der Hand des Tänzers.

Und damit ist ein Prinzip gegeben, das auch eines der Hauptstilelemente der schwarzafrikanischen Plastik ist (die Kunst von Ife ausgenommen, das insgesamt einen nicht sehr schwarzafrikanischen Charakter hat) : Wichtiges ist groß dargestellt, so zum Beispiel Gesichter und Geschlechtsteile, Unwichtiges klein und flüchtig, eine Botschaft, die man bei näherer Beschäftigung mit dieser Kunst schnell zu erfassen lernt.

Neben den wenigen, dem einzelnen persönlich wichtigen Dingen gibt es natürlich Arbeitsgeräte der verschiedensten Art - auch sie in den alten Kulturen um den Kivusee möglichst einfach und klein -, Gegenstände, die mit numinoser Bedeutung geladen sind, also dem Umstand mit außermenschlichen 'Kräften' zugeordnet sind - dazu gehören u.a. fast alle Statuetten und Masken -, und schließlich Dinge, die innerhalb der menschlichen Gesellschaft Statussymbole sind. Wozu heutzutage etwa Mercedes und goldene Badewannen gehören. Letztere Kategorie wird nicht sehr pfleglich behandelt, vor allem, wenn ihr Schau- und Statuswert zu sinken beginnt. Alle Kategorien gehen natürlich ineinander über; aber vieles läßt sich doch deutlich genug zuordnen wie anderswo auch. Immer typisch ist die geringe Anzahl, mit der agiert, gearbeitet oder gespielt wird, und in den traditionellen Kulturen die gerade noch praktikable Minimalgröße.

5

Es ist, glaube ich, ohne weiteres einsichtig, daß wenig unsere westliche Zivilisation zu dieser geringen Tendenz zur Formung und Nutzung der materiellen Umwelt paßt. Seit der Kolonisation und erst recht mit der Entwicklungshilfe bemüht sich der Westen, um die Schwarzafrikaner einen Materialwall aufzubauen, wie wir ihn gewohnt sind, und er hat es fertiggebracht, den Leuten beizubringen, daß westlicher Standard soziales Ansehen einträgt. Immer wieder habe ich Funktionäre der Entwicklungshilfe getroffen, die von nun einmal geweckten Bedürfnissen gesprochen haben, zu deren Befriedigung wir beitragen müßten. Hier werden regelmäßig Bedürfnis und Anspruch verwechselt. Für das Bedürfnis arbeitet man - nun, das brauche ich nicht weiter auszuführen.

Es sei nur noch erwähnt, wie schwierig für Leute dieses Ausblicks auf ihre materielle Umwelt bestimmte Anforderungen einer verwestlichten Gesellschaft zu erfüllen sind. Ich greife nur ein besonders eklatantes Beispiel heraus : einen schwarzafrikanischer Museumsdirektor, der mit Herz und Hand bei der Sache war und sein Amt nicht in mehr oder weniger verständnisloser Nachahmung seines europäischen Vorgängers, lustlos und damit auch in hohen Maß korruptionsanfällig betrieb, ist mir nicht begegnet, und ich kann ihn mir auch nicht vorstellen. Was nicht heißt, daß sich für ein Museum kein schwarzafrikanisches Publikum fände: in Uganda, wo die ursprüngliche Kulturen der einheimischen Völker schon früh verschwunden sind, habe ich viele Ugandesen, alte und junge, mit großem Interesse vor den Vitrinen mit den Objekten ihrer Vorfahren stehen und diskutieren sehen. Aber diese vielen Dinge sammeln, haben oder auch nur verwalten ist eben ihre Sache nicht.

6

Anderthalb Jahre nach meiner Ankunft in Zentralafrika hausten wir für ein paar Wochen in den Savannen Nordostrwandas. Ich hatte im Ostkongo mit einer Babyflasche ein Pärchen Waldduckerantilopen aufgezogen und hätte nun gern zum Vergleich ein Paar Savannenducker gehabt. Ich besorgte mir einen Jagdschein und vierzehn Rwandesen mit Jagdnetzen, zwölf Hutu und zwei Twa, also Pygmäen, und zog los.

Man hätte einen Lustspielfilm von diesem Unternehmen drehen können. Jeden Morgen holte ich meine Mannen an einer anderen Hütte ab, wo merkwürdigerweise immer gerade zufällig Bier gebraut worden war. Die Brauerin füllte es in eine Kalebasse, kredenzte es mit einem hölzernen Saugröhrchen, hielt es mir hin, und die Kalebasse machte die Runde. Nie wieder habe ich soviel einheimische Alkoholika zu mir genommen: Bananenbier, Sorghobier, Bier von indischer Hirse, Mischungen mit verschiedenen Bestandteilen von diesen und das Köstlichste von allen : Met, der einst das Getränk des Tutsiadels gewesen war. Erst nach dem Trinken begann die Diskussion, wohin man denn nun eigentlich fahren solle. Sie war lang, und meistens ging es sehr hitzig zu. Das typische schwarzafrikanische Palaver eben. Jeder warf sein ganzes Gewicht an Erfahrung, Geschicklichkeit, wohl auch Rhetorik und sozialem Ansehen in die Waagschale - die beiden Twa hatten kaum etwas zu sagen. Wir fuhren an die betreffende Stelle. Die Netze wurden im Halbkreis aufgestellt. Die Treiber vollführten einen Höllenlärm auf Kanistern und ausgedienten Autofelgen, und meistens tauchte dort trotzdem nicht eine Antilope auf. Manchmal streckte ein Oribipärchen seine Ohren übers Gras, peilte und verschwand zwischen zwei Treibern, so laut sie auch trommeln und heulen mochten.

Das alles war nicht das, wovon ich hier sprechen möchte. Es war eine Kleinigkeit, die mir auffiel und die mir plötzlich einen Schlüssel zu vielem gab, was ich bis dahin nicht verstanden hatte, was mir bar jeder Logik erschienen war und worüber ich mich auch wild geärgert hatte. Mit einem Schlag wurde das Verhalten meiner schwarzen Mitmenschen klar und konsequent.

Wenn nämlich an dem betreffenden Platz keine Antilopen zu finden waren, wenn man umsonst die Netze aufgestellt, umsonst Kanister und Radkappen betrommelt und gräßliches Geheul ausgestoßen hatte, war das Bedauern allgemein. Aber keine Stimme des Triumphs erhob sich : "Seht ihr wohl! Ich hab' ja gleich gewußt, daß hier nichts ist!" Auch nicht von denen, die sich vorher mit aller Eloquenz für eine andere Stelle eingesetzt hatten.

Man stelle sich eine solche Situation in Europa vor! Mit welchen Genuß würden die überstimmten Besserwisser ihren Triumph ausspielen. Gewiß, es gäbe viele regionale Varianten. Franzosen würden ihren ganzen Sack von Sticheleien und Witzchen ausschütten. Die Deutschen würden ihre Meinung noch einmal gewichtig auf den Tisch hauen. Ein Engländer würde so ekelhaft fair sein, daß man sich am liebsten gleich in das nächste Mausloch verkröche. Aber kann man sich vierzehn Weiße gleich welcher Nationalität vorstellen, die sich nach einer mißglückten gemeinsamen Operation nicht in die Haare gerieten, und sei es noch so *gentlemanlike*? Ich kann es nicht, und schon gar nicht nach meinen Erlebnissen mit Europäern in Afrika.

Hutu und Twa aber zeigten nach einem Mißerfolg keine Spur von Aggressivität und Rechthaberei. Das lag sicher nicht daran, daß sie sich eisern zusammennahmen. Zwar sind gerade die Rwandesen zurückhaltender als andere Zentralafrikaner; aber mehr Rücksicht aufeinander nehmen sie nicht. Wo sie sich etwas vorzuwerfen haben, tun sie es mit Nachdruck. Schon bei Preisverhandlungen auf dem Markt geht es ausgesprochen ruppig zu.

Es gibt nur eine Erklärung für diese merkwürdige Friedfertigkeit nach einer mißglückten gemeinsamen Unternehmung : die im Palaver Unterlegenen empfinden gar keine Befriedigung darüber, daß sie recht gehabt haben, geschweige denn Schadenfreude. Was im Palaver herausdiskutiert worden ist, ist für alle gültig. Es wird von jedermann voll und ganz akzeptiert. Es ist die Gemeinschaft, die jetzt das Wollen jedes einzelnen bestimmt, ohne Umkehr zu einer individuellen, persönlichen Ansicht zur Sache.

7

So offen und von außen her bestimmbar zu sein, ist ein Zustand, den wir Europäer kaum nachempfinden können, und ich glaube, daß es diese Eigenschaft ist, die uns am tiefsten von den Schwarzafrikanern unterscheidet, wenigstens von den negriden Völkern unter ihnen.

Ich habe einmal versucht, diesen Unterschied einer Holländerin klarzumachen, und sie meinte, daß es Ähnliches auch bei uns in ursprünglichen, noch einigermaßen geschlossenen Gemeinschaften gäbe. Sie dachte an ländliche Gemeinden im niederländischen Friesland. Ich glaube, die Konformität dort hat einen grundlegend anderen Mechanismus. Sie beruht wohl in erster Linie auf einem besonders strengen Kodex von Grundeinstellungen und Gebräuchen, die mehr oder weniger unpersönliche, abstrakte Werte sind. Sie schränken den einzelnen ein und lassen die Entfaltung seiner Individualität nur innerhalb enger Grenzen zu. Aber im Grunde hat jedes Mitglied dieser Gemeinschaften durchaus einen eigenen Willen und persönliche Ansichten. Es hütet sich nur, die vom Verhaltenskodex gezogenen Grenzen zu überschreiten, um nicht allgemeiner Ächtung anheimzufallen.

Die schwarzafrikanische Gesellschaft, so habe ich es damals und unzählige Male auch später beobachten können, funktioniert ganz anders. Wohl existieren auch hier Schranken von Grundvorstellungen und Sitte her; aber die Konformität der Gemeinschaft beruht nur zum geringsten Teil auf ihnen. Hier ist jeder gegen jeden offen. Letzten Endes ist der einzelne sogar mehr empfangs - als aktionsbereit, und da es alle sind, kann sich eine Entscheidung nur langsam herauskristallisieren. Mit anderen Worten, die langen Palaver sind einfach notwendig, um es von der Unbestimmtheit des einzelnen zu einem mehr oder weniger festen Aktionskern zu bringen. Jeder bringt zwar einen - freilich auch nicht fest umrissenen - Bestand an Vorstellungen, Erfahrungen und technischen Fähigkeiten mit, den er in die Waagschale der allgemeinen Diskussion werfen kann und auch wirft; wichtiger aber ist die Übereinstimmung mit den anderen. Sie ist auch einfach zwangsläufig : niemand kann sich gegen die 'Kraft' der verschiedenen Argumente und Willensäußerungen abdichten, die im Lauf des Palavers an ihn heranfluten. Ungehindert strömen sie in ihn ein und mischen sich mit seiner eigenen 'Kraft' solange, bis alle eines Willens sind. Diesen Zustand strebt jeder an. Niemand fühlt sich wohl, wenn er nicht in diesen Strom eingebettet ist, und das ist verständlich : Nichtübereinstimmung kann in einer Gesellschaft dieser psychischen Struktur nur totale Verunsicherung bedeuten. Sie ist eigentlich nur unter Todfeinden möglich.

Wie sehr diese Grundeinstellung auch in der Politik eine Rolle spielt, sehen wir gerade in Südafrika : die ANC, mit über 60 % der Stimmen Sieger der letzten Wahlen, kann nicht anders, als eine Koalition mit dem früheren Todfeind Inkatha einzugehen, soll der Staat nicht einer Zerreißprobe ausgesetzt werden. Wohl wissen die schwarzen Südafrikaner, daß ihre weißen und indischen Landsleute und wohl auch die Kapfarbigen Demokratie anders funktionieren, und offen, wie sie sind, können sie in Grenzen auch auf ihre Art, zu empfinden, zu denken und zu handeln, eingehen. Aber untereinander streben sie immer dem Ausgleich und der Übereinstimmung zu.

Es ist auch für uns wenigstens annäherungsweise nachzufühlen, daß es für ein so offenes Wesen unerträglich sein muß, allein zu sein. Es ist immer wieder erstaunlich zu sehen, mit welcher Geschwindigkeit Schwarzafrikaner auch in völliger Fremde sofort intimsten Anschluß finden. Mit sich allein zu sein, ist unerträglich. Auch der Alleingang in der Beschäftigung mit den Dingen um uns herum kann aus dieser psychischen Disposition heraus nur abschrecken. Letztlich sind nur Dinge, die einen - mittelbaren oder unmittelbaren - Bezug zur Gemeinschaft haben, in der man lebt, von Interesse.

8

Von der Offenheit der Schwarzafrikaner her muß es notwendigerweise zu einer völlig anderen Blickrichtung auf die Welt und ihre Strukturen kommen. Der Europäer begegnet der Welt in der Konfrontation und analysiert sie 'objektiv' - der Schwarzafrikaner ist ihr viel zu sehr ausgesetzt, wird viel zu sehr von ihr bestimmt, als daß hier Raum für objektive Betrachtung wäre. Es ist oft gesagt worden, daß wir die Umwelt im Gegenüber erleben, andere Völker im Miteinander, und für Schwarzafrika stimmt das. Die europäische Betrachtungsweise kann auch unendlich fernen Dingen, Spiralnebeln im hintersten Weltall zum Beispiel, Interesse abgewinnen. Bei der schwarzafrikanischen verliert sich das Interesse außerhalb des persönlichen Bezugs sofort.

Die Hautlosigkeit gegen seinesgleichen und die tägliche intensive Erfahrung von Wert, Impuls, Wissen und Macht des andern, die für den Schwarzafrikaner ja viel tiefer reicht und wesentlicher ist als für uns, muß sein Interesse in erster Linie auf die 'Kraft' lenken - der anderen, die ihn mitbestimmen, und der eigenen, die ihm seinen Platz in der Gesellschaft sichert. Wir sind dem Konzept der 'Kraft' während unserer zehn Jahre in den Ländern um den Kivu immer wieder begegnet. Seine erste gründliche Darstellung hat Pater Tempels geliefert, und wenn Ethnologen auch oft betonen, daß vieles, was er für Schwarzafrika oder doch wenigstens für die Bantuvölker als allgemeingültig angesehen habe, eigentlich nur auf die Luba zuträfe, unter denen er gelebt hat - ich habe sein Grundkonzept auch dort, wo wir zu Hause gewesen sind, immer für richtig befunden.

Pater Tempels betont an vielen Stellen seines Buches den dynamischen Aspekt dieses Konzepts - im Gegensatz zur mehr statisch orientierten europäischen Betrachtungsweise : an jedem Wesen ist die 'Kraft' das Eigentliche, nicht die Gestalt. Auch das ergibt sich zwangsläufig aus der täglichen Erfahrung, dem Einfluß ihrer Mitmenschen so offenzustehen und selbst so starken Einfluß auf sie nehmen können. Intensiv erfahren Schwarzafrikaner die Kräfte der anderen als Agens in eigenen Psyche, und sehr genau nehmen sie auch Zunahme und Schwinden dieser Kräfte wahr, bei anderen und bei sich selbst. Die Dynamik der einzelnen Komponenten dieses Zusammenspiels beherrscht sie in solchem Ausmaß, daß sie geneigt sein müssen, sie als ausschließliches und alleiniges Prinzip anzusehen.

Die traditionellen Weltbilder der einzelnen schwarzafrikanischen Völker und Stämme mögen im Detail außerordentlich verschieden sein; immer kreisen sie um 'Kräfte', um ihren Ursprung, die Möglichkeiten sie zu erhalten und zu erwerben, und ihre Ordnung und Hierarchie in dieser Welt. Von hierher bestimmt sich auch weitgehend die Struktur der traditionellen Sozialsysteme, oder sie werden wenigstens von hier aus gedeutet und motiviert, von der kleinen Gemeinschaft eines Dorfes bei den 'unstaatlich' organisierten Stämmen bis zu so komplexen Gebilden wie dem alten Rwanda, wo ein 'heiliger' König in alljährlich wiederkehrenden, streng festgelegten Riten von seiner 'Kraft' auf Ackerbau, Rinderzucht, Heer und andere Bereiche übertrug und damit der Garant für das Wohlergehen des Landes war.

Es ist sicherlich eine innere Notwendigkeit, daß die schwarzafrikanische Gemeinschaft überall in Raum und Zeit bis in kleinste Details geordnet und jedem einzelnen ein fester Platz darin bezeichnet war und vielfach auch noch ist. Nur so kann sich bei der absoluten Offenheit eines jeden ein Gemeinwesen überhaupt formen und erhalten. Eines der Grundprobleme unserer Kultur scheint, jedenfalls in ihrer gegenwärtigen Phase, die Schwierigkeit menschlicher Kontakte zu sein - für die autochthonen schwarzafrikanischen Systeme scheint die Problematik eher in haltloser Kontaktfreudigkeit gelegen zu haben. Sie haben die Kontakte eingeschränkt, aufs genaueste reguliert. Sie haben für jeden Grad von Verwandtschaft, für Clan, Kaste und Heiratsklasse genaue Verhaltensweisen im Umgang miteinander vorgeschrieben und damit dem einzelnen von außen her den Halt gegeben, den ihn seine Offenheit von innen heraus nicht finden ließ.

9

Léopold Senghor, ein Senegalese, also ein Mann vom äußersten Westen Schwarzafrikas, war der große Dichter der *Négritude*. In seinen Schriften und Gedichten klingt immer wieder an, was er - abgesehen von einem politischen Konzept - darunter verstand: *communion*, den Zusammenklang, das Miteinander von Mensch, Land, Fluß und Himmel, aber vor allen Dingen von Mensch und Mensch :

"Der Afrikaner... ist reines Feld der Empfindung. Subjektiv, an den Spitzen seiner Antennen wie ein Insekt entdeckt er den *andern*. Er wird davon bewegt bis in seine Eingeweide und geht auf den Wellen, die der *andere* sendet, aus sich heraus, in zentrifugaler Bewegung von Subjekt zum Objekt..."

Solange man nicht nähere Bekanntschaft mit den schwarzen Afrikanern gemacht hat - und noch lange, wenn man mit ihnen umgeht -, will einem dies alles recht gut und schön dünken, aber eigentlich nichts Fremdartiges, nichts, was es nicht auch bei uns in Europa gäbe. Haben wir nicht auch Freude aneinander? Und tiefe Wurzeln in unserem Land, in seinen Bergen, Wässern und Wäldern? Nimmt hier nicht einer etwas allgemein Menschliches für sich, sein Volk und seine Rasse in Anspruch, um vor dem erdrückenden Reichtum und der Macht der europäischen Kultur und Zivilisation überhaupt bestehen zu können, vor den anderen und vor sich selbst?

Erst auf der mißglückten Antilopenjagd in der rwandesischen Savanne ist mir in vollem Umfang aufgegangen, was Senghor hier beschreibt, wie richtig er es beschreibt, wie unglaublich viel offener die schwarzen Bewohner Afrikas ihren Mitmenschen gegenüber sind und was für unfaßbar sozialere Wesen sie sind als wir.

10

Es ist nicht schwer zu erkennen, daß ihr geringes Interesse für die materielle Umwelt nur die andere Seite dieser hohen Sozialität ist. Materie, so wie wir sie sehen, ist etwas Starres, daß im dynamischen Lebensgefühl dieser Leute bis auf einen winzigen persönlichen Bereich eben nur soweit Platz findet, wie es selbst wieder Träger dynamischer sozialer Kräfte wird. Beides, die Einstellung zu den Dingen und zu den Wesen um den Menschen herum entspringt letztlich der gleichen Grundhaltung. Wer kann den Dingen, statisch, wie sie von Natur aus sind, große Bedeutung beimessen, wenn um ihm und in ihm alles ständig im Fluß ist?

11

Wie nimmt sich unsereiner in dieser Welt aus? Seltsam jedenfalls. Der Weiße ist reich. Er hat viel zuviele Sachen, trennt sich aber schwer von ihnen, obwohl er doch kaum noch übersehen kann, was er hat. Und er hat von alledem nichts; denn er nutzt sie ja nicht richtig. Jeder Weiße lebt in einer eiskalten Wolke für sich allein. Er ist einsam, so einsam, wie es kein Schwarzer aushalten würde, und letzten Endes nur zu bedauern. So haben uns Schwarzafrikaner uns immer wieder einmal ihr Bild vom weißen Mann geschildert.

Andererseits erweist sich der weiße Mann als stark; denn im Palaver bleibt er immer Sieger, weil er für die anbrandenden Ideen der anderen nicht recht zugänglich ist. Stur bleibt er bei seiner *reservatio mentalis* und bringt nach Palaverschluß wieder aufs Tapet, was er von Anfang an vorgeschlagen hat. Namentlich Neulinge sind immer wieder überrascht und erfreut, wie 'vernünftig' die Leute sind und daß ganze Kompanien von Schwarzen, die es besser wissen müßten, ihren Anweisungen folgen. Um so größer ist die Enttäuschung, wenn der Weiße den Rücken dreht, die Schwarzafrikaner wieder unter sich auspalavern, was Sache ist, und 'alles zusammenbricht'.

Wie im Kleinen, so im Großen. Von ein paar Ethnologen abgesehen, hat der Europäer, der Weiße, in Afrika eigentlich nie etwas anderes getan als den Leuten seine Vorstellungen vom Afrika von morgen aufzudrängen und zu -zwingen. In der Kolonialzeit war die Bevormundung total, von Mission über Gesundheits- und Sozialdienst bis zur Kunstschule, wo weiße Lehrer Afrikanern schwarzafrikanische Kunst erklärten. Die sogenannte Freiheit brachte den Schwarzafrikanern von Europa zusammengenähte Staaten. Sie sollten und sollen bis heute in Flächenstaaten zusammenleben, deren einzige gemeinsame Geschichte die Sklaverei unter dem Kolonisator ist - auch ein Staat mit hundertfünfzig europäischen Ethnien würde nicht besser funktionieren als etwa der Kongo oder Nigeria. Die Entwicklungshilfe brachte vor allem den Materialwall, von dem ich schon gesprochen habe, und das Wundern darüber, daß er so gar nicht ankam.

Alles dies hat nur von einem Desaster ins andere geführt. Heute aber, nach dem Ende der Sowjetunion, kommt die vielleicht ärgste Zumutung, um nicht zu sagen, Vergewaltigung. Diese multiethnischen Staaten sollen sich 'demokratisieren', wobei das Nonplusultra der Demokratie zu sein scheint, daß es eine Opposition gibt. Nicht nur ist das westliche Prinzip 'Ein Mensch, eine Stimme' eine schwarzafrikanischen Grundtendenzen grob zuwiderlaufende, im Vergleich zu der Senghors *communion* außerordentlich plumpe Methode, demokratisch Entscheidungen zu fällen. Opposition heißt auch - darauf bin ich ja eingegangen -, sich der gegenseitigen Durchdringung verschließen, also Feind, Todfeind sein.

Kann man diesen Leuten wirklich nicht überlassen, im Umgang miteinander ihren eigenen Empfindungen, Überlegungen und Methoden zu folgen? Natürlich werden die Schwarzafrikaner imstande sein, ihrer Gesellschaft ein Mäntelchen von Scheindemokratie nach westlichem Vorbild überzuhängen, so wie sie heute schon Nation und westliches Berufsleben spielen. Aber bringt es etwas, sie zu neuer Heuchelei zu drängen?

Die negriden Völker Afrikas und ihre Nachkommen in Übersee sind weltweit gesehen eine Minderheit, aber doch immerhin ein Fünftel der Menschheit. Vielleicht sollte man schon aus eigenen Interesse in unserer immer enger werdenden Welt wirklich mehr von ihnen wissen. Die Dinge zum Beispiel, die ich hier beschrieben habe. Einfach um besser mit ihnen umgehen zu können.

Vielleicht wird ja auch einer der jungen Leser dieser Artikel einmal Politiker. Vielleicht sogar in Außenpolitik in Schwarzafrika oder in der Entwicklungshilfe tätig... Richtungsweisend ist ein großes Wort. Aber diese Artikelserie soll es ja sein.

Dr. Peter Kunkel (Biologie/Geographie)

Dietrich Lehmann

Der Traum, die Natur der Welt und das Bewusstsein - und alles im Hirn?

Natürlich ist alles, was ich schreibe in meinem Hirn, wo sonst. Wirklich, die ganze Welt? Manches kommt doch offenbar von aussen und ist vielleicht ohne mich auch da? Was mich jedenfalls gleich verwirrt: manchmal ist das eine, manchmal das andere im Hirn zu finden; was ist denn richtig? Und inwiefern richtig?

Denken im Traum ist anders als im Wachen - alle Hirnarbeit ist zustandsabhängig

Im Traum denkt man anders als im Wachen - aber das ist eine alte Geschichte, schon Aristoteles sagte es. Alle Hirnarbeit ist eben abhängig vom momentanen Zustand. Der Betrunkene behandelt die gleiche Information anders als der Nüchterne: der momentane Zustand des Hirns ist das Schicksal der Information.

Geht man im Schlaf durch die Biographie?

Hirn-Mechanismen implementieren diese Zustandsabhängigkeit, sodass wir als Erwachsene im Schlaf in vielem ähnlich wie kleine Kinder im Wachen denken und fühlen. Die dominante Frequenz und die räumliche Verteilung der hirnelektrischen Aktivität (des Elektroenzephalogramm, EEG) implementieren den momentanen Zugang zu den zustandsabhängig erreichbaren Segmenten des Gedächtnisses, und bestimmen zustandsabhängig den jeweiligen Grad der Komplexität der Verarbeitungs-/Denk-Strategien. Die Frequenz und die räumliche Verteilung wechseln in Sekunden bis Subsekunden. Grob gesagt sind langsamere zeitliche EEG-Frequenzen mit einfacheren Strategien und niedrigerer Komplexität der Organisation, höhere Frequenzen mit differenzierteren Strategien und höherer Komplexität assoziiert. Die Strategien verlangen oder erlauben mehr oder weniger Realitäts-Testung, Kohärenz der Emotionen mit dem Inhalt, und Fuzziness der Logik. Damit wird im Schlaf vielfach wiederholt Zugang zu früherem Wissen über Fakten und Lösungsstrategien möglich, die zur Nachbearbeitung neuer Erfahrungen benutzt werden: Der Traum entsteht mit seinen typischen Charakteristiken (Koukkou & Lehmann 1983).

Die Wirklichkeit und das Gehirn

Im Wachen denken wir - so gut wir können - so, wie die Welt ist, getrieben von der Wirklichkeit, sonst ginge ja weder Mondflug noch Kaffeezubereitung fürs Frühstück, auch wenn ungeheuer vieles immer wieder ganz oder teilweise falsch gedacht wird (ich denke da nicht nur an meine oft hoffnungslos daneben liegenden Kollegen im Fachgebiet). So musste sich das wohl während der Evolution entwickeln. Es stimmt, die Welt wird im Kopf konstruiert, mit mehr oder weniger Fehlern, aber nicht ganz unabhängig von der Realität, noch nicht einmal in schweren Psychosen. Also, doch nicht alles nur im Hirn (was macht der Baum im Garten, wenn keiner hinsieht? Er ist immer noch da).

Zurück zum Traum: Denken wir im Traum gelegentlich so, wie die Welt auch ist? So wie man vielleicht früher - der Überlieferung glaubend - angeblich mit etlichem Erfolg gedacht hat?

Nur das bleibt erhalten, was in der Stammesgeschichte auf Dauer erfolgreich ist. War denn vielleicht einmal so zu denken wie im Traum wirklich bis zu einem gewissen Grade erfolgreich? War damit einmal ein Aspekt der Realität erfasst, der heute nicht anspringt? Die schönen Berichte von klugen Quellnymphen und attraktiven Helden sind in der Wissenschaft heute nur noch Gegenstand sprach- und literaturhistorischer Studien. Die Natur der Welt hat nach gängiger Universitätsmeinung eine andere Struktur als man offenbar früher gerne glaubte, und Sigmund Freud hat - soweit uns das seine straff organisierten Gralshüter weitergeben - ein für allemal festgestellt, dass alle Kuriositäten ausschliesslich in uns selbst sind und nur irrtümlich nach aussen projiziert werden (ausser der Gegenübertragung? - über Freud's Aktivität in Kreisen des Okkultismus hören wir übrigens nichts mehr).

Die Wirklichkeit und die Lehre der Universität

Ausserhalb der Universitätslehre gibt es indessen zahllose Geschichten über Dinge, die nach den Examensregeln der Fakultäten nicht sein können. Ich erinnere an Broca's Meinung im letzten Jahrhundert, die Mechanismen der Sprache seien in der linken Hirnhemisphäre. Er wurde amtlicherseits 10 Jahre lang universitär ausgelacht. Wer aber heute nicht Broca's Meinung ist muss die medizinische Vorprüfung wiederholen. Gleichermassen fundamentale und dazu mehrfache Kehrtwendungen hat die herrschende Lehrmeinung über die Ursachen der Schizophrenie in den letzten 50 Jahren durchgemacht. Vor 100 Jahren war Teleportation nur in Zukunftsromanen gestattet, jetzt ist es soweit (Zeilinger 2000) - wer hätte das gedacht. So ist das mit dem gesicherten Wissen.

Eugen Bleuler, der Erstbeschreiber der Schizophrenie und ein Anhänger Freud's, hatte in einer Auseinandersetzung über okkulte Erlebnisse 1930 festgehalten, dass es bizarr sei zu glauben, gerade heute und hier sei endgültig die wahr Struktur der Welt bekannt und nichts grundsätzlich Anderes mehr akzeptierbar.

Das ist in der Tat lächerlich. Man denke zurück: Vor 300 Jahren war klar, dass nur Lebewesen sich selbst bewegen können. Die Dampfmaschine machte das obsolet. Dann konnten nur Menschen denken (man denke, nichtmal Tieren war das erlaubt). Heute hat jedes Kind zumindest einen Taschenrechner der beliebige Gleichungen löst. Jetzt hörten wir, dass nur Menschen Emotionen haben - das ist auch schon erodiert - und neuerdings, dass doch zumindest Bewusstsein rein menschlich sei; Maschinen können aber sicher keines haben wird versichert, falls doch heraus kommen sollte, dass Schimpansen daran teilnehmen dürfen. Also, die Sonderstellung gepaart mit dem verzweifelten Wunsch den Kopf über dem Wasser zu behalten - wie sagte doch Muhamed Ali so schön und richtig: ich bin der Grösste, wie jeder es von sich selbst weiss, aber nicht immer so deutlich hörbar herausbringt. Es darf getrost insistiert werden, dass fundamentale Charakteristika der Welt schon seit je übersehen wurden, dass man komplett blind zu sein pflegt je nach Zeitgeist einmal in einer Blickrichtung, einmal in der anderen. Der Aplomb mit der die jeweilige momentane Wahrheit bis zum Massenmord vertreten und durchgesetzt wird ist nicht zu fassen.

Kurz, der Verdacht ist sehr stark, dass man auch heute noch nicht alles weiss.

Lernen und Projektionen

Das Neugeborene lernt durch Erfahrung, dass seine Erlebnisse zum Teil auf Informationen beruhen, die nicht unter seiner Kontrolle stehen: sie kommen offenbar von einer anderen Welt als der eigenen, lassen sich nicht direkt beherrschen. Man lernt also, dass Erfahrungen nach aussen projiziert werden müssen. Aber kaum gelernt, gilt es das wieder zu qualifizieren; es erweist sich nicht als hilfreich, alles zu projizieren: wenn ich mich am Stuhlbein stosse, hilft es nicht, das Stuhlbein zu bestrafen. Aber projizieren bleibt eine Lieblingsbeschäftigung auch bei Erwachsenen, wir haben unsere ersten Lektionen gut gelernt. Die anderen oder die Umstände sind schuld, so vermutet ein gesunder Mensch in der Regel. Der "Sinn", die "Bedeutung" einer Information wird schnell nach aussen projiziert. Die Welt steckt also voller Kräfte und Absichten.... wie man sie selbst erfährt.

Die Natur der Welt

Wie ist die Natur der Welt? Man fragt gerne nach Erklärungen der Beobachtungen und erwartet daraus Verstehen zu erreichen in der Hoffnung, dadurch die Natur der Welt zu erfassen und so den Sinn des Lebens zu erkennen.

Alles Erklären und Verstehen ist nichts anderes als Vermitteln und Aufnehmen von Wissen über unausweichliche Zusammenhänge, und dieses Wissen damit zur Verfügung zu haben - der „Sinn“ der Zusammenhänge ist im Auge des Beobachters. Die Bedeutung des Erlebten und die Ziele des Erlebens entstehen in den Lebewesen durch die Resultate der Informationsverarbeitung in der Entwicklung der Biographie, beginnend mit einfachster, innater, globaler Unterscheidung zwischen positiv (etwa: warm) und negativ (etwa: heiss oder kalt).

Wozu ist der Berg da?

Schifahrer denken: natürlich zum Schifahren. Die Maler sehen das anders, und die Rehe, die dort leben haben wohl wieder eine andere Meinung. Wozu ist die Leber da? Natürlich für den Stoffwechsel denkt der Besitzer. Parasiten, die dort gerne leben, sehen auch das anders. Die Bedeutung eines

Objektes ist die Bedeutung für den Beobachter oder Erleider, sie wird von ihm/ihr in das Objekt projiziert. Schliesslich wird das für den „Sinn des Lebens“ wohl genauso sein. Jeder und jede findet oder vermutet seinen /ihren eigenen. Es ist wenig überzeugend, dass es deswegen „viele Sinne des Lebens“ gibt (das meinte der alternde Mao wohl, als er viele Blumen blühen lassen wollte, nachdem er viele Menschen hatte töten lassen): Es erscheint der Verdacht, dass es keinen gibt. Die "ehernen Gesetze des Universums" lassen nicht mit sich rechten - aber die gibt es auch wieder nicht gedruckt. Die Welt ist einfach so wie sie ist - wir kommen darauf zurück, wenn wir an die Planeten denken.

Verstehen heisst alle Korrelationen zu wissen

Verstehen heisst nichts anderes als zu akzeptieren, dass die Dinge sind wie sie sind - wenn man über sie Bescheid weiss. Man sagt Verstehen hiesse, Regeln oder Gründe zu kennen. Warum fällt bei Windstille der Apfel senkrecht auf den Boden? Das kommt von der Erdanziehungskraft. Aha. Und woher kommt die? Da gibt es wieder Gründe, aber nicht sehr endgültige. Und das bekannteste Beispiel: warum verfolgen die Planeten ihre Bahnen um die Sonne so wie sie es tun? Das ist verstanden, es gibt dafür Gleichungen, die das bestens beschreiben. Aber eben, wie der Witz sagt, die Planeten lösen doch wahrscheinlich keine Gleichungen. Die Welt ist einfach so wie sie ist. Und wenn wir die Regeln herausgefunden haben ist nichts verstanden, sondern es ist einfach schlicht bekannt geworden, wie die Zusammenhänge unausweichlicherweise sind: Banal gesagt, wir reden von verstehen dann, wenn es kristallklar geworden ist, dass alle Korrelationen der beobachteten Zusammenhänge mit r=1,0 richtig sind.

Soziales Verstehen: Fernsehen

Verstehen, das spricht man sowieso viel zu behende aus. Zum Beispiel wird oft gesagt, dass man versteht, wie ein Fernseher funktioniert. Ja wirklich? Ich „verstehe“ einen Fernseher ja nicht, auch wenn ich weiss wie ich die Bedienungsknöpfe drücken muss damit ein Bild erscheint. So wird also dieses bedeutungsschwangere Wort trivialisiert indem man damit ausdrückt, dass man glaubt, dass es Leute gibt, die einen Fernseher bauen können und dazu alle Regeln kennen. Die haben verstanden? Hier ist es einerseits auf meiner Seite Glauben, sozial motiviertes Vertrauen, andererseits auf der Seite des Erbauers Kenntnis der unausweichlichen Regeln, der zuverlässigen Korrelationen, die eine Funktion komplett beschreiben. Was ist da „verstanden“? Richtiger ist: gewusst. Wenn jemand überzeugend beschrieb, dass die Schizophrenie in allen Fällen durch einen Mikro-Wurm in der linken okzipitalen Hirnrinde entsteht, so könnte man nicht umhin zu sagen, das haben wir jetzt „verstanden“ - vielleicht sollten noch ein oder zwei Zwischenschritte dazukommen, aber es wird unausweichlich sein: wie auch immer die ganze skurrile Wahrheit aussieht, sie wird als „verstanden“ quittiert werden müssen - wir wissen es eben jetzt.

Mal was andres

sagte der Dichter Kurt Kusenberg (1954). Das ist aber offenbar nur mit Mass erträglich. Wir trauen neuem Wissen nicht, wenn es nicht nur im fernen Atlantis gelten soll. Die Forschung extendiert auch immer gern in schon akzeptierten Gebieten: „kein Risiko“ riet der erfahrene Adenauer den Wählern - das leben die Forschungsgeldgeber nach

Gute Fragen

Man kann das Bewusstsein nicht verstehen; das wird in der Zeitung gern gesagt. Und für Philosophen (oder besonders für die Unterabteilung der Neurophilosophen) ist Bewusstsein ein Dauerthema. Was ist daran anders als an anderem? Die Tatsache, dass man wohl alle Bedingungen kennt, die für eine Dynamitexplosion nötig sind, aber keineswegs alle Bedingungen, die für das Bewusstsein nötig sind, zeigt einen Wissensmangel oder besser, dass Bewusstsein ein komplizierteres Produkt ist. Warum Bewusstsein deswegen als der wissenschaftlichen Aufmerksamkeit lange für unwürdig erklärt wurde (heute nicht mehr ganz so), bleibt unklar: Es ist trotzdem da. So wie die Schwerkraft, die auch sicher da ist, und über die man auch relativ wenig weiss.

Jetzt sorgen sich auch die Zeitungen für den Gebildeten um das Bewusstsein: Wo im Hirn ist es? „Wo“, das ist eine populäre Frage: jeder versteht sie. Wenn man etwas zu essen braucht, oder einen Partner oder eine Partnerin sucht, oder einen Feind vermeiden möchte, ist der Ort primär wichtig. Es ist also eine tiefeingewurzelte Angewohnheit, nach dem Wo zu fragen. Wenn jedoch ein Fehler in der Steuererklärung entdeckt wird, ist die Büronummer des Entdeckers nur dann nützlich, wenn er physisch angegangen werden soll: sonst ist es besser, die falschen Überlegungen zu identifizieren und zu reparieren.

Also, wo ist das Bewusstsein? „Ich habe viele Leichen seziert und noch keinen Ort des Bewusstseins darin gefunden“ sagte der gereifte Arzt und Wissenschafter. Stimmt nachdenklich, aber nicht alle Fragen sind realitätsbezogene Fragen, wenn auch grammatikalisch richtig. Zum Beispiel: Ist diese trigonometrische Formel blau? Nun ja; die meisten Leute möchten darüber nicht nachdenken. Gleich muss man hinzufügen, dass demokratische Mehrheitsbeschlüsse über die Richtigkeit einer Feststellung keine gute Idee sind, zumindest nicht in der Wissenschaft: solche Beschlüsse werden - siehe oben - aber häufig in Fakultätsversammlungen, in wissenschaftlichen Gremien oder bei Fondverwaltungen gemacht. Also, die Beschlussfindung ist nicht immer glücklich, das ist klar. Aber die Fragen sind's eben auch nicht immer. Etwa: die grossen Geister schlugen sich im Mittelalter mit Gottesbeweisen herum; das ist offenbar heute einfach keine Frage zum Nachdenken, man hört sehr wenig davon.

Wir denken jetzt also lieber viel über das Bewusstsein nach. Ist das ein gutes Frageobjekt? Mario Bunge hat darauf aufmerksam gemacht, dass die Fragen über Bewusstsein im Menschen wohl ähnlich den Fragen über Geschwindigkeit in einer Lokomotive sind: wo ist die Geschwindigkeit wenn die Lokomotive auseinandergenommen wird? Wir akzeptieren sofort, dass Geschwindigkeit nur dann vorhanden ist, wenn die vielen Teile der Maschine in einer bestimmten räumlichen Ordnung zueinander sind und diese Ordnung sich über die Zeit in einer ganz bestimmten Art ändert - dann kommt bei entsprechender Umgebung Geschwindigkeit zustande, und niemand wundert sich, ausser vielleicht einem Neandertaler, der sich zufällig in die Neuzeit verirrte. Also jede Schraube hat Geschwindigkeit? Wie man sieht sollte man so nicht fragen. Sowenig wie man ernsthaft fragen sollte ob Geschwindigkeit gelb ist. Man kann diese Frage grammatikalisch richtig formulieren, aber sie macht keinen „Sinn“ - nach dem oben gesagten wäre besser: "sie hat keinen ausreichenden Realitätbezug".

Nicht alles was mit einer Realität übereinstimmt stimmt auch mit anderen Realitäten überein

Ja, der stringente Vergleich mit den Realitäten. Der ist ja im Traum krass gelockert; immerhin gibt es sehr viele Wachgedanken, die auch nicht gerade realitätsnahe sind, von Wunsch- und Angstvorstellungen bis zu dem schlichteren Vergleich dessen, was im Kopf ist mit dem, was man gemacht hat und dem, was die Umwelt anbietet. Ein neuer Elektroniker in unserem Labor hatte einen Schaltkreis-Plan konstruiert, und dann die Komponenten nach dem Plan mit dem Lötkolben zusammengebaut. Der Schaltkreis funktionierte nicht. Der Elektroniker war verärgert: „Ich hatte das doch ganz genauso gebaut wie ich es geplant hatte!“ So ist das: man denkt oder macht etwas, was zu dem früher gedachten oder gemachten genau passt; das braucht aber deswegen nicht mit dem Rest der Welt zu korrelieren. So kommt's zu Glaubensartigen Überzeugungen.

Das Denken geht in Sprüngen - das Bewusstsein ist kein Fluss

Jetzt weg von den verschiedenen Arten des Denkens, im Traum und im Wachen, falsch und richtig, mit den Realitäten verglichen oder nicht: vom bewussten Denken sagt man gern, seit William James, dass es wie ein Fluss sei, ein "Strom des Bewusstseins". Wie macht das Hirn das?

Wir messen die hirnelektrischen Felder: es werden die elektrischen Ströme aufgezeichnet, die das Hirn dauernd erzeugt. Diese hirnelektrischen Felder erlauben uns, Hirntätigkeit in Bruchteilen von Sekunden zu untersuchen. Das ist wichtig, weil Denken nicht nur wie oben gezeigt immer zustandsabhängig, sondern auch schnell ist: In Bruchteilen von Sekunden macht man Entscheidungen, erkennt ein Wort, einen Mensch, ganze Situationen.

Mittels der elektrischen Messungen kann die Hirntätigkeit als Serie momentaner Karten dargestellt werden, als Serie hirnelektrischer Landschaft auf der Kopfoberfläche (Lehmann 1971): zum Beispiel eine Karte jede zweite Millisekunde, also 500 Karten pro Sekunde. Typisch ist folgende Beobachtung in solch einer Kartenserie: viele aufeinander folgende Karten haben eine in etwa gleiche (elektrische) Landschaft. Dann, innerhalb weniger Karten, ensteht eine neue Landschaft die wieder über viele folgende Karten gleich bleibt. Man kann also die lebenslangen Serien von Hirn-Karten in kurze Abschnitte einteilen, die aus etwa gleichen Karten bestehen. Wir haben diese Abschnitte

Mikrozustände genannt (Lehmann et al. 1987). Die Abbildung zeigt eine Kartenserie mit dem Übergang zwischen zwei Mikrozuständen.

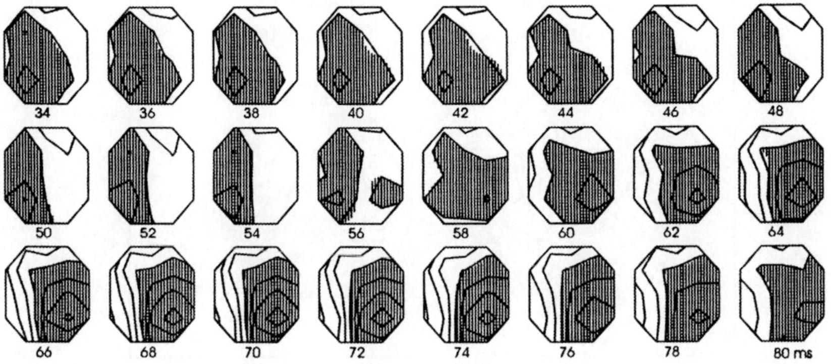

Abbildung 1

Es zeigt sich mit diesem Ansatz, dass sich kein "Strom des Bewusstseins" in der Hirnaktivität abbildet, dass vielmehr eine Verkettung einzelner, offenbar formal identifizierbarer Bausteine gefunden wird. Ausgehend von diesen Befunden glauben wir, dass tatsächlich kein kontinuierlicher Hirn-Prozess vorliegt: dafür spricht im Erleben, wie ja auch die häufigen plötzlichen Einfälle, die man hat, als normal und keineswegs als Unterbrechung der Gedanken erlebt werden; dafür spricht weiter, dass man zum Beispiel im Kino eine ganze Lebensgeschichte in 2 Stunden erleben kann, ohne den Eindruck von Stückelung zu haben. Wir denken, dass man als Baby ganz früh lernt, dass die eigene Erfahrung aus unterscheidbaren Stücken besteht, die im Gedächtnis nacheinander aufbewahrt werden und als Serie erinnert werden können.

Aber haben diese Mikrozustände überhaupt eine direkte Beziehung zum Denken? Nach den Gesetzen der Physik bedeutet eine Veränderung einer elektrischen Landschaft (das heisst einer Potentialverteilung), dass andere "Quellen" oder "Generatoren" aktiv sind als zuvor, also in unserem Fall verschiedene Populationen von Hirnzellen. Nun ist es vernünftig, anzunehmen, dass verschiedene Populationen von Hirnzellen verschiedene Aufgaben ausführen, verschiedene Tätigkeiten haben. Dies führt zur Idee der Funktions-Analyse der Mikrozustände: Die Aufgabe ist also, herauszufinden, was jeder Mikrozustand im Funktions-Repertoire des Hirns bedeutet. So könnte man ein Wörterbuch der Mikrozustände erarbeiten, einen Katalog der "Atome des Denkens". Ein Anfang wurde gemacht:

Hirnelektrische Mikrozustände beim Spontanen Denken: aus der Küche

Von Freiwilligen wurde das Multikanal-EEG in einem ruhigen Raum registriert. Wie zuvor vereinbart, wurde die Person von Zeit zu Zeit durch einen milden Signalton gebeten, zu berichten, "was gerade durch den Kopf ging als der Ton kam". Man kann etwa zwei Drittel solcher Berichte sehr leicht in zwei Klassen ordnen, visuelle Gedanken und abstrakte Gedanken. Beispiele sind: "Ich dachte an ein Essen am Strand in Italien, mit dem blauen Meer und den Orangen", oder "ich dachte darüber nach, was wohl 'Glaube' bedeutet".

Die EEG-Karten-Serien wurden mit unseren Computer-Routine-Algorithmen in Mikrozustände eingeteilt. Die Mikrozustände dauerten in dieser Versuchsituation im Durchschnitt circa 120 Millisekunden. Die Potentialverteilung (die elektrische Landschaft) des letzten Mikrozustands vor dem Signalton wurde weiter untersucht, und zwar getrennt für die Berichte mit den beiden Klassen von Gedanken, visuelle Gedanken und abstrakte Gedanken. Es zeigte sich, dass im Durchschnitt über alle Versuchspersonen die Karten des letzten Mikrozustands vor dem Signalton signifikant anders waren für die beiden Klassen von Gedanken (Lehmann et al. 1998). Andererseits gab es keinen Unterschied der Landschaften der beiden Gedanken-Klassen für den zweitletzten oder früher vorhergehende Mikrozustände.

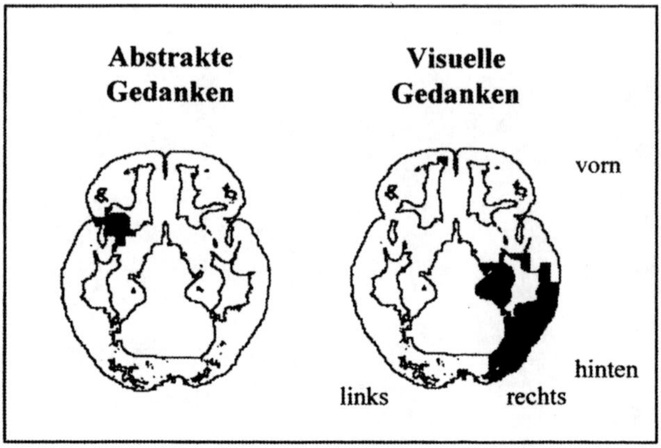

Abbildung 2

Die Karten des letzten Mikrozustands der beiden Denk-Klassen wurden für jede Person mit dem LORETA-Verfahren (siehe Pascual-Marqui et al. 1999) in Hirn-Tomographie-Bilder umgerechnet. LORETA ("Low Resolution Electromagnetic Tomography") berechnet, ausgehend von der Potentialverteilung auf der Kopfoberfläche, die dreidimensionale Verteilung der Stromdichte im Hirnvolumen; in der derzeitigen Version benutzt es die im Probabilitäts-Talairach-Atlas als "Cortex" definierten Gebiete zur Berechnung. Diese funktionelle Bildgebung erlaubt, im Gegensatz zu fMRI oder PET, auf Grund der Eigenschaften des hirnelektrischen Feldes eine sehr hohe zeitliche Auflösung, wie sie ja für Untersuchungen des Denkens nötig ist.

Diese hirnelektrischen funktionellen Tomographie-Bilder der beiden Gedanken-Klassen wurden verglichen (Voxel-für-Voxel Berechnung des Unterschieds inclusive der statistischen Signifikanz). Wenn der letzte Mikrozustand vor dem Signalton mit einer visuellen Vorstellung verbunden war, zeigten die Hirnschnitte im Vergleich mit einem abstrakten Gedanken maximal mehr Aktivität im rechten hinteren Hirnlappen (rechts temporo-okzipital). Wenn der letzte Mikrozustand vor dem Signalton aber mit einem abstrakten Gedanken verbunden war, zeigten die Hirnschnitte im Vergleich mit einer visuellen Vorstellung maximal mehr Aktivität im linken vorderen Hirnlappen (links frontal).

Hirnelektrische Mikrozustände als Atome des Denkens: Ressourcen-Invarianz

Man kann also die funktionelle Bedeutung verschiedener Klassen elektrischer Mikrozustände des Hirns bei spontanem Denken unterscheiden, ein erster Schritt zu einem Katalog der hirnelektrischen Mikrozustände als Arten des Denkens und Empfindens.

Damit zeigt sich, dass das Konzept "Atome des Denkens und Empfindens" als Ansatz für die Analyse der Hirnarbeit sinnvoll ist. Des weiteren zeigen die Befunde, dass die Beschreibung von Erfahrungen als „visuelle Gedanken" oder „abstrakte Gedanken" nicht einfach Etiketten auf Grund sozialer Konventionen sind, sondern klar auf verschiedenen Hirnmechanismen beruhen.

Die Frage erhebt sich, ob bei intern kreierten Gedanken und bei von aussen durch Wahrnehmung angetriebenen Gedanken gleiche Mechanismen, die gleiche Maschinerie in Tätigkeit tritt. Wir haben das mit dem Angebot lesbarer Wörter geprüft (Koenig et al. 1998): Wörter wie „Haus", „Pferd", „Apfel" sind gewissermassen automatisch mit einer bildlichen Vorstellung verbunden, Worte wie „Denken", „Glaube", „Unsinn" dagegen nicht. Das Hirnelektrische Feld nach den Wortangeboten wurde registriert und in Mikrozustände analysiert. Der Mikrozustand 300 bis 400 Millisekunden nach Wortdarbietung hatte eine signifikant verschiedene Potentiallandschaft für die beiden Wortklassen. LORETA-Tomographie zeigte wiederum bei den visuell leicht vorstellbaren Wörtern eine rechts temporo-okzipital maximal stärkere Aktivierung als bei den „abstrakten", und umgekehrt bei den abstrakten Wörtern eine links anterior maximal stärkere Aktivierung als bei den visuellen Wörtern, ganz ähnlich den Befunden beim Spontandenken. Der Modus des Denkens benutzt also zumindest teilweise die gleiche „Maschinerie" für die gleiche Bearbeitungsart, auf welchem Weg auch immer das Objekt ins Denken kam, ob aus dem Gedächtnis oder von aussen. Abbildung 2 zeigt die Hirnregionen, die sowohl bei spontanen Gedanken als auch beim Lesen von Wörtern gleicher Wortklasse übereinstimmend aktiv waren.

Identität und Dualismus

Erleben geht offenbar mit messbaren Veränderungen der Hirnaktivität einher. Alles wird mit dem Hirn erlebt: Jede Information, selbst subtile Unterschiede wie etwa Lesen eines Hauptwortes oder Verbs, ändern die Hirnaktivität: wie sollte es auch anders sein. Jeder Gedanke, jede Stimmung ist gleichzeitig eine messbare Hirnaktion, und umgekehrt verändert jeder physische Einfluss die Hirnfunktion und das Erleben, und jeder Hirnschaden beeinflusst bedauerlicherweise Denken, Erleben, Urteilskraft und Emotionen. Warum unsere Welt aus mehr als einer Welt bestehen sollte, warum der Wille unabhängig vom Hirn sein sollte ist nicht überzeugend - eher das Gegenteil. Alle Beobachtungen sprechen für Identität von Hirnvorgängen und Seelenleben. Natürlich kann eine kompliziertere Theorie die einfachere einschliessen, aber sie ist unwahrscheinlich, solange die Beobachtungen mit der einfacheren Theorie geordnet werden können. Andererseits ist es falsch, von Reduktion des Seelenlebens auf Hirnphysiologie zu sprechen: Identität nimmt nichts weg.

Reduktionismus und der Bau eines Flugzeugs

Die Mikrozustände „erklären" in gewissem Grad Bewusstsein und Denken, indem sie Bausteine und ihre Beziehungen zueinander auf einer Ebene direkt unter dem untersuchten Objekt beschreiben.

Man spricht auch von emergenten Eigenschaften, welche komplexe Systeme haben: das Ganze ist mehr als seine Teile. So formuliert man etwa, Geschwindigkeit ist eine emergente Eigenschaft eines Flugzeugs. Ganz offenbar haben die Einzelteile diese Eigenschaft nicht, sondern sie wird beschrieben durch die Beziehung zwischen den Einzelteilen und durch die Veränderungen dieser Beziehungen über die Zeit. Man sagt dann, die Eigenschaft sei durch eine Reduktion erklärt, durch Beschreibungen auf einer niedrigeren Ebene.

Dieses Vorgehen erhält den entweder als Siegesmeldung oder als Beleidigung verstandenen Namen "Reduktion". Beleidigung deswegen, weil etwas so hehres wie die Willensfreiheit vielleicht "reduziert" werden könnte auf gedankenlose Atome. Davon kann keine Rede sein:

Die Bausteine und ihre gesamten räumlich-zeitlichen Beziehungen sind identisch mit dem Objekt der Beschreibung; das ganze ist nicht mehr als seine Teile, aber es beinhaltet auch - was oft nicht beachtet wird - die Beziehungen zwischen den Teilen und ihre Dynamik: da ist nichts wegzunehmen und nichts hinzuzufügen, es ist einfach alles zu beschreiben.

Wenn der Abstand zwischen der Ebene des Objektes und der Baustein-Ebene zu gross ist, wird die Beschreibung unmöglich. Unmöglich nicht aus prinzipiellen Gründen, sondern aus praktischen Gründen. Als unschuldiges Beispiel ohne höhere Hirnfunktionen zu bemühen: die Herstellung von Aspirin steht in keinerlei grundsätzlichem Widerspruch zur Nuklearphysik. Jedoch ist die Beschreibung von Aspirin mittels der Werkzeuge der Nuklearphysik aus praktischen Gründen nicht möglich, sie ist einfach viel zu kompliziert - eine praktisch anwendbare Ebene ist die Chemie, die von der Pharma-Industrie für die Aspirin-Herstellung benutzt wird. Das wirklich komplette Modell der Welt ist die Welt selbst, ist die begrenzende Einsicht. Komplette Beschreibungen eines Systems sind nur möglich auf einer unteren Ebene, die sehr nahe der Ebene des zu beschreibenden Systems ist.

Der Begriff der emergenten Eigenschaften suggeriert fälschlicherweise Aspekte, die verdächtig sind auf Zugaben aus einer anderen Welt. Was nicht genügend klar bleibt ist, dass die Systeme und die Welt so beschaffen ist, dass diese Eigenschaften automatische, inhärente, unabtrennbare Aspekte eines so beschaffenen Systems in dem so beschaffenen Zustand sind - Identität.

Nicht die Modelle sind schuld, sondern die Begrenzung der Objekte

Vieles weisst darauf hin, dass unsere Beschreibung der Welt nicht komplett ist, dass wohl ganze Segmente fehlen. Die Trivialität der Nicht-wahrnehmbarkeit zuerst: Es wird geschätzt, dass nur 1%-10% der ganzen Materie des Weltalls sichtbar ist - der Rest nur als Gravitation erfassbar; für elektrische und magnetische Felder haben Menschen keine Sinne - wie für vieles Andere. Sind falsche Modelle schuld?

Aber auch das Wahrnehmbare wird nicht wahrgenommen; was man schon kennt, erkennt man; was man nicht kennt, wird leicht übersehen. Auch in der Wissenschaft. Sind es dort falsche Konzepte? Modelle schränken rasch den Sichtwinkel ein, das ist richtig; man sollte nicht durch Röhren beobachten. Bottom-up Ansätze sind fruchtbarer als Top-down-Vorgehen. Aber der Hauptgrund für die inkomplette Untersuchung der Welt ist banaler: es ist die Tabuisierung, der Ausschluss von Klassen von Beobachtungen und Objekten, was eine umfassendere Beschreibung und Erfassung der Natur behindert. Markbeherrschung mag eine Rolle spielen, "das eigene Thema ist das lukrativste für mich".

Man könnte die Einschränkung auch formal eine Beschränkung durch gewählte Modelle nennen; dies wäre aber nur eine Verschleierung der einfachen Gegebenheiten: die etablierten Wissenschaften tendieren deutlich dazu, die Objekte der Forschung zu reglementieren, weniger die Methoden. Vom Zeitgeist getrieben werden eben nicht nur Modelle, sondern auch Forschungsgegenstände attraktiv oder verschwinden aus der Sicht. Das Bewusstsein ist ein besonders krasses Beispiel dafür. In den 50er Jahren war es in der Physiologie als Untersuchungsgegenstand praktisch verboten, damit Karriere-gefährdend, und auch in der Psychologie eine Winkelpflanze, jetzt dagegen ist es sogar ein unabkömmlicher Hauptpunkt in den hard-core Neurowissenschaften.

Und nach all diesem

bleibt zu erinnern, dass man vieles, aber keineswegs allzuviel weiss, aber dass man sich viel irren kann; und dass man je nach momentanem Zustand dieses oder jenes sieht oder nicht sieht, und es wichtig oder unwichtig findet. Also: die Augen offen halten.

Sehr egozentrisch ausgewählte, aber weiterführende Literatur

Koenig, T., Kochi, K. and Lehmann, D. (1998) Event-related electric microstates of the brain differ between words with visual and abstract meaning. Electroenceph. Clin. Neurophysiol. 106: 535-546.

Koukkou, M. and Lehmann, D. (1983) Dreaming: the functional state shift hypothesis, a neuropsychophysiological model. Brit. J. Psychiat. 142: 221-231.

Kusenberg, K. (1954) Mal was andres! Rowohlt, Hamburg.

Lehmann, D. (1971) Multichannel topography of human alpha EEG fields. Electroenceph. Clin. Neurophysiol. 31: 439-449.

Lehmann, D., Ozaki, H. and Pal, I. (1987) EEG alpha map series: brain micro-states by space-oriented adaptive segmentation. Electroenceph. Clin. Neurophysiol. 67: 271-288.

Lehmann, D., Strik, W.K., Henggeler, B., Koenig, T. and Koukkou, M. (1998) Brain electric microstates and momentary conscious mind states as building blocks of spontaneous thinking: I. Visual imagery and abstract thoughts. Int. J. Psychophysiol. 29: 1-11.

Pascual-Marqui, R.D., Lehmann, D., Koenig, T., Kochi, K., Merlo, M.C.G., Hell, D. and Koukkou, M. (1999) Low resolution brain electromagnetic tomography (LORETA) functional imaging in acute, neuroleptic-naive, first-episode, productive schizophrenics. Psychiatry Res. Neuroimaging 90: 169-179.

Zeilinger, A. (2000) Quantum teleportation. Sci. Amer. 282: 50-61.

Legenden zu den Abbildungen

Abbildung 1: Serie momentaner Hirnpotential-Verteilungs-Karten (elektrischer Landschaften) wie man sie auf der Kopfoberfläche als Iospotential-Linien-Karten misst. Die gezeigten Karten zeigen die Landschaften von 34 bis 80 Millisekunden nach einem visuellen Reiz, gemittelt über 100 Reizwiederholungen. Die Karten sind für jede zweite Millisekunde gerechnet, also 500 Karten pro Sekunde. Der Kopf ist von oben gesehen, linkes Ohr links, Nase nach oben; schraffiert ist elektrisch negativ, weiss ist elektrisch positiv bezogen auf den Mittelwert.

Für die Karten von 34 bis 54 Millisekundennnach dem Reiz, bis zur Mitte der zweiten Reihe, ist die elektrische Landschaft sehr ähnlich, mit extremer Negativität links hinten. Dann ändert sich die Landschaft innerhalb 4 Millisekunden, und hat ab 60 Millisekunden die extreme Negativität rechts hinten: dies ist der Übergang von einem Mikrozustand zum nächsten. Der neue Mikrozustand bleibt bis Ende der Abbildung bestehen (mit Genehmigung aus Lehmann, Bial-Proceedings, im Druck).

Abbildung 2: Zwei Hirnschnittbilder (sogenannte Axial-Schnitte auf der Ebene -13 mm unter dem Referenzpunkt des Talairach-Atlas. Hirn von oben gesehen, Nase oben) während Mikrozuständen bei abstrakten und visuellen Gedanken. Die Linien umschreiben die Hirnrinden-Gebiete (cortex), wie sie im digitalen Talairach-Probabilitäts-Atlas (McGill University) definiert sind. Schwarz sind die Hirnrinden-Gebiete (Voxels), die in der LORETA-Analyse der Mikrozustände sowohl bei spontanen Gedanken (12 Personen) als auch bei durch Lesen induzierten Gedanken (13 Personen) der gleichen Klasse (abstrakt oder visuell) mit post-hoc T-Test $p<0{,}1$ mehr aktiv waren als bei Gedanken der anderen Klasse.

Links: Hirnrindengebiete, die bei Mikrozuständen bei spontanen abstrakten Gedanken und bei Mikrozuständen beim Lesen von abstrakten Worten übereinstimmend mehr aktiv waren als bei spontanen visuellen Gedanken und beim Lesen visueller Wörter. Rechts: Hirnrindengebiete, die bei Mikrozuständen mit spontanen visuellen Gedanken und bei Mikrozuständen beim Lesen visueller Wörter übereinstimmend mehr aktiv waren als bei spontanen visuellen Gedanken und beim Lesen visueller Wörter.

Prof. Dr. Dr. h.c. Dietrich Lehmann (Neuropsychiatrie)

B. Ulmer

Dieter Maaß

Informationstechnik: Wunsch- oder Alptraum?

Gliederung

1 Einleitung
2 Technische Meilensteine
2.1 Computer und ihre Vorläufer
2.2 Computer - Generationen
2.3 Rechenleistung und Speicherkapazität
2.4 Kommunikationsnetze
2.5 Integration von Netzdiensten
2.6 Künstliche Intelligenz
3 Ausprägungen des Informationszeitalters
3.1 Globalisierung
3.2 Auswirkungen in Staat und Rechtswesen
3.3 Auswirkungen im Bildungswesen
3.4 IuK und Ethik
4 Nachwort
5 Abkürzungen

1. Einleitung

Das zeitgeschichtlich wichtigste Geschehen in der zweiten Hälfte des 20. Jahrhunderts ist der Eintritt in das Informationszeitalter. Dies kann getrost und ohne Übertreibung mit dieser Absolutheit behauptet werden. Kein Teilbereich unserer Zivilisation bleibt davon unberührt: Öffentliche Verwaltung, Banken, Polizei, Justiz, Bahn und Post wurden in ihren Serviceangeboten und Arbeitsabläufen tiefgreifend verändert. An nahezu allen Arbeitsplätzen sind Grundkenntnisse der Informationstechnik (IT) zwingend. Wirtschaftsprozesse sind von Automation und Globalisierung beherrscht. Das gesamte Bildungswesen ist in seinen Methoden ebenso wie in seinen Lehr- und Lernzielen direkt betroffen. Auch die Lebensgewohnheiten im privaten Bereich haben sich bis ins Kinderzimmer grundlegend verändert. Computerspiele finden „im Weltraum" statt, politische Nachrichten sind - durch Bild- und Tondokumente unterlegt - weltweit verfügbar. Jedermann ist (fast) überall und (fast) jederzeit optisch und akustisch erreichbar. Der Zugang zu Informationen aller Art erfolgt nicht mehr primär über Rundfunk, Tageszeitungen oder persönliche Beratung, sondern mehr und mehr durch Datenbasen vielfältiger Art im Internet. Wer sich diesem Trend zu entziehen versucht, nimmt schon jetzt neben Unbequemlichkeiten deutliche materielle Nachteile in Kauf. Das gilt z.B. für Telefonauskünfte, Flug- und Bahntickets oder Hotelbuchungen, die im Internet kostenlos oder sogar verbilligt, auf herkömmliche Weise hingegen gebührenpflichtig zu haben sind.

Die genannten äußeren Erscheinungsformen des Informationszeitalters wachsen wie Pilze aus einem Nährboden, der von einer neuen Wissenschaft (Informatik bzw. Computer Science) und dem daraus entstandenen Industriezweig gespeist wird. Die Entwicklung ist keineswegs abgeschlossen sondern verläuft im Gegenteil weiterhin beschleunigt. Auch die ethischen Grundlagen unserer Welt sind in einem Wandel begriffen und damit der Mensch selbst. Es erscheint deshalb sinnvoll, sich mit der Entstehung und den Grundlagen des Informationszeitalters, sowie mit einigen seiner signifikanten Aspekte zu befassen.

Dies ist das eigentliche Anliegen dieses Beitrags (3.1 - 3.4). Man kann diesen Sachverhalt allerdings nicht angemessen darstellen, ohne die technologische Vorgeschichte wenigstens knapp zu umreißen (2.1 - 2.6). Damit die Lektüre für den eher kursorisch interessierten Leser nicht zu mühsam wird, wurden technische Erläuterungen, die für das weitere Verständnis nicht zwingend sind, weitgehend in Fußnoten verbannt. Der persönliche Bezug des Autors zur Informationstechnologie (s. Nachwort) zeigt beispielhaft, daß diese neue Ära nicht nur in der Gesellschaft sondern auch im Leben von Individuen schicksalhaft eingegriffen hat.

2. Technische Meilensteine

2.1 Computer und ihre Vorläufer

Ausgangspunkt der IT war die Erfindung der programmgesteuerten elektronischen Rechenmaschine, also des Computers. Geräte zur maschinellen Ausführung elementarer Rechenoperationen wurden schon seit dem 17.Jhdt. erdacht[24]. Noch in den frühen sechziger Jahren dieses Jahrhunderts wurden mechanische Handkurbel - Maschinen in den Hochschulen für numerische Übungen eingesetzt. Daneben gab es aber schon elektrische Geräte, die neben den arithmetischen Grundrechenarten das Ziehen von Quadratwurzeln erlaubten. Die Durchführung größerer Berechnungen etwa im Straßenbau, bei Strömungsproblemen, in der Statik usw. erstreckten sich mit diesen Geräten häufig über Wochen, wobei technische Rechner(innen) oder teure Ingenieure eingesetzt wurden. Alle Operationen mußten zur Kontrolle zweifach und unabhängig von einander ausgeführt werden. Der Zeitaufwand entstand nicht so sehr durch die Operationen (Addition, Multiplikation usw.) selbst, die ja elektrisch abliefen, sondern durch die Eingabe der Operanden und des Operationssignals sowie vor allem durch die Pausen zwischen den einzelnen Operationen. Die Grundidee, die in der Folge zur Entwicklung von Computern, d.h. von Maschinen mit einer Rechenleistung von einigen Milliarden Operationen pro Sekunde geführt hat, war - wie bei allen epochemachenden Erfindungen - elementar: Die Rechengeschwindigkeit muß von der Fingerfertigkeit des Menschen unabhängig gemacht werden! Dieses Ziel wäre erreicht (so die weitere Überlegung), wenn man der Maschine die erforderlichen Operationen nicht nacheinander während des Rechenprozesses, sondern vor Beginn als Arbeits**programm** zur Verfügung stellen könnte. Das hätte zusätzlich den unschätzbaren Vorteil, daß solche Programme ohne zusätzlichen Aufwand auch mehrfach verwendet werden könnten.

Technisch ging es um die Frage, wie diese **Befehlsfolge (das Programm)** gespeichert und automatisch sequentiell aufgerufen werden könnte. Vorausgegangen war bereits die Erfindung des Prinzips der Verschlüsselung von Texten auf maschinell lesbaren Lochkarten[25] oder Lochstreifen und die binäre Kodierung[26] von Zahlen und Texten. Die Elektrotechnik hatte in der ersten Hälfte des 20. Jhdts. als Schaltelemente das Relais und die Elektronenröhre eingeführt. Trotzdem bedurfte es genial begabter Ingenieure, die Tragweite der Grundidee zu erkennen und diese Bausteine zur **digitalen, elektronischen, programmge-steuerten Maschine**, nämlich dem Computer zusammenzufügen.

Konrad Zuse (1910 - 1995) ist dies in Deutschland gelungen[27]. In den USA liefen von 1937 an unabhängig davon ähnliche Entwicklungen[28].

Der zweite Weltkrieg hat die Produktion und den Einsatz von Computern in Europa zunächst verzögert. Erst 1956 konnte Zuse mit der ZUSE Z22 die erste Serienproduktion eines elektronischen Rechners (auf Röhrenbasis) aufnehmen.

Während zu diesem Zeitpunkt in Europa nur wenige an Hochschulinstituten entwickelte Maschinen existierten[29], hatten sich in den USA bereits große Konzerne des neuen und

---

[24] Wilhelm Schickard: Vierspezies - Rechenmaschine 1623,
Blaise Pascal: Zweispezies - Rechenmaschine 1644, Gottfried Wilhelm von Leibniz: Vierspezies - Rechenmaschine mit Staffelwalze 1671, Charles Babbage: Plan für die erste programmgesteuerte mechanische Rechenmaschine 1833.

[25] Hermann Hollerith: Einsatz von Zähl- und Sortiermaschinen für Lochkarten bei der 11. Volkszählung in den USA 1890

[26] Gottfried Wilhelm von Leibniz: Arithmetica Dyadica 1703

[27] 1941 stellt Zuse in Berlin die erste funktionsfähige programmgesteuerte Rechenmaschine Z3 bei der deutschen Versuchsanstalt für Luftfahrt vor.

[28] Howard Aiken entwickelt an der Harvard - Universität den Relaisrechner Mark I, der aber erst 1944 fertiggestellt wurde.

[29] z.B. G1 in Göttingen, PERM in München, DERA in Darmstadt.

aussichtsreichen Marktes bemächtigt[30]. Dies war dadurch attraktiv geworden, daß inzwischen die ersten Programmiersprachen rechnerunabhängig definiert und implementiert worden waren[31]. Diese Sprachen wurden den Bedürfnissen spezieller Anwendungsgebiete angepaßt und werden deshalb zusammenfassend problemorientierte Sprachen genannt. 1974 existierten bereits mehr als 200, von denen allerdings nur wenige größere Verbreitung gefunden haben.

2.2 Computer-Generationen

Mit der Zahl der Herstellerfirmen für Computer in den Industrieländern vergrößerte sich das Marktangebot, und beschleunigte sich zugleich die technische Entwicklung. Um überhaupt noch einen Überblick zu haben, wurde es üblich, Rechner nach ihren Bauelementen in Generationen einzuteilen:

1. Generation: Röhren als elektronische Schaltelemente (1945-ca. 1959)[32]
2. Generation: Transistor-Rechner[33] (1951- ca. 1965)
3. Generation: Verwendung von integrierten Schaltkreisen (1964-1978)
4. Generation: (Multiprozessoren)[34] (1975- ca.1980)
5. Generation: Einsatz von Methoden der künstlichen Intelligenz (1980-1990)[35]
6. Generation: Neuronale, hochparallele, fehlertolerante Systeme (ab 1990).

2.3 Rechenleistung und Speicherkapazität

Die Einteilung in Generationen spielt zur Charakterisierung von Rechnern heute keine Rolle mehr. Statt dessen verwendet man als Kenngrößen schon seit ca. 1980 vorzugsweise die Zahl der ausführbaren Operationen pro Sekunde, die Größe des Arbeitsspeichers oder bestimmte Charakteristika des Betriebssystems[36].

Die Geschwindigkeit, mit der die Leistung der Computer seit 1960 gesteigert wurde, ist fast unfaßbar: Fast jedes Jahr wurde die Rechenleistung verdoppelt. Während die Größenordnung der Rechenleistung im Jahre 1960 1 Kops war, wurde 1970 1 Mips und 1980 1Gflops erreicht. Heute werden Tflops-Systeme entwickelt, also Geräte mit 10^{12} Operationen pro Sekunde.

2.4 Kommunikationsnetze

Obwohl auch die Arbeitsspeicher in den Computern in ähnlich dramatischer Weise gewachsen sind, sind die Anforderungen an Rechenleistung und Speicherbedarf dem Wachstum doch stets vorausgeeilt. Dies gilt besonders für die Universitäten und Großforschungseinrichtungen. Die Wissenschaftler waren noch bis etwa 1980 auf die gemeinsame Nutzung zentraler Großrechner angewiesen. Diese mußten also für alle Arten von Anwendungen geeignet sein. Entsprechend hoch waren die Anforderungen an Betriebssysteme und Programmbibliotheken. Schon früh (etwa ab 1972) konnten nicht mehr alle Bedürfnisse auf **einem** Rechner befriedigt werden. Es entstand die Notwendigkeit, auf mehrere - auch räumlich verteilte - Systeme zugreifen zu können. Das Problem, Datenverarbeitungsaufgaben optimal und automatisch auf eine Menge von Rechnern zu verteilen, die durch ein Leitungsnetz untereinander verbunden sind, - das sog. Lastverbundproblem - ist bis heute nicht befriedigend gelöst. Dennoch war im wissenschaftlichen Bereich schon bald klar, daß die Erschließung aller Eigenschaften, Geräte und Leistungen[37] aller in einem Netz miteinander

---

[30] IBM produzierte die Serien 650, 7070 und 7090 in rascher Folge, Sperry Univac setzte auf der schon 1951 entstandenen Anlage UNIVAC 1 auf. In England wurde die ATLAS gebaut.

[31] IBM entwickelte FORTRAN seit 1954, COBOL wurde von Indusrievertretern auf Einladung des Pentagon in Washington 1959 definiert. ALGOL60 wurde an der Universität Mainz unter Leitung von F.L.Bauer 1960 fertiggestellt.

[32] Erster elektronischer Rechner: ENIAC von Eckert, Mauchly und Goldstine (18000 Röhren)

[33] Erfindung des Transistors 1948 durch Shockley, Bardeen und Brattain.

[34] Für die 4. Generation gibt es keine allgemein anerkannte Definition. In der Zeit vor der 5. Generation können jedoch die ersten Erfolge der Last- und Funktionsverteilung auf mehrere Rechner oder Prozessoren innerhalb eines Rechners als wichtigster Fortschritt angesehen werden.

[35] Probleme werden in der Sprache formaler Logik formuliert und durch Anwendung von Inferenzregeln gelöst.

[36] Das Betriebssystem ist das Programm, das die Eigenschaften und die Bedienungsweise des Rechners festlegt. Betriebssysteme sind herstellerabhängig und i.a. nicht austauschbar.

[37] Teure Spezialgeräte (z.B. Plotter oder Programmpakete) wären in einer Region besser ausgelastet und müßten nur einmal beschafft werden. Der in Deutschland wohl erste Funktions-, Geräte- und Lastverbund wurde 1975 am Regionalen

verknüpften Systeme ein wichtiges Ziel ist. Einzelne modellartige Entwicklungen[38] haben vor allem deshalb keine nennenswerte Verbreitung gefunden, weil damals (1975 - 1985) die von den staatlichen Postgesellschaften im Monopol betriebenen Datenleitungen keine ausreichende Übertragungsleistung (im Vergleich zu der inzwischen erreichten hohen Rechenkapazität) zuließen[39].

In den USA war schon 1969 das ARPANET (der Ursprung aller modernen Kommunikationsnetze) und Anfang der siebziger Jahre das INTERNET eingerichtet worden. Das den Kontinent überspannende Netz ARPANET diente zunächst jahrelang im Wesentlichen nur dem raschen Nachrichtenaustausch (electronic mail) von Wissenschaftlern.

Das technische Hauptproblem der Vernetzung besteht darin sicherzustellen, daß Nachrichten von Computern unterschiedlicher Hersteller gleich interpretiert werden. Es mußte also eine allgemeingültige Metasprache für die elektronische Kommunikation entwickelt werden[40]. In Europa wurde dafür das OSI - Referenz - Modell definiert[41].

Ab Mitte der 80iger Jahre war klar, daß die Verfügbarkeit einer leistungsfähigen Kommunikations-infrastruktur für den wissenschaftlichen (und künftig auch wirtschaftlichen) Erfolg einer Nation wesentlich sein würde. Deshalb entstanden in rascher Folge nationale Netze, die über das IP - Protocoll zum weltumspannenden INTERNET verknüpft wurden. In Deutschland wurde 1984 der Verein zur Förderung eines Deutschen Forschungsnetzes (DFN - Verein e.V.) gegründet, der von da an in Europa eine führende Rolle in der Entwicklung immer besserer Netze gespielt hat[42].

2.5 Integration von Netzdiensten

Man darf nicht vergessen, daß lange vor den digitalen Datennetzen bereits mehrere weltumspannende Kommunikationsnetze existierten:

- das Telexnetz seit 1844,
- das Telefonnetz seit 1880,
- das Netz der Rundfunksender seit 1923,
- das Netz der Fernsehsatelliten seit 1964 .

Diese basieren auf Analogtechnik. D.h. die Informationsübertragung geschieht durch Modulation einer Trägerfrequenz, die eine reine Sinus-Welle ist, während die Digitaltechnik mit Folgen von Impulsen auf zwei verschiedenen Energieniveaus arbeitet, die als Null - Eins - Folgen interpretiert werden können. Die Digitaltechnik bietet hinsichtlich Störungsfreiheit, Übertragungsgeschwindigkeit u.a. große Vorteile. Sie war jedoch zunächst nur in reinen Datennetzen einsetzbar, solange nur Zahl - und Schriftzeichen digital kodiert werden konnten. Seit etwa 1990 können auch Bild und Ton digital verschlüsselt übertragen werden. Damit konnte die Computertechnik auch in alle übrigen Bereiche der Nachrichtentechnik eindringen. Bald entstand der Plan, alle Informationsarten (Daten, Bild und Ton) auf ein und demselben Kabel parallel zu übertragen. Voraussetzung dafür war die Erfindung der Lichtleitertechnik (fiber optics) und der Mehrkanaltechnik[43]. Das führte zu einem mehrjährigen Arbeitsprogramm der Netzanbieter, also damals noch der Monopolinhaber, nämlich der staatlichen Postgesellschaften. Das Programm erhielt den Namen integrated services digital network (ISDN), der jetzt weiter verwendet wird für einen speziellen Festnetz-Telefon-Anschluß der Deutschen Telekom AG. Dieser Anschluß gestattet den gleichzeitigen Betrieb von zwei Endgeräten (z.B. Telefon und PC). Über einen ebenfalls angebotenen Internet - Anschluß können mittels PC Bilder oder

---

Hochschulrechenzentrum Kaiserslautern (RHRK) für TR440-Systeme entwickelt.

[38] z.B. die sog. „einheitlichen höheren Kommunikationsprotokolle (EHKP)" oder die ALWR - Schnittstelle.

[39] Übertragungsraten werden in Bit pro Sekunde gemessen. Texte, also auch Programme oder numerische Daten werden vor der Übertragung verschlüsselt, wobei acht Bit pro Zeichen benötigt werden, die Übertragung einer DINA4-Seite mit 50 Zeilen zu je 60 Zeichen dauert also theoretisch 5 Sekunden, wenn die benutzte Leitung die 1975 in Deutschland verfügbare maximale Übertragungsrate von 4.8 Kb/s hat. In Wirklichkeit wird dieser theoretische Wert aber nie erreicht, da neben der reinen Nutzinformation auch Steuerinformation übertragen werden muß. Außerdem wird die Leitung i.a. von mehreren Benutzern gleichzeitig in Anspruch genommen.

[40] Das TCP/IP (telecommunication protocol/internet protocol) ist bis heute die weitaus wichtigste

[41] Open systems interconnection protocol

[42] Entwicklung der Übertragungsraten im Deutschen Forschungsnetz (DFN): 1990: 9.6 kb/s, 1992: 2 Mb/s, 1995: 34 Mb/s, 1997: 622 Mb/s, 1999: 2.4 Gb/s, Planung bis zu 256 Gb/s

[43] time and frequency multiplexing

Rundfunksendungen empfangen oder an andere Kommunikationspartner gesandt werden. Außerdem stehen natürlich alle anderen Netzdienste zur Verfügung (s. 2.6).

2.6 Künstliche Intelligenz

Mit der Dienste - Integration erfolgte eine bemerkenswerte Gewichtsverschiebung: Nicht mehr der Computer steht im Mittelpunkt sondern das Netz! Letzteres stellt dem Benutzer alle Funktionen zur Verfügung, die er für seine Arbeit benötigt. Welche Rechner dabei in Anspruch genommen werden und wo diese sich physisch befinden, wird kaum noch wahrgenommen. Ein neues Schlagwort lautet: **Das Netz ist das System**. Man spricht von intelligenten Netzen. Das bedeutet u.a., daß man die zu bearbeitenden Probleme unabhängig vom Betriebssystem eines speziellen Computers formulieren kann. Die dafür benutzten Programmiersprachen sind nicht mehr an den Operationen des Computers sondern eher an der menschlichen Denkweise orientiert, man nennt sie „objektorientierte Sprachen". Letztere sind das Produkt einer Teildisziplin der Informatik, die Künstliche Intelligenz (KI) genannt wird. Ihr Ursprung liegt im angelsächsischen Raum. Der Begriff artificial intelligence (ai) ist dort schon mindestens seit zwei Jahrzehnten geläufig[44].

Je leistungsfähiger die Prozessoren werden und je größer die Speicher, desto bequemer kann die Schnittstelle zwischen Mensch und Maschine für ersteren gestaltet werden, desto einfacher ist der Computer von jedermann an seiner Oberfläche zu bedienen, desto leichter kann der Computer und das Netz in allen Bereichen des Alltags eingesetzt werden. Damit mündet nun diese Übersicht der technischen Entwicklung ein in die Auswirkungen der Informations- und Kommunikationstechnik (IuK) auf den Menschen selbst.

3. Ausprägungen des Informationszeitalters

3.1 Globalisierung

Die ersten Anwendungen der sog. EDV in Industrie Wirtschaft und Verwaltung erfolgten in den sechziger Jahren und betrafen reine Büroroutinen (Lohn- und Gehaltsbuchhaltung, Kunden- und Lieferantendatei, Rechnungsprüfung, Lagerhaltung und Schriftverkehr (Textverarbeitung)). Die Einführung dieser „Büroautomatisierung" war für die Betriebe damals ein existentielles Problem: Zu späte Umstellung hieß Verlust der Konkurrenzfähigkeit, zu frühe Umstellung hingegen bedeutete für viele Unternehmen internes Chaos und Untergang. Viele Mitarbeiter waren der radikalen Veränderung der gewohnten Arbeitsprozesse nicht gewachsen. Hochgeschätzte (weil erfahrene und treue) Mitarbeiter waren plötzlich unhaltbar und stürzten in eine persönliche Katastrophe.

Die große Schar der Verwaltungskräfte war vom Informationszeitalter, das wie eine unbegreifliche Urgewalt hereinzubrechen schien, als erste betroffen. Umschulungsmaßnahmen konnten kaum mit den raschen Innovationen schritthalten. Die zweite große Welle folgte mit Beginn der achtziger Jahre, als mit hoch verdichteten Schaltkreisen und Mikroprozessoren die Informationstechnik in den industriellen Produktionsprozessen Einzug hielt. Die automatische Steuerung und Kontrolle von Anlagen mit immer größerer Komplexität erzeugte die Vision der menschenleeren Fabrik. Eine gewisse Approximation davon ist heute Wirklichkeit, auch wenn die Entwicklung in dieser Richtung noch nicht abgeschlossen ist.

Die nächste und vorläufig letzte Wandlung unserer Wirtschaftsstruktur durch IuK ist vor einem Jahrzehnt eingetreten, als weltweite multimediale Kommunikation über schnelle digitale Netze preiswert angeboten wurde. Videokonferenzen, Simulation von noch nicht verfügbaren Produkten, rascher Austausch von Konstruktionsbeschreibungen etc. machten unabhängig vom tatsächlichen Aufenthaltsort der kooperierenden Mitarbeiter: das virtuelle[45] Büro war erfunden.

---

[44] Die Übersetzung „künstliche Intelligenz" ist ein Beispiel für unglückliche Begriffsbildungen der Informatik mit Worten der Umgangssprache. Intelligenz (deutsch) hat bekanntlich mit intelligence (amerikanisch) inhaltlich nichts zu tun. Die Verwirrung wird noch größer, wenn die KI gelegentlich logische Denkprozesse simuliert.

[45] Virtualität kann in unserem Zusammenhang mit hinreichender Genauigkeit verstanden werden als Unabhängigkeit von Ort und Zeit, ein weiteres Beispiel für eine wenig glückliche Begriffsbildung.

Damit war zugleich die entscheidende Voraussetzung gewonnen für die sog. Globalisierung von Unternehmen. Wenn die Entfernungen zwischen Management, Entwicklung, Produktion und Vertrieb bedeutungslos werden, kann die jeweilige geographische Lage dieser Komponenten eines Unternehmens nach unabhängigen Kriterien optimiert werden, z.B. für die Produktion nach billigen Arbeitskräften, für die Entwicklung nach Verfügbarkeit von Know How, für Management und Vertrieb nach günstigen nationalen Steuergesetzen. Dieses Wirkung der Virtualität erleichtert auch die Zusammenarbeit mit Partnerunternehmen - etwa Zulieferern oder regional eingeführten Vertriebsbasen, wo immer diese weltweit operieren mögen. Es ist nun natürlich naheliegend, den eigenen Weltmarktanteil durch Übernahme von Konkurrenten zu verbessern oder Überkapazitäten durch deren Stillegung abzubauen. Es ist wohl leicht einzusehen, daß solche globalisierten Konzerne sich nationalen Reglementierungen oder Gesetzen weitgehend entziehen können.

Vor einigen Jahren noch galt der Grundsatz, daß Betriebe sich gegen rasche Veränderungen am Markt durch Diversifizierung ihrer Produktpalette und Geschäftsfelder absichern müßten. Heute ist eine entgegengesetzte Bewegung im Gange, nämlich Konzentration auf Kernkompetenzen und weitgehende Auslagerung (outsourcing) von Randaktivitäten. Dies ermöglicht einen raschen Wechsel von Zulieferern, die in ihrer Abhängigkeit vom stärkeren Partner deshalb ein unverhältnismäßig hohes Risiko zu tragen haben.

Der Einzug von IuK hat also fundamentale Veränderungen der Wirtschaftsstruk-turen - nicht nur in der Großindustrie sondern auch bei mittelständischen Betrieben - gebracht, die niemand geplant hat. Die Auswirkungen sind heute weder abgeschlossen noch steuerbar.

3.2 Auswirkungen in Staat und Rechtswesen

Es wurde dargestellt, daß nationalstaatliche Ordnungsmechanismen in der Wirtschaft durch Globalisierung geschwächt, wenn nicht außer Kraft gesetzt werden. Auch in allen anderen Bereichen hoheitlicher Macht sind tiefgreifende Folgen des Informationszeitalters unübersehbar. Dieses Thema kann hier nur in wenigen Aspekten beispielhaft skizziert werden:

In der Landesverteidigung: Moderne Waffensysteme sind überwiegend durch Computer gesteuert und im Einsatzfall kontrolliert. Schnelle Entscheidungen sind von der permanenten sicheren Auswertung großer Datenmengen und der Verfügbarkeit geheimer (also verschlüsselter) Einsatzpläne in vernetzten Datenbanken abhängig. Die Wirksamkeit der Verteidigung ist nicht so sehr von der Zahl der Soldaten als von der (informationstechnischen) Kompetenz der Stäbe abhängig. Die aktuelle Frage, ob die allgemeine Wehrpflicht durch ein Berufsheer abgelöst werden soll, ist also nicht zuletzt von IuK beeinflußt.

In der Umweltproblematik: Höchstleistungsrechner, schnelle Vernetzung und internationale Kooperation sind die entscheidenden Hilfsmittel für (kurzfristige) Wetterprognosen, zuverlässige (langfristige) Aussagen über Klimaentwicklungen oder Vorhersagen von Naturkatastrophen. Hier sind IuK jetzt schon lebensrettende Fortschritte in See- und Luftverkehr zu verdanken. In Zukunft könnte die Existenz der Menschheit davon abhängen.

In der Medizin: Schonende Operationsmethoden, rasche Diagnosen in Notfällen, schnelle Verfügbarkeit von Daten der medizinischen Vorgeschichte des Patienten sind Ergebnisse rechnergestützter digitalisierter Medizintechnik, also von IuK. Hochauflösende, breitbandige Bildkommunikation macht die Mitwirkung des Spezialisten an weit entfernt stattfindenden Operationen über videoconferencing möglich. Medizinische Informatik ist zu einem eigenständigen Wissenschafts-gebiet geworden[46].

Im Finanzwesen: Unabhängig von Ort und Zeit sind Börsendaten zum Zeitpunkt ihres Entstehens über schnelle Netze weltweit verfügbar. Über den Computer-handel können sie riesige Geldströme rund um den Erdball in Bewegung setzen. Für kleinere nationale Währungen ist dies (insbesondere als Instrument inter-nationaler Syndikate) eine ernst zunehmende Bedrohung.

Die Abhängigkeit vieler Lebensbereiche von IuK hat insbesondere die Jurisprudenz vor neue Probleme gestellt. Eines der schwierigsten ist die mißbräuchliche Nutzung von digitalisierten Daten. Zwar gibt es schon seit Jahrhunderten personenbezogene Daten in archivierter Form, etwa in kirchlichen Registern, bei Steuerbehörden, bei Grundbuchämtern oder in medizinischen Archiven.

[46] Hochschulen für medizinische Informatik gibt es z.B. in Heilbronn und Lübeck.

Auch diese sind sensibel in dem Sinne, daß sie nur ausdrücklich dazu berechtigten und auf Verschwiegenheit verpflichteten Personen zugänglich sein dürfen, wenn die Privatsphäre geschützt bleiben soll. Aber eine Verletzung dieser Regel hat - nach aller langfristigen Erfahrung - eng begrenzte und strafrechlich beherrschbare Folgen.

Seit auf Personen bezogene Daten in vernetzter Umgebung, d.h. verknüpfbar vorliegen, hat sich die Situation qualitativ verändert. Hinzu kommt, daß nun im Alltag wesentlich mehr Daten erfaßt werden, die sich auf das Verhalten breiter Schichten erstrecken. Beispielsweise könnte für die Entscheidung über eine Bewerbung um einen Arbeitsplatz relevant sein, wie das Sparverhalten (Bankdaten) des Bewerbers oder das Volumen seiner Arzt- und Arzneirechnungen (Klinikdaten) (oder beides zusammen) ist. Diese Gefahren wurden früh erkannt. Schon in den 70iger Jahren haben deshalb Bundesregierung und Bundesländer die sog. Datenschutzgesetze erlassen und seit dem fortgeschrieben.

Das Problem ist jedoch von einer Lösung weiter entfernt denn je. Seit jeder siebte Haushalt einen Anschluß am Internet besitzt, ist fast jeder Bürger potentiell Opfer und Täter. Das Abfangen von Daten, die im Netz bewegt werden, ist technisch einfach. Auch heutige Schutzmaßnahmen[47] sind für Routinierte nicht unüberwindlich, wie konkrete Fälle immer wieder lehren.

Damit ist aber die juristische Tragweite noch nicht einmal angedeutet. Neue Straftatbestände ergeben sich z.B. durch Mißbrauch von Netzen für:

- konspirative Zwecke mit politischem Hintergrund,
Industriespionage,
- anonyme Verbreitung gesetzwidriger Publikationen[48] u. a.

Anreize für kriminelles Handeln sind dadurch gegeben, daß Daten im Netz bislang technisch nicht vollständig geschützt werden können. Wer Informationen in häufig abgerufene Dateien[49] einspeist, also zwischen unverdächtigen Informationen versteckt, erreicht bequem, anonym und schnell viele Adressaten. Die Qualität von Daten (der Wahrheitsgehalt) ist nur mit Aufwand und Zeitverzug überprüfbar. Aufgrund unterschiedlicher Rechtslage in verschiedenen Ländern ist es auch möglich, daß zulässig im Ausland eingespeiste und ahnungslos abgerufene Daten denjenigen im Inland straffällig werden lassen, der sie hier gespeichert hat.

Die mögliche Tragweite des Sachverhalts wird an folgendem Beispiel besonders deutlich: Wer einen Politiker kurz vor einer Wahl durch unwahre, aber anonyme Beschuldigungen im Internet diskriminiert, kann u.U. die Wahl entscheidend beeinflussen. Denn der Politiker hat kaum eine Chance, seine Unschuld noch rechtzeitig unter Beweis zu stellen.

3.3 Auswirkungen im Bildungswesen

Im Jahre 1960 hatten nur wenige Hochschulen einen Computer. Zehn Jahre später hatten alle Universitäten ein zentrales Rechenzentrum und ließen ihre gesamte Numerik - Ausbildung für Mathematiker, Naturwissenschaftler und Ingenieure über programmierte Übungen abwickeln. Wenige Jahre später war die Datenverarbeitung auch in alle nichtnumerischen Disziplinen eingedrungen und hat überall die Arbeitsmethoden grundlegend verändert. Heute gilt die Benutzung von Computern als „vierte Kulturtechnik“ neben Lesen, Schreiben und Rechnen. Eine Grundausbildung im Umgang mit IuK gilt also als unverzichtbar für alle Menschen in entwickelten Ländern.

In Hochschulen ist die Qualität ihrer diesbezüglichen Infrastruktur wesentlich für den Lehr- und Forschungserfolg, d.h. für ihren Rang. Seit die Beschaffung der Fachliteratur in gedruckter Form unbezahlbar geworden ist, werden netzbasierte Literatur - Recherchen vom Wissenschaftler am PC in den sog. Fachinformationszentren (FIZ) durchgeführt. Intelligente Netze ersetzen also zu einem wichtigen Teil die bisherige Arbeit der Bibliotheken, eine fundamentale Veränderung der gewohnten Forschungslandschaft! Entsprechendes gilt für das Publikationswesen: Lange Wartezeiten für die Veröffentlichung in Fachzeitschriften entfallen, wenn der Wissenschaftler seine Ergebnisse unter seiner home page international abrufbar macht. Allerdings entfällt damit auch die Bewertung durch ein fachkundiges Herausgeberteam. Aber auch die klassische Methode der Veröffentlichung wird durch

[47] Verschlüsselung, Paßwörter, Firewalls
[48] Pornographie, Diskriminierung von Personen, radikale politische Thesen
[49] z.B. sog. news groups

IuK bestimmt: Fachverlage nehmen Manuskripte nur noch in maschinell lesbarer Form entgegen und machen daneben strikte Auflagen bezüglich der Seitenformatierung, die i.a. nur unter Verwendung vorgegebener Software (Makros) zu erfüllen sind.

Seit neben Texten auch Bild- und Tondokumente in Datenbanken gespeichert und schnell genug weltweit übertragen werden können, sind Bestände von Museen und Archiven vom Arbeitsplatz, Hörsaal oder Klassenzimmer aus in wachsender Zahl erreichbar[50].

Neben den Lehrinhalten und Arbeitsmethoden der wissenschaftlichen Disziplinen, auf die hier nicht näher eingegangen werden soll, haben sich auch die Formen der Kooperation im Informationszeitalter verändert. Die Welt ist kleiner geworden. Man muß keine Reise machen, um sich mit einem Kollegen in USA von Angesicht zu Angesicht zu unterhalten. Dadurch wird internationale Zusammenarbeit im Alltag und an Projekten möglich, die täglichen Gedankenaustausch verlangen. Zum Teil wird diese auch erzwungen, denn die Bewilligung von Forschungsmitteln ist nicht selten daran gebunden[51]. Eine Nebenwirkung ist, daß sich Englisch immer deutlicher zur dominierenden Wissenschaftssprache weltweit entwickelt[52]. Publikationen, für die ein breiter Bekanntheitsgrad angestrebt wird, müssen in Englisch verfaßt sein. Die wachsende Durchdringung der Umgangssprache mit Anglizismen geht sicher u.a. darauf, d.h. auf IuK zurück.

Die geschilderten Umwälzungen im tertiären Bildungsbereich vollziehen sich mit zeitlicher Versetzung analog auch im Schulbereich: Auch Schulen haben bereits zu einem großen Teil PC's mit Internetanschluß. Anwendungsbeispiele der IuK sind:

- Pflege von Partnerschaften mit Schulen im Ausland,
- Einspielen von Arbeitsmaterialien für den Unterricht aus Datenbanken[53],
- Besuch in virtuellen Museen,
- Teilnahme an Wettbewerben[54],
- Erstellung von Schülerzeitschriften,
- Einsatz im normalen Unterricht, insbesondere im Fach Informatik oder in Arbeitsgemeinschaften oder Projektstudien.

Die Auswirkungen des Informationszeitalters im Bildungswesen sind deshalb besonders bemerkenswert, weil dieser Bereich als stark traditionsabhängig gilt und damit auf Beharrung und Stabilität orientiert. Ob der rasche Wandel in unserer Zeit neben praktischem Nutzen auch Bildung fördert, kann heute wohl noch nicht abschließend beurteilt werden.

3.4 IuK und Ethik

Die Abschnitte 3.1 bis 3.3 sollten an Beispielen zeigen, daß kein Lebensbereich unserer Gesellschaft von den Auswirkungen der IuK verschont geblieben ist. Es ist wohl nicht überraschend, daß diese Wirkungen durchaus ambivalent zu sehen sind. Es ist schon deshalb nicht verwunderlich, weil dies, wie wir heute wissen, für alle großen technischen Evolutionen gilt, für den Übergang von der Handarbeit zur industriellen Serienproduktion ebenso wie für die Mechanisierung der Landwirtschaft und die Einführung der künstlichen Düngung oder die Motorisierung des Verkehrs. Im Falle von IuK entstanden durch Globalisierung einerseits neue Chancen für die Entwicklungsländer: Produktionen werden dorthin verlagert, wo Arbeitskräfte - momentan - billig sind[55]. Verbilligung durch Automation bringt in Zukunft nur hohe Gewinne, wenn Preise und Kaufkraft in volkreichen (derzeit noch zu armen) Ländern in Einklang gebracht werden können. Es entsteht also wirtschaftliches Interesse an der Verbesserung des Lebensstandards in den Entwicklungsländern. Andererseits entstand in den europäischen Ländern große Arbeitslosigkeit. Es steht zu befürchten, daß Westeuropa seine bislang unangefochten dominante Stellung in der Welt verlieren könnte.

---

[50] virtuelle Museen Museen gibt es bereits in größerer Zahl. Virtuelle Archive sind noch selten, da die digitale Erfassung von Archivalien (Urkunden, Siegel u.a.) größeren Aufwand verursacht.

[51] Dies gilt z.B. für Forschungsprojekte der EU.

[52] An der Universität Kaiserslautern wird der grö8te Teil der mathematischen Vorlesungen in Englisch gehalten, auch für deutsche Studenten. Ähnliches gilt für andere Fächer und Hochschulen.

[53] z.B. vom Deutschen Bildungsserver in Berlin

[54] z.B. „Jugend forscht"

[55] das gilt auch für qualifizierte Tätigkeiten. z.B. arbeiten z.Z. schon sehr viele Programmierer für europäische Softwarehäuser.

Die Möglichkeit, selbst komplexe Informationen (etwa bestehend aus Schrift-, Bild- und Tonkomponenten) schnell an viele und geographisch evtl. weit verteilte Adressaten zu senden, schafft einerseits neue Formen der Kooperation und läßt Entfernungen bedeutungslos werden. Andererseits ist sie zugleich ein neues erschreckendes Instrument des Verbrechens.

Mobilfunksysteme haben grundsätzlich das Ziel, jedermann für jedermann überall optisch und akustisch erreichbar zu machen. Diese (teilweise ja schon verwirk-lichte) Vision ist in vieler Hinsicht (z.B. für Notfälle) zweifellos erstrebenswert. Andererseits wird das Handy schon jetzt als Plage der Gesellschaft empfunden. Der Verlust an ungestörter Muse, der Zwang, ständig fremdbestimmt reagieren zu müssen, ist eine noch nicht abschätzbare Minderung an Lebensqualität.

Die Frage ist also: Kann man die positiven Errungenschaften erhalten, auf die (z.B. in der Medizin) niemand mehr verzichten möchte, ohne die negativen in Kauf nehmen zu müssen? Wer entscheidet, ob die Gesamtbilanz von gut und böse positiv ist?

Der Mensch ist als Verursacher für Folgen seines Handelns verantwortlich. Das ist seit den grundlegenden Arbeiten von Hans Jonas[56] und Hans Lenk[57] anerkannt. Aber wer ist „der Mensch"? Wer hat IuK geplant? Wer könnte Technikfolgen im Voraus wirklich abschätzen? Die Futurologie - ebenfalls ein Kind unserer Tage - hat dafür noch keine tragfähigen Hilfsmittel bereitgestellt.

Es sollte aber anerkannt werden, daß wenigstens ein breites Problembewußtsein entstanden ist. Erstmals wurde im Laufe der letzten beiden Jahrzehnte an vielen Hochschulen der USA und Deutschlands eine Ethikvorlesung in den Pflichtkanon der Ingenieurausbildung aufgenommen. Insbesondere Technische Hochschulen haben die Notwendigkeit erkannt, ihre Forschung philosophisch zu reflektieren.

Sir Charles P. Snow[58] hat zwar mit seiner These von der Kluft zwischen den zwei Kulturen (Natur- und Geisteswissenschaft) noch wenig an Aktualität verloren, aber immerhin sind seitdem Philosophen hervorgetreten, welche die Sprache von Naturwissenschaft und Technik verstehen. Dazu zählen u.a. so herausragende Namen wie Lenk, Mittelstraß, Rapp und Zimmerli. Ein erstes wertvolles Resultat des beginnenden Dialogs zwischen den beiden Kulturen ist die Erkenntnis, daß das Angebot von riesigen Informationsmengen, das durch Vernetzung heute jedermann offen steht, kein Selbstzweck sein kann. Erst durch Reflexion und Verknüpfung geprüfter Information entsteht Wissen. Dieses ist als reines Faktenwissen zunächst wertneutral. Bildung entsteht aus Wissen erst durch Bewertung und Ordnung. Dafür müssen aber Wertmaßstäbe vorhanden sein. Diese können nicht aus der Technik selbst gewonnen sein, da sie, wie uns Kant gelehrt hat, einer anderen Kategorie angehören. Wertmaßstäbe müssen also der Technologie a priori vorgegeben sein, damit sie zielsetzend sein können.

Es ist also rational einsichtig, daß IuK zwar unser Bildungsinstrumentarium in kurzer Zeit erstaunlich verbessert hat, aber grundsätzlich nicht Bildung vermitteln kann.

4. Nachwort

Das Informationszeitalter ist hereingebrochen wie eine Naturgewalt, die sich weder planen noch steuern läßt. Gewachsene Strukturen und Verhaltensweisen wurden hinweg gefegt. Die Folgen in Staat und Gesellschaft wurden oben skizziert. Betroffen ist aber auch der Einzelne in seinem persönlichen Leben.

So wurde auch meine Lebensplanung quasi überrollt. Mein Berufsweg führte mich weit ab von allem, was zur Zeit des Abiturs 1950 vorstellbar gewesen wäre.

Zunächst verlief das Studium der Mathematik in Heidelberg einschließlich Staatsexamen, Diplom und Referendarausbildung noch „planmäßig" in Richtung Lehrberuf. Aber nun trat ich eine Assistentenstelle im Institut für Angewandte Mathematik (IFAM) der Universität Karlsruhe an mit der Absicht, vor dem Eintritt in die Schule die praktische Seite meines Faches, so zu sagen als Ergänzungsstudium kennen zu lernen. Das IFAM war ausgerichtet auf Strömungs- Probleme, die numerisch außerordentlich aufwendig waren. Deshalb war man an den neuen elektronischen Maschinen natürlich brennend interessiert. Von 1959 an wurden in rascher Folge immer

---

[56] z.B. H. Jonas, Das Prinzip Verantwortung. Versuch einer Ethik für die technologische Zivilisation, Frankfurt 1979

[57] z.B. H. Lenk, Verantwortung in Wissenschaft und Technik, in Kindlers Enzyklopädie, Bd. 7, München - Zürich 1984, S. 463-487.

[58] Ch. P. Snow, Die zwei Kulturen, Stuttgart 1967

leistungsfähigere Computer installiert. Das brachte aber neben der Beschleunigung der Arbeiten auch eine Fülle neuer Aufgaben: Aufbau und Betrieb des Rechenzentrums für die Universität, Lehrveranstaltungen zu Themen, die während des Studiums noch völlig unbekannt waren.

Die Faszination dieser Pionierzeit des elektronischen Rechnens ließ den Gedanken an die Schule rasch verblassen (trotz gelegentlicher Rückfragen des Oberschulamtes).

Rechenkapazität und Programmbibliothek wurden zu wichtigen Voraussetzungen für den Erfolg der Forschung einer Universität, besonders in den Ingenieurwissenschaften. Die benötigten teuren Ressourcen waren bald nicht mehr an jeder Hochschule finanzierbar. Es wurden sog. „Regionale Rechenzentren" eingerichtet, die für eine Region, z.B. für die Forschungseinrichtungen eines ganzen Bundeslandes zuständig waren.

1970 erhielt ich die Aufgabe, ein solches Zentrum für Rheinland-Pfalz an der neu gegründeten Universität Trier - Kaiserslautern aufzubauen. Parallel dazu sollte ein im Gründungsmemorandum ursprünglich nicht vorgesehener Fachbereich Informatik entstehen.

Diese interessante Aufgabe im Zusammenhang mit einer Neugründung hatte naturgemäß eine ausgeprägt administrativ organisatorische Komponente, die mich so zu sagen von selbst zu den Ämtern eines Dekans für Informatik (1979 - 1981) und des Präsidenten der Universität (1981 - 1987) führte.

In den achtziger Jahren trat in der DV-Versorgung ein Umbruch ein. Eine Vielzahl von Computern unterschiedlicher Bauart und Leistung war im Einsatz. Ein Wissenschaftler benötigte nun für verschiedenartige Arbeiten den Zugriff auf mehrere von diesen, je nach Konfiguration und Softwareausstattung. Last- und Funktionsverbund von Rechnern, kurz: deren Vernetzung trat in den Vordergrund des Interesses. Wissenschaft und Forschung in Deutschland schlossen sich mit starker Unterstützung des BMFT zu einem „Verein zur Förderung eines deutschen Forschungsnetzes" (DFN - Verein e.V.) zusammen. Das Netz ging 1990 in Betrieb. Noch im gleichen Jahre wurde ich in den Vorstand und 1993 zum Vorsitzenden des Vereins berufen. Nachdem ich seit 1970 für hochschulübergreifende Aufgaben in einem kleinen Bundesland zuständig war, galt es nun nationale Verantwortung zu übernehmen auf einem Gebiet (Kommunikationstechnik), das gerade im Entstehen war. Wir waren uns im Vorstand des DFN voll bewußt, daß die Wissenschaft mit diesem Netz eine Vorreiterrolle spielte auf einem Gebiet, das schon bald für das wirtschaftliche Wohl des Staates von eminenter Bedeutung sein würde. Das hat sich inzwischen bestätigt.

Man darf wohl ohne Übertreibung sagen, daß unsere Generation den Beginn einer neuen Ära miterlebt hat. Rückblickend bin ich dankbar dafür, daß ich an diesem Geschehen teilnehmen durfte.

5. Abkürzungen

60 COBOL FORTRAN	Wichtigste Programmiersprachen um 1960
ALWR	Arbeitskreis der Leiter wissenschaftlicher Rechenzentren
ARPANET	Netz der Advanced Research Project Agency in USA
BMFT	Bundesminister für Forschung und Technologie
EDV	Elektronische Datenverarbeitung
IT	Informationstechnik
IuK	Informations- und Kommunikationstechnik
ISDN	Integrated Services Digital Network
IP	Internet Protocol
PC	Personal Computer
Kops	Kilooperationen pro Sekunde (1000 Operationen/sec)
Mips	Megainstruktionen pro Sekunde (1000000 Instr./sec)
Gflops	1 000 000 000 floating point Op./sec
Tflops	1 000 000 000 000 floating point Op./sec

Prof. Dr. Dieter Maaß (Mathematik) und Wilma Maaß. geb. Egner

Klaus Schmidt - Koenig

Orientierung im Raum

Wenn ich mich recht erinnere war es 1941. Ich war 11 Jahre alt, wachte eines morgens auf, hörte zum ersten mal mit Bewußtsein, daß um unser Haus in Rohrbach und in den angrenzenden Gärten viele Vögel sangen und daß ich nicht von einem einzigen wußte, welcher Vogel da sang. Das begann mich brennend zu interessieren. Von da an verwendete ich jede freie Minute darauf, Vögel zu beobachten und zu identifizieren. Das war nicht leicht. Zum einen besaß ich nur ein schwaches Operngias und zum anderen an Bestimmungsliteratur nur ein Album mit Vogelbildern aus Zigarettenschachteln und das Kosmosbuch "Was fliegt denn da", beide mit miserablen, unbrauchbaren, irreführenden Abbildungen. Nur langsam kam ich voran. Etwa um die gleiche Zeit wollte es der Zufall bzw. der kriegsbedingte Lehrermangel, daß wir den Direktor des Zoologischen Gartens Heidelberg, Otto Fehringer in Biologie als (Aushilfs-)Lehrer bekamen. Er war renommierter Ornithologe, Autor mehrerer Bücher, darunter der 3 Bände "Die Vögel Mitteleuropas". Kaufen konnte man sie nicht mehr, aber mein Klavierlehrer besaß sie und ich verschlang sie in kleinen Portionen vor und nach jeder Klavierstunde. Nun, Prof. Fehringers erste Frage als Biologielehrer an uns war: "Habt ihr schon die Vögel durchgenommen?". Nein. Also nahm er die Vögel durch und uns auch das eine oder andere mal mit in den Zoo, in dessen unbebautem, parkartigen Teil mit Hecken und hohen Bäumen viele Vögel lebten. Klassenkamerad Richard Herrel war eine Zeit lang ebenfalls begeisterter Feldornithologe und kannte schon ein paar Vögel mehr als ich. Bei einem, dessen Gesang so klang wie wenn einer Fünfmarkstücke aufeinander zählt, sagte er zu mir, das ist ein Weidenlaubsänger. Naiv wie ich war meinte ich: einen Vogel mit so langem Namen gibt es gar nicht in Heidelberg. Aber Prof. Fehringer bestätigte Richard Herrel. Ich war total begeistert und habe nicht geruht, bis ich alle Vögel um mich herum akustisch und optisch kannte.

Kaum war ich alt genug, nämlich 18, bekam ich die Beringungserlaubnis der Vogelwarte Radolfzell und begann noch in der Unterprima, mit einer Populationsstudie an Braunkehlchen in einem Wiesengelände zwischen Leimen und Sandhausen. Vier Jahre lang fing ich mit meinem damaligen ornithologischen Freund Eberhard Hantge jeweils fast alle brütenden Altvögel und beringte jeden nach Plan mit einer anderen Kombination von Farbringen, so daß jeder schon mit dem Fernglas identifiziert werden konnte. Außerdem fanden wir fast alle Nester und beringten auch die Nestjungen. Nach 4 Jahren Arbeit reichten die Ergebnisse zu meinem ersten wissenschaftlichen Vortrag (auf der Jahrestagung der Deutschen Ornithologen Gesellschaft 1954 in Köln) und zu meiner ersten wissenschaftlichen Publikation im altehrwürdigen Journal für Ornithologie.

Über die Ornithologie lernte ich meinen späteren Doktorvater Dr. Gustav Kramer, damals noch Dozent am Zoologischen Institut der Universität Heidelberg kennen. Nach zunächst 4 Semestern Chemiestudium wechselte ich zur Zoologie und begann meine Doktorarbeit 1956 bei G. Kramer, dann Abteilungsleiter am Max-Planck-Institut in Wilhelmshaven. Kramer arbeitete über Orientierung und Navigation von Vögeln, besonders über das Heimfindevermögen von Brieftauben.. Außerdem hatte ich unglaubliches Glück, nach weniger als 2 Jahren war meine Doktorarbeit fertig und – jetzt im Rückblick zu sehen - eine der ganz wenigen Arbeiten, deren Ergebnisse in Dutzenden von Wiederholungsversuchen von jedermann bestätigt wurden und heute noch gelten.

Zu jeder Zeit meines wissenschaftlichen Lebens gab es irgendeinen, der für die Lösung des Navigationsproblems eine Hypothese aufgestellt und die in heißen Diskussionen verteidigt hat. Beginnend mit meiner Doktorandenzeit war das zuerst die Sonnenbogen - Navigationshypothese des Engländers Dr. G.V.T. Matthews. Nach dieser Hypothese zufolge sollte ein Vogel unterwegs vor allem aber eine verfrachtete Brieftaube durch Messen eines kleinen Stückes Sonnenbahn und Vergleich mit dem zuletzt am Heimatort gesehenen Stück Sonnenbahn seine gegenwärtige Position und die Richtung zum Ziel errechnen können. Matthews hatte einige Heimkehrexperimente durchgeführt und deren Ergebnisse als Beweis für die Richtigkeit der Hypothese interpretiert. Seine Interpretation ruhte aber auf einigen unbewiesenen Prämissen, wie z.B. der unterstellten Leistungsfähigkeit des Auges und den Eigenschaften, besonders der Genauigkeit des Zeitschätzungsvermögens, der sogenannten "inneren Uhr" des Vogels.

In vielen Laborversuchen mit vielen verschiedenen Tieren zeigte sich, daß die Genauigkeit nicht in dem für Sonnenbogennavigation erforderlichen Sekundenbereich sondern in der Größenordnung von 10 bis 15

Minuten liegt. Für die Verwendung zur Sonnenkompassorientierung reicht diese Genauigkeit völlig aus, wenn und weil der Vogel häufig genug nachkorrigiert. Nun, Wiederholungen der Heimkehrversuche von Matthews konnten dessen Ergebnisse nicht bestätigen. Vor allem lieferte meine Doktorarbeit eindeutige Beweise dafür, daß die Sonne nicht zur Positionsbestimmung, also zur Navigation sondern "nur" zur Kompassorientierung als Sonnenkompass verwendet wird. Vergleichbares stellte sich für nächtlich ziehende Vögel heraus.

Die Sonnennavigationshypothese war schon auf dem absteigenden Ast, aber noch heftig in der Diskussion, als Franz Sauer eine Sternennavigationshypothese publizierte. Nächtlich ziehende Vögel sollten in der Lage sein, durch messen von Sternpositionen und verrechnen mit einer Standardzeit, ihre Position und den Bezug zum Ziel zu errechnen. Aufgrund von einigen mit zugaktiven Grasmücken in einem Planetarium durchgeführten Versuchen hielt er sie für bewiesen. Diese Versuche stellten sich als methodisch nicht haltbar und die Hypothese wiederum als auf unbewiesene Prämissen gegründet heraus. Die Fachwelt lehnte sie ab. Und so ging es weiter.

Als nächstes schlug der Amerikanische Neurologe Prof. John S. Barlow eine Trägheitsnavigationshypothese vor. Tiere sollten während der Verfrachtung oder des Zuges Winkelgeschwindigkeiten und Winkelbeschleunigungen messen und mit doppelter Integration über die Zeit den direkten Weg zum Ziel berechnen können. Versuche zur Prüfung seiner Hypothese hat Barlow nicht durchgeführt, aber andere haben das viele Jahre lang getan. Es blieb einmal mehr bei unbewiesenen Prämissen. Ob Tiere die notwendigen Messungen vor allem von Winkelgeschwindigkeiten und besonders die doppelte Integration über die Zeit leisten konnten, blieb unbewiesen. Vermutlich hätten nur Versuche, in denen die Versuchstiere vorübergehend das Schwerefeld der Erde verließen, zwingende Ergebnisse erbracht.

Ende der 60er Jahre, damals von der NASA mit Forschungsgeldern an der Duke University in Durham NC unterstützt, hatte ich bereits die Antragsformulare der NASA auf dem Schreibtisch, um Platz auf einem der Raumflüge für entsprechende Versuche zu reservieren. Ich hielt aber Trägheitsnavigation aufgrund negativer Versuchsergebnisse aus einfacheren Versuchen, z.B. Verfrachtungen unter Vollnarkose, für zu unwahrscheinlich, um den gewaltigen Aufwand von Raumflügen in Anspruch zu nehmen. Die Trägheitsnavigationshypothese blieb unbewiesen und unwiderlegt, wird aber in der Fachwelt für Langstreckennavigation nicht mehr als realistisch angesehen.

Bis dato hatte man den großen Augen vieler Vögel überragendes Auflösungsvermögen ("Sehschärfe") und z.B. eine wesentliche Rolle bei der Sonnenbogennavigation zugeschrieben. Zweifellos haben viele Vögel ein wesentlich besseres Auflösungsvermögen als wir Menschen, vor allem aber ist das Bewegungssehen unserem weit überlegen. Ein Neuntöter z. B. der auf einer Warte auf Beute lauert, erkennt eine unbeweglich im Gras sitzende Heuschrecke nicht als Beute, obwohl sie auf seiner Netzhaut scharf abgebildet wird. Aber wehe, sie bewegt nur kurz ein Bein, sofort stößt der Neuntöter herab und erbeutet sie. Noch zu Zeiten der Diskussion der Sonnenbogennavigationshypothese von Matthews stammten unsere Kenntnisse über das Sehvermögen der Vögel mehr aus Extrapolationen anatomischer Gegebenheiten der Netzhaut und des dioptrischen Apparates im Vergleich zu den Werten des menschlichen Auges als aus verhaltensphysiologischen Experimenten mit Tieren. In unseren Versuchen in denen wir das Bildsehen der Versuchstiere mit trüben Haftschalen drastisch reduziert hatten, kamen viele Vögel trotzdem gezielt nach Hause. Damit hatten wir nachgewiesen, daß das Sehvermögen jedenfalls bei Brieftauben zum Heim finden nicht die Rolle spielt, die man ihm bisher unterstellt hatte.

Daraufhin schlug der Italiener Prof. Floriano Papi, bereits bekannt durch seine Untersuchungen über Sonnenkompassorientierung bei Strandkrebsen, eine olfaktorische Navigationshypothese vor. Sie geht davon aus, daß die Erdoberfläche aus Gebieten mit charakteristischen Gerüchen besteht, So z.B. gibt es in der weiteren Umgebung eines Taubenschlages Wald, Felder, Weinberge, Gewässer, Ortschaften mit für sie typischen Düften, ein olfaktorisches Mosaik. Nach Papis Vorstellung erlernen die Tauben diese Mosaikkarte indem sie in ihrer Jugendzeit am Taubenschlag die Geruchsstoffe, die der Wind heranträgt mit der jeweiligen Windrichtung assoziieren. In Heidelberg riecht es also bei Südwind nach Leimen, Wiesloch, Bruchsal. Wenn die Taube verfrachtet und z.B. in dem intensiv nach Wiesloch riechenden Gebiet freigelassen wird, muß sie in Umkehr der Windrichtung, die den Geruch zum Schlag getragen hatte, also nach Norden fliegen, um heimzukommen. Oder die Taube verfolgt bereits während der Verfrachtung anhand der durchfahrenen Duftfelder, in welche Richtung sie verfrachtet wird.

Eine von Dr. H. G. Wallraff entwickelte Variante dieser Hypothese sah vor, daß die Erdoberfläche von Gradienten von Geruchsstoffen überzogen ist. Diese Variante fordert vom Tier, Duftstoffe in der Luft qualitativ und vor allem quantitativ zu unterscheiden, genau besehen relative Konzentrationsunterschiede zu messen und sie zur Ortsbestimmung in das den Tieren vorher bekannte Gradientensystem einzuordnen. Beide Varianten ruhen einmal mehr auf vielen unbewiesenen Prämissen. Meteorologen und Luftchemiker wenden ein, daß es in unserer turbulenten Atmosphäre hinreichend stabile, stetige und voraussagbare Gradienten nicht gibt. Tagelange Versuche, in denen Spurengase freigesetzt und ihre Ausbreitung über hunderte von Kilometern quantitativ gemessen wurde bestätigen das. Die von den Vögeln wie von der Hypothese vorgeschlagen vermutlich wahrgenommenen Geruchsstoffe sind unbekannt, die notwendigen geruchlichen Sinnes- und Verrechnungsleistungen bei den Tieren unbewiesen u.a.m. Zahlreiche Versuchsergebnisse scheinen die Papische oder Wallraffsche Variante olfaktorischer Navigation zu stützen, einige schließen sich aber gegenseitig aus und vielfach konnten die pro-olfaktorischen Ergebnisse und Interpretationen von Dritten nicht bestätigt werden. Es könnte sehr wohl sein, daß mit den Eingriffen in die olfaktorische Wahrnehmung andere Leistungen, z.B. die Magnetfeldwahrnehmung betroffen sein könnten. Die Hypothese(n) olfaktorischer Navigation werden auch 20 Jahre nach ihrer Entstehung immer noch diskutiert und von ihren Verfechtern auf vielschichtige Weise propagiert, von Skeptikern aber nicht als schlüssig bewiesene Lösung des Navigationsproblems akzeptiert.

So habe ich im Verlauf meiner aktiven Zeit als Wissenschaftler einige Pseudolösungen des Navigationsproblems erlebt und zu deren Widerlegung beigetragen, mit dem Nachweis der Nutzung des Sonnenkompaßes einen wesentlichen Beitrag geleistet, aber weder die Gesamtlösung geschafft, noch bisher deren Erringung durch andere erlebt.

Derweil war man bei der Frage, wie Zugvögel alljährlich ihre oft weit entfernten Ziele finden, in einem Teilbereich zu einer schlüssigen Antwort gekommen. In den Glanzzeiten der Vogelwarte Rossitten auf der Kurischen Nehrung im damaligen Ostpreußen waren von den Pionieren der Vogelzugforschung die ersten Verfrachtungsversuche mit Störchen, Staren, Nebelkrähen und Sperbern während der Zugzeit durchgeführt worden. Bei diesen zeichnete sich schon ab, daß junge Vögel, die im Herbst ihres Geburtsjahres zum ersten Mal in ihre Winterquartiere zogen, nach anderen Zugstrategien flogen als ihre älteren Artgenossen, die schon mindesten zum zweiten mal nach Süden zogen. Die klarsten Versuchsergebnisse erarbeitete dann der Holländer Dr. A.C.Perdeck in den 50er Jahren. Er fing im Verlaufe mehrerer Herbstzugperioden durch Holland ziehende Stare. Von diesen war durch Wiederfunde beringter Vögel bekannt, daß diese Durchzügler aus Populationen stammten, die im baltischen Raum und angrenzenden Gebieten um die Ostsee brüteten und in England, Irland und Nordfrankreich überwinterten. Für diesen Zug schienen keine besonders herausragenden Navigationsleistungen erforderlich, eine gerade Linie verbindet die rund 2000km auseinanderliegenden Zugziele.

Vogelberingung wird aber dann besonders interessant und informativ, wenn Vögel nicht nur beringt und wieder freigelassen, sondern wenn sie beringt und erst nach Verfrachtung wieder freigelassen werden. Perdeck fing im Verlauf mehrerer Herbstzugperioden in Holland über elftausend durchziehende Stare, bestimmte ihr Alter, beringte sie und ließ sie nach Verfrachtung in die Schweiz wieder frei. Über 300 Wiederfunde erlaubten wesentliche Schlußfolgerungen. Alte Stare, also solche, die bei Fang, Verfrachtung und Freilassung mindestens eineinhalb Jahre alt, also schon mindestens einmal vorher vom Brutgebiet ins Winterquartier und wieder zurück gezogen waren, flogen in Richtung des angestammten Überwinterungsgebietes, also aus der Schweiz nach Nordwesten. Sie konnten die Verfrachtung kompensieren, also „echt" navigieren. Junge Stare, also solche, die im Jahr von Fang und Verfrachtung geschlüpft und auf dem ersten Herbstzug ihres Lebens waren, flogen dagegen nach Südwesten, also parallel zur angestammten Zugrichtung und etwa so weit, wie sie von Holland aus noch zu fliegen hatten, um das angestammte Überwinterungsgebiet zu erreichen. Sie überwinterten in Südwest-Frankreich, Spanien und Portugal. Sie waren also nicht in der Lage gewesen „echt" zu navigieren, sondern waren „nur" zur sogenannten „Vektornavigation" fähig. Ein Vektor ist eine Größe (Mathematikpensum bei „Ali" Anton Link), die eine Richtung und eine Länge hat. Die Jungvögel hatten offenbar eine Information über die Richtung des Herbstzuges und eine über die Länge = Entfernung des Zugweges. In zahlreichen zusätzlichen Experimenten haben sich die Einzelheiten von Vektornavigation immer wieder bestätigt. Jungvögel bringen populationsspezifisch genetisch codiert ihre Zugrichtung mit. Die können sie mit Hilfe ihres Sonnen-, Stern- oder Magnetfeldkompasses einhalten. Die Entfernungskomponente besteht aus einem Zeitprogramm der Zugaktivität. Die Erkenntnisse dazu stammen aus Laborversuchen folgender Art. Ein gekäfigter Zugvogel, beispielsweise ein nachtziehender Laubsänger, wird auch bei bester Pflege „zugunruhig", d.h. er hüpft und flattert nachts im Käfig hin und her, wenn seine Zugzeit gekommen ist und die Artgenossen im Freiland ziehen. Die Richtung und die Menge dieser Zugaktivität kann man messen. Dabei hat sich herausgestellt, daß diese Menge an Zugaktivität im Käfig proportional der Länge des

Zugweges draußen ist. Die Menge an Zugaktivität eines Langstreckenziehers, z. B. eines Fitislaubsängers, der in südlichen Afrika überwintert ist proportinal größer als die eines Mittelstreckenziehers, z.B. des Waldlaubsängers, der in Zentralafrika überwintert, und dessen Menge an Zugaktivität ist wiederum proportional größer als die des Kurzstreckenziehers Zilpzalp oder Weidenlaubsänger, der im Mittelmeerraum incl. Nordafrika überwintert. Das fand E. Gwinner. Gleiches gilt für Vögel einer Art z. B. der Mönchsgrasmücke, die zu weit auseinander liegenden Brutpopulationen (z.B. Finnland und Südwestdeutschland) mit verschieden langen Zugwegen gehören. P. Berthold fand in Kreuzungsexperimenten Vererbung entsprechend der Mendelschen Gesetze, also den Beweis für die genetische Codierung der Komponenten der Vektornavigation.

In den zwei oder drei Wochen bevor ein Jungvogel zu seinem ersten Herbstzug aufbricht und in den ersten Wochen nach seiner Ankunft im Überwinterungsgebiet findet eine sogenannte „navigatorische Prägung" statt. Auf welche Umweltvariablen, astronomische, geophysikalische, topographische etc. er geprägt wird ist noch unbekannt. Die Prägung erlaubt es aber dem Vogel, von da an zum Ort der Prägung zurückzukehren, also „echt" zu navigieren wenn er verfrachtet, verdriftet worden oder ganz einfach auf normale Weise weggezogen war. So haben sich z.B. die von Perdeck verfrachteten Jungstare im nächsten Frühjahr mehr oder weniger im angestammten Brutgebiet zur Brut eingestellt und sie haben in den folgenden Wintern das durch die Verfrachtung neu etablierte Wintergebiet, also Südwest-Frankreich, Spanien und Portugal angesteuert und nicht das angestammte ihrer Eltern in England, Nordwest-Frankreich und Irland. Diese Vektornavigation ist das erste und einzige weitgehend klar herausgearbeitete Stück des gesamten Puzzles vom Orientierungsvermögen der Vögel.

Wie fest Zugrichtungen - und Entfernungen populationsspezifisch genetisch codiert sind beleuchtet besonders eindrucksvoll das Beispiel unseres Steinschmätzers, gleichzeitig mit einem kleinen Einblick in die Problematik, wie Vogelzug phylogenetisch entstanden sein könnte. Der auch bei uns brütende Steinschmätzer ist vermutlich seit der letzten Eiszeit von Portugal bis Sibirien vorkommend ein eurasischer Brutvogel. Sein Überwinterungsgebiet liegt in Ostafrika und der arabischen Halbinsel. In den letzten paar tausend Jahren erobert er den amerikanischen Kontinent von zwei Seiten, nach Osten über die Behringstraße nach Alaska und nach Westen über Island und Grönland in das nordöstliche Kanada. Nach wie vor überwintern alle Steinschmätzer im angestammten Wintergebiet in Ostafrika und der arabischen Halbinsel. Die Angehörigen der in Alaska brütenden Population fliegen dabei den Weg der jüngsten Ausbreitung zurück nach Westen über die Behringstraße und Sibirien. Ebenso ziehen die Steinschmätzer aus Nordost - Kanada nach Südosten über den Atlantik und die westlichen Küsten von Europa und Afrika. Dadurch kommt, nebenbei bemerkt, der längste Nonstopflug eines landgebundenen Kleinvogels über Wasser zustande. Von ganz vereinzelten Ausnahmen abgesehen, haben es die nordamerikanischen Steinschmätzer bisher nicht "geschafft", aus ihren Brutgebieten neue und einfachere Zugwege nach Süden durch Nordamerika in geeignete Wintergebiete in Mittel- oder Südamerika zu finden. Die genetische Information ist zu fest codiert. Mutter Natur arbeitet aber nie mit absoluter Präzision sondern immer mit einem mehr oder weniger großen Streubereich. In den fallen die bisher nur einzelnen nordamerikanischen Steinschmätzer, die auf dem Herbstzug südlich ihrer Brutgebiete in Nordamerika ab und zu immer wieder gesehen werden. Wenn im Evolutionsgeschehen erfolgreich, wird sich dieser neue Zugweg eines Tages durchsetzen und die neuen nordamerikanischen Populationen mit Winterquartieren in Mittel- oder Südamerika von den alten eurasischen abspalten.

So weit ein ganz kleiner Ausschnitt aus den Forschungen an Vögeln aus dem sehr weiten Gebiet der Orientierung im Raum. Die Orientierungsleistungen mancher Tiere, z.B. der Honigbiene oder von Wüstenameisen oder das Orientierungssystem von Lachsen im Binnenteil des gesamten Wanderweges sind schon weitgehend erforscht. Bei den meisten anderen, z.B. den Laichwanderungen von Kröten, Fröschen, Meeresschildkröten, Aalen oder dem pelagischen Teil der Lachswanderungen ist die Orientierungsfrage noch weitgehend unbeantwortet.

Und so ist auch der derzeitige Stand der Erforschung der Langstreckennavigation bei Vögeln. Während der Mensch längst fähig ist, Raketen über tausende von Kilometern auf 100m genau ins Ziel zu steuern können wir noch nicht befriedigend erklären, wie ein Zugvogel oder eine Brieftaube über wenige hundert Kilometer den heimatlichen Brutplatz findet.

Prof. Dr. Klaus Schmidt-Koenig (Biologie)

Hermann Schönthal

Zur Prävention in der Medizin

Vorbemerkungen

Der Geist der Medizin ist leicht zu fassen, so spotteten mit Goethe einige Klassenkameraden, als sie hörten, daß ich Medizin studieren werde. Ich konnte und wollte ihnen nicht widersprechen. Zu vage und möglicherweise idealistisch waren meine Vorstellungen vom künftigen Beruf. Doch es beschäftigte mich damals sehr, warum meine Mutter jahrzehntelang wegen eines seinerzeit nicht korrigierbaren Herzklappenfehlers körperlich wenig belastbar war, einige black outs hatte, letztlich ans Bett gefesselt war und warum mein Vater bedingt durch eine große Schilddrüse bei jedem Infekt in Zustände schwerer Atemnot geriet. Ebenso erschütterte mich, weshalb die Mutter meines Freundes oft wegen eines diabetischen Koma als Notfall in die Klinik eingewiesen wurde, Jahre später wegen Diabetes erblindete und trotzdem ein fröhlicher, heiterer Mensch blieb. Ferner faszinierte mich Albert Schweitzer, der unter primitiven Bedingungen in Äquatorialafrika lebte und praktizierte, ohne an all den scheußlichen Tropenleiden - allein 3 Millionen Menschen, meist Kinder sterben jährlich an Malaria - zu erkranken und seinen spärlichen Urlaub in Europa zu Vorträgen oder Orgelkonzerten nutzte. Es interessierte mich auch jene seltsame Erkrankung, die wir als Gicht bezeichnen und die bereits der Altmeister der Medizin, Hippokrates, als Podagra bzw. Cheiragra genau diagnostizierte, und die im Neuen Testament Anlaß zu einem Wunder - Heilung eines „Gichtbrüchigen" - gab. Bei der Lektüre eines Buches über Blut fand ich wiederum den Namen Perniziosa aufregend, womit man eine besonders gefährliche Form einer Anämie klassifizierte. Es kam schließlich die eigene Erfahrung einer infektiösen Gelbsucht (1942) hinzu, wo der vom „Endsieg" der Deutschen überzeugte praktische Arzt prognostizierte: „Du wirst nicht eher blaß, bis Stalingrad fest in deutschen Händen ist". Ich wäre heute noch gelb. Insgesamt betrachtet war ich 1950 froh, dem Gymnasium entronnen zu sein und dieses notwendige Übel hinter mich gebracht zu haben. Denn wir hatten je 5 Jahre Schulzeit im inhumanen 3. Reich und in der entbehrungsreichen Nachkriegszeit erlebt und erlitten. Im übrigen konnte ich einfach diese Sprüche: „Dulce et decorum est, pro patria mori" (Süß und angenehm ist es, für das Vaterland zu sterben) ; „ο μη δαρεισ ουκ παιδευεται"(Der nicht Geschundene wird nicht erzogen); „Wer immer strebend sich bemüht, den können wir erlösen" und „ Wen der Herr lieb hat, den züchtigt er" nicht mehr hören. Denn, von den freundschaftlichen Begegnungen mit den Klassenkameraden abgesehen, lag meine Welt außerhalb der Schule. Das Studium der Medizin und die spätere berufliche Tätigkeit wirkten wie eine Befreiung vom öden Joch der Paukerei, der Bevormundung durch einige nationalsozialistische, danach opportunistisch - christlich -„römischgefärbte" Lehrer. Wenn ich nun heute auf die vergangenen 50 Jahre erlebter Medizin[59] zurückblicke, so merke ich die Rasanz in der Entwicklung und im Fortschritt von Diagnostik, Therapie, Prävention und Rehabilitation, den 4 Säulen der modernen Medizin, wobei die beiden letztgenannten Bereiche erst seit etwa 1960 zunehmende Bedeutung erlangten. Wegen der Fülle medizinischer Daten, Fakten und Forschungsergebnissen begnüge ich mich im folgenden mit der Darstellung von Chancen und Problemen der Prävention von Erkrankungen. In diesem Rahmen wiederum beschränke ich mich auf die derzeit mögliche Prophylaxe der eingangs erwähnten beispielhaften Erkrankungen: Herzfehler, Struma, Diabetes, Hepatitis, Malaria, Perniciosa und Gicht.

Prävention von erworbenen Herzklappenfehlern

Man unterscheidet heute angeborene von erworbenen Herzklappenfehler. Letztere entstehen meist bei Jugendlichen im Verlauf eines rheumatischen Fiebers in 2 Stufen, nämlich durch einen bakteriellen Infekt (hämolysierende A- Streptokokken), der sich in Form einer eitrigen Angina an den Mandeln abspielt und dort Toxine freisetzt. Diese gelangen ins Blut und lösen eventuell vorübergehend an den Gelenken oder bleibend an den Herzklappen bzw. Herzmuskel Entzündungen (rheumatische Endokarditis) nach Art einer sog. Antigen / Antikörperreaktion aus. Danach schrumpfen die befallenen Klappen, werden eng (Stenose) oder schließen unvollständig (Insuffizienz). Meine Mutter

[59] H. Schönthal: Praxis der Differentialdiagnose innerer Erkrankungen. E. Fischer, Heidelberg 1991

hatte ein solches Mitralvitium, also ein Leck mit einer eingeengten Klappe, die sich zwischen linkem Vorhof und Herzkammer befindet. Das Blut staut sich dann vor dem linken Ventrikel im vergrößerten Vorhof und im Lungenkreislauf, der die rechte mit der linken Kammer verbindet. Dadurch wächst das Risiko, daß das rechte, eh schon muskelschwache Herz als Pumpe, die durch gesteigerte Druckentwicklung den erhöhten Klappenwiderstand überwinden soll, versagt. Eine weitere Gefahr ergibt sich durch den vergrößerten linken Vorhof, dessen Überdehnung zu Herzrhythmusstörungen - Vorhofflimmern, Vorhofflattern - oder zu lokaler Thrombose im Herzen und zu entsprechenden Embolien am Gehirn, Darm, Niere oder an den Extremitäten führt. Die derzeitige Prävention eines rheumatischen Fiebers und anschließender Herzerkrankung mit Klappenfehler kann nun wie folgt geschehen: Durch gezielte Behandlung mit Antibiotika, welche die Bakterienwände zerstören und die eitrige Mandelentzündung verhindern, gelangen weder bakterielle Toxine ins Blut, noch bilden sich gegen Bakterien gerichtete Antikörper. Die Klappen bleiben intakt, zart und funktionstüchtig. Ein anderer Weg zur Prophylaxe von Herzklapppenfehlern besteht in der Tonsillektomie, der chirurgischen Entfernung der Mandeln. Den Streptokokken fehlt dann quasi der Nährboden zum Andocken, Haften und Ingangkommen einer Infektion. Durch diese beiden präventiven Maßnahmen gelingt es in der Tat, die Zahl a) der Patienten mit erworbenen Herzklappenfehler von Jahr zu Jahr und b) der nachfolgenden Herzoperationen (Klappenersatz) zu verringern. Da aber die teuren Antibiotika Nebenwirkungen wie Allergien oder Resistenzen erzeugen können und jeder operative Eingriff, wenngleich ein bisweilen minimales Risiko darstellt, ist es gegenwärtig zwar noch ein begrenzt erreichbares, keineswegs utopisches Ziel , durch die Prävention das rheumatische Fieber und die möglichen Folgeschäden am Herzen völlig auszuschalten.

Doch selbst wenn ein Herzklappenfehler bereits besteht, ist mittlerweile eine längerfristige, zusätzliche Prävention sinnvoll. Man sollte zunächst prüfen, ob die Enge der Klappe als hochgradig (Knopflochstenose) oder leichtgradig einzustufen ist, was man heute ohne Herzkatheter und ohne Gefährdung des Patienten mittels der Echokardiographie zu leisten vermag. Ferner gilt es, den Chirurgen zu informieren, ob eine verengte Klappe unter den Bedingungen einer Hypothermie gesprengt werden kann oder wegen gleichzeitig bestehender massiver Insuffizienz unter Einschaltung einer Herz - Lungenmaschine vollständig ersetzt werden muß. Erst wenn das mechanische Klappenhindernis und die damit verbundene Erweiterung des linken Vorhofs beseitigt ist, glückt die Korrektur einer Herzrhythmusstörung , sowie die Vermeidung von Herzthromben und bedrohlichen Embolien. Ebenso ist dann die Gefahr eines Herzversagens wegen Druck.- oder Volumenüberlastung behoben. Wird der Herzklappenfehler operativ nicht beseitigt, greifen die Medikamente zur Rhythmisierung der Herzaktionen, zur Sicherung des Herzminutenvolumens , des Gasaustausches in der Lunge und zur Stabilisierung des Kreislaufes nicht. Lediglich Thrombosen und Embolien können in dieser Phase der Herzerkrankung durch Dauerbehandlung mit gerinnungshemmenden Substanzen verhindert werden. Aber, allein schon diese Therapie hat wahrlich in den letzten 30 Jahren viele Menschen vor Schlaganfällen, Lähmungen und Siechtum bewahrt.

Prävention von Schilddrüsenerkrankungen

Früher gehörte es in vielen Gegenden Deutschlands, Österreichs und der Schweiz zum „guten Ton“, sprich zur durchschnittlichen Norm, daß man zeitlebens einen Kropf trug. So hatte auch mein Vater ca. 5o Jahre lang mit Schilddrüsenerkrankungen zu tun, die sich auf dem Boden einer Jodmangelstruma entweder nach Art einer Überfunktion wegen toxischem Adenom oder durch eine zusätzliche mechanische Behinderung der Luftröhre (Säbelscheidentrachea in Höhe der Schilddrüse) mit extremer Atemnot auswirkten. Wenn im Verlauf eines grippalen Infektes die Schleimhaut der Luftröhre zusätzlich anschwoll, drohte jedesmal die Gefahr einer Erstickung, die man akut nur durch einen gewagten Schnitt (Coniotomie) quer durch die große und maximal durchblutete Schilddrüse in die Luftröhre und Einbringen einer Kanüle hätte vermeiden können.

In der Schweiz ist es mittlerweile gelungen, durch konsequente Jodprophylaxe mit 5 g Jodsalz / Tag oder einer Tablette Jodid à 100µg / Tag die Entwicklung von Jodmangelkröpfen zu stoppen. Dadurch entfallen dort zahllose Schilddrüsenoperationen bei Erwachsenen, die Risiken einer Überfunktion der Schilddrüse und ständige Behandlungen mit Hormonjod, welche die Unterfunktion der Schilddrüse kompensieren. Ebenso werden häufige Laboruntersuchungen mit zum Teil radioaktivem Material entbehrlich. Es genügen in der Regel harmlose sonographische Untersuchungen, um das Volumen des Organs (Norm: < 25 ml) zu messen und 3 bis 4 einfache

Laborteste ohne radioaktive Substanzen, gelegentlich Punktionen von sog. kalten Knoten, um die wesentlichen Schilddrüsenerkrankungen diagnostisch zu erfassen. Noch vor 20 Jahren gehörten umfangreiche Radiojodteste zum Routine - Standardprogramm der Schilddrüsenunter-suchungen. Es stimmt demnach nicht, daß die Diagnostik und Prävention in der Medizin immer komplizierter und aufwendiger wird. Leider zählt Deutschland noch immer zu den Entwicklungsländern, was die Jodprophylaxe der Schilddrüsenmangelkröpfe angeht. Man kann es nicht verstehen, daß Großbetriebe oder Kantinen aus Kostengründen immer wieder Speisesalz ohne Jod verwenden und Studenten nur die Hälfte des täglichen Jodbedarfs zu sich nehmen. Wirkungsvolle Prävention gelingt eben nur, wenn der Gesunde, die schwangere Frau oder der fakultative Patient die rationell dargelegte Vorsorge bejaht und zuverlässig täglich durchführt.

Prävention von diabetischen Erkrankungen

Etwa 4 Millionen Diabetiker leben in Deutschland, wobei 2 Millionen an einer Zuckerstoffwechselstörung leiden, ohne daß familiäre, genetische Voraussetzungen oder frühkindliche Erkrankungen (Röteln, Mumps), welche die Bauchspeicheldrüse und damit die Insulinbildung behindern, abgelaufen sind. Diese Hälfte der Diabetiker hat die große Chance gesund zu bleiben und im Schnitt 10 Jahre länger zu leben, wenn sie die Maßnahmen der Prävention ab dem Erwachsenenalter befolgt. Dazu gehören:

1.) Die Blutzuckerwerte (90-110 mg%) und das HbA1c (4- 6%)sollten nicht allzusehr von der genannten Norm abweichen. Denn jede Überzuckerung (Hyperglykämie) verdickt die Gefäßwände der dünnen Kapillaren bsp. am Auge, Fuß, an den Nieren und Nerven, erschwert somit nach Art einer Mikroangiopathie den dortigen Austausch zwischen Blut und Gewebe.

2.) Die tägliche Diät eines Erwachsenen sollte 2ooo Kalorien nicht überschreiten, auf 6 kleine Mahlzeiten verteilt werden und sich aus 50% langsam resorbierbaren Kohlehydraten wie Mischbrot, Reis, Kartoffel, 30% Fetten und 20% Eiweiß, ca. 1g / kg Körpergewicht, aus Ballaststoffen und Vitaminen zusammensetzen.

3.) Neben der konsequent durchgeführten medikamentösen Therapie und exakt eingehaltenen Diät spielt die Konstanz im Tagesablauf, was körperliche Belastung und Stress betrifft, eine entscheidende Rolle. So sehr eine leichte, regelmäßige Bewegungstherapie (Gehen, Schwimmen, Tanzen) oder eine wenig strapaziöse körperliche Tätigkeit im Beruf und Freizeit der Muskulatur, dem Kreislauf einschließlich dem Abbau erhöhter Blutzuckerwerte nützt, so sehr schaden extreme körperliche Belastungen, Stress, Nikotinabusus oder jedes Rekordstreben, weil dadurch gefährliche Unterzuckerungen oder Übersäuerungen mit Komafolgen entstehen. animo aequo lautet auch hier die richtige Devise.

4.) Bereits in der Jugend sollte man beginnen, jedes Übergewicht zu vermeiden oder durch Kalorienreduktion um 50% - FdH - zu senken. Insulin nämlich verliert praktisch in dem Maß seine Wirkung, in dem man Fett statt Muskulatur ansetzt. Es entsteht dann ein metabolisches Syndrom, wo es außer zur Hyperglykämie und Adipositas zu einem Anstieg der Blutfettwerte, sowie zu einem Hochdruck kommt. Dies begünstigt frühe und gefährliche Gefäßveränderungen wie Infarkte, Schlaganfälle und andere arteriosklerotische Gefäßkomplikationen.

Die Mutter meines Freundes erkrankte an einem Diabetes I, der bereits in der Jugend durch hohen Durst, extreme Müdigkeit, Mangel an Insulin, hohe Blutzuckerspiegel, Neigung zum Koma auffiel und schließlich zur Erblindung führte. Derzeit gibt es zwar immer noch keine effektive Prävention dieses Diabetes. Doch hat es sich gezeigt, daß eine intensivierte Behandlung mit Insulin, Diät und Blutdruck senkenden Medikamenten beginnende diabetische Veränderungen am Auge wie Netzhautblutungen, bzw. an der Niere wie Mikroalbuminurie bremsen kann. Ebenso vermag ein in Kursen, Diät und Bewegungstherapie geschulter, in Selbstkontrolle sich vor den Komata der acetonämischen Überzuckerung (Blutzucker > 400 mg%) oder der Unterzuckerung (BZ < 50 mg%) zu schützen und entsprechend gegenzusteuern. Sogar im Fall einer fortgeschrittenen diabetischen Retinopathie, wo die Netzhaut von Blutungen übersät und entsprechend vernarbt ist, kann das Schlimmste - die Erblindung - durch Laserkoagulation oder andere augenoperative Maßnahmen heute verhindert oder gemildert werden.

Prävention entzündlicher Lebererkrankungen

Mit der Entdeckung der verschiedenen Gelbsucht - Viren, besonders der Erreger der Hepatitis A, B oder C sowie des Australia - Antigens gelang während der letzten 3 Jahrzehnte ein entscheidender Durchbruch in der Diagnostik, Therapie und Prävention der entzündlichen Lebererkrankungen. Denn die Hepatitis A und B kann derzeit durch Impfungen verhütet werden, während ein effektiver Impfstoff gegen Hepatitis C noch nicht existiert.

Die durch Tröpfcheninfektion oral übertragene Hepatitis A, an der ich als Schüler erkrankte, verläuft im allgemeinen harmlos, ohne wesentliche Narben bzw. Verluste an Leberfunktion zu hinterlassen. Als Kind verschläft man sie geradezu.

Anders steht es um die Hepatitis - B - Infektionen, welche früher meist durch Bluttransfusionen oder inadaequates Spritzenbesteck, das Drogensüchtige verwenden, übertragen wurde. Selbstheilungen sind dabei äußerst selten. Es drohen vielmehr chronische Hepatitiden mit Lebercirrhose oder Leber - Koma, auch in manchen Einzelfällen ein besonders bösartiger Leberkrebs. Die in meinen Augen medizinische Großtat der letzten 20 Jahre bestand darin, daß eine Hepatitis B durch Impfungen nicht nur unterbunden wird , sondern darüber hinaus weder ein Leber - Koma, noch ein maligner Leberkrebs bei den so Geimpften entstehen kann. Was liegt näher, als diese Wunderwaffe in der Prävention einer Hepatitis B bei allen jungen Menschen einzusetzen? Leider aus Kostengründen bislang noch eine Utopie, gleichwohl die Behandlung einer chronischen Hepatitis oder einer Lebercirrhose astronomische Geldsummen verschlingt.

Prävention der Malaria

In ähnlicher Weise scheitert immer noch eine sinnvolle Prävention der Malaria („schlechte Luft") , weil die finanziellen Mittel zur Erforschung der Malaria, zur regionalen Bekämpfung der Moskitos, einschließlich ihrer Feucht - Biotope im subtropischen / tropischen Klima, ebenso wie zur Verhütung von resistenten Malariaerregern etwa im Gegensatz zur Förderung der Krebsbekämpfung dürftig fließen, obgleich ca. 300 Millionen Menschen an Malaria leiden und jährlich ungefähr 3 Millionen, meist Kinder an Malaria sterben. Eigentlich gehen sie nicht an der Tropenerkrankung zu Grunde, sondern an einem erbärmlichen Hungertod. Infolge hoher Fieberschübe verlieren sie reichlich Kalorien durch vermehrte Wärmeabgabe und Schweißausbrüche, deren Ersatz ca. das 5-fache der normalen Ernährung erfordert. Therapie und Prävention der Malaria bleiben demnach erfolglos, solange die finanziellen Mittel zum Stillen des Hungers in der ärmsten Welt nicht zur Verfügung stehen und von den reichen Ländern „dank" falscher inhumaner, politischer Entscheidungen wie bsp. NASA / ESA nicht zugunsten einer Welthungerhilfe bereitgestellt werden. Auch die Kirchen, die hierzulande sich vehement für den Schutz der ungeborenen Kinder einsetzen, tragen ein gerüttelt Maß Mitverantwortung am Elend der Malaria verseuchten Bevölkerung, wenn sie nicht genug dazu beitragen, deren soziale Misere im eigentlichen Sinn von Misereor, Caritas und Brot für die Welt zu beseitigen. Die ganze Rigorosität und der Zynismus unsrer modernen Gesellschaft zeigt sich exemplarisch an manchen Eßgewohnheiten von einigen Gourmets, die Froschschenkel bsp. aus Indien ordern und verzehren, so daß die Anopheles Mücken und deren Larven, die sonst von den Fröschen gefangen werden, sich uferlos vermehren und zur endemischen Plage werden.

Selbstverständlich gibt es neben diesen eher allgemein - präventiven Maßnahmen zur Eindämmung der Malaria für Touristen oder zeitweilig in den Tropen Tätige die Notwendigkeit, auch die konkrete, medikamentöse Prophylaxe exakt durchzuführen, um sich nicht ernsthaft zu gefährden. Im Blick auf die zunehmende Zahl an tödlichen Malariaverläufen in Europa sind wir als Ärzte aufgerufen, bei wie auch immer erkrankten Rückkehrern aus Afrika und Südasien zunächst eine Malaria tropica, die wegen Resistenzen unangenehmste Plasmodien - Infektion mittels Schnelltest zu sichern oder auszuschließen.

Übrigens muß man einen Teil der heutigen medikamentösen Mißerfolge bei der Bekämpfung der Malaria tropica dem Vietnamkrieg anlasten. Denn durch die damals angewandten Entlaubungsmittel hat sich, sofern die Mücken überlebten, das Erbgut einiger parasitärer Plasmodien so verändert, daß die bislang wirksamen Chininpräparate nur bedingt taugten und andere aggressivere Antimalariamittel therapeutisch eingesetzt werden mußten. Auch die Tatsache, daß nicht wenige amerikanische Soldaten in Vietnam statt 2 Chinin enthaltender Tabletten nur 1 Pille /Tag wegen leichter Magenbeschwerden einnahmen, förderte das weltweite Ingangkommen und die Übertragung der Malaria tropica und deren medikamentöse Resistenz .

Vielleicht wird es in absehbarer Zeit möglich sein, durch Impfungen und spezielle Arzneimittel die Therapie und Prävention der Malaria wirkungsvoller als heute durchzuführen. Gerade aus der jüngsten Heidelberger und Gießener Forschung kommen hierzu ermutigende Experimente und Beiträge. Beispielsweise geht es darum, das Andocken der während eines Fieberanfalls frei werdenden und im Blut kreisenden Plasmodien an intakte rote Blutkörperchen zu verhindern. Wenn die Errreger einmal in die kernlosen roten Blutkörperchen eingedrungen sind, bleiben sie praktisch vor Medikamenten geschützt, da nur die in bezug auf den Stoffwechsel aktiven Zellen mit Kernteilung auf Antibiotika oder Zytostatika ansprechen. Wiederum gilt es, die Träger der immunologischen Abwehr, die von den Plasmodien geschickt ausgeschaltet werden, durch Medikamente wieder zu regenerieren und als Fernziel schließlich durch Impfungen die Infektionskrankheit im Keim zu ersticken.

Prävention der Perniciosa

Der „gefährlichen“ Anämie begegnete man früher relativ häufig. Die Kranken zeigten eine strohfarbene Blässe, hatten ständige Atemnot, die sich bei Belastungen verschärfte und landeten oft wegen Lähmungen oder Depressionen in Nervenkliniken. Seit der Entdeckung von Vitamin B12 hat die Krankheit aber ihre Schrecken verloren. Denn bereits eine Injektion von 1000 µg B12 i.m. / Monat genügt in der Regel, um die Krankheit zu heilen und den Patienten ein langes Siechtum in Anstalten zu ersparen. Damit ist in Analogie zum Diabetes die medikamentöse Therapie gleichzeitig die beste Prävention

Dennoch ergeben sich einige Probleme diagnostischer und präventiver Art, die bei der Perniciosa berücksichtigt werden sollen. Warum muß bsp. Vitamin B12 muskulär injiziert werden, wo alle andern Vitamine über die Kost aufgenommen werden ? Warum reicht eine B12-Spritze / Monat aus, wo sonst der Vitaminbedarf wegen fehlender Speicher täglich zu erneuern ist ? Was ist die Ursache einer Perniciosa, liegt eine Magen .- oder Darmveränderung vor, zumal ein Verlust an Magenschleimhaut bzw. saurem Magensaft das Ingangkommen eines bösartigen Magentumor begünstigt ?

Mittlerweile kennt man die unterschiedlichen Bedingungen eines Vitamin B12-Mangels und die spezielle Dünndarmregion, wo Vitamin B12 selektiv resorbiert wird. Wenn bsp. Vegetarier Fleisch meiden, fehlt in der Ernährung der Tagesbedarf von 1µg B12. Manche ältere Magenkranke entwickeln Antikörper gegen die eigenen Magenzellen, zerstören dadurch die Schleimhaut bis zur Atrophie und unterbinden so die Bildung eines Komplexes, der sich aus Vitamin B12, Calzium und Bestandteilen der Magenschleimhaut zusammensetzt. Würde freies, unverkapseltes Vitamin B12 in den oberen Dünndarm gelangen, wären die dort vorhandenen Myriaden von Bakterien in der Lage, das Vitamin B12 für ihr eigenes Wachstum aufzunehmen und dem Darm zu entziehen. Merkwürdigerweise gelangt dieser Vitamin B12-Komplex erst im letzten Abschnitt des langen Dünndarms (Länge von 3 bis 5 Meter mit einer Oberfläche von 2oo m2) kurz vor dem Übergang in den Dickdarm zur Aufnahme. Nur dort sind Zellen zur Resorption von Vitamin B12 angesiedelt und geeignet. Werden die letzten 10 cm des Dünndarms nämlich operativ entfernt oder durch chronische Darmentzündungen zerstört, kommt es auch zu einer Perniciosa. Allerdings vergehen etwa 1 bis 2 Jahre, bis die Krankheit auf Grund der Blässe auffällt. Denn die Gesunden verfügen in der Leber über einen Vitamin B12 Speicher von etwa 1000 µg. (Die sonstigen Vitamine wie A, B1, B6, C, D etc. können bekanntlich nicht gespeichert und müssen täglich durch die Ernährung ersetzt werden). Lebererkrankungen hingegen zeichnen sich durch nur noch geringe Vitamin B12-Vorräte aus. Hier braucht man wöchentliche B12-Injektionen, um einer symptomatischen Perniciosa entgegenzuwirken. Wiederum verkürzen chronische Dünndarmentzündungen, die eine rasche Dünndarm - Passage oder salopp gesprochen einen Dünnpfiff hervorrufen, die Resorptionszeit zur B12-Aufnahme vorort.

So zeigt das Beispiel der Perniciosa, wie Diagnostik, Therapie und Prävention in der modernen, naturwissenschaftlich orientierten Medizin zusammengehören und einander ergänzen, um letztlich zur Gesundung oder Rehabilitation der Patienten beizutragen.

Prävention der Gicht

Die seit Hippokrates als Podagra oder Cheiragra bekannte Gicht stellt heute in unsrer Wohlstandsgesellschaft nach dem Diabetes die 2. häufigste Stoffwechselerkrankung dar. Sie trat in der

Nachkriegszeit kaum in Erscheinung, weil damals Fleisch.- und Wurstwaren einschließlich Innereien, sowie Alkohol zu den Mangelwaren zählten. Die Krankheit bewirkt eine plötzliche, asymmetrische, schmerzhaft gerötete Schwellung mit bevorzugtem Befall von Großzehen.- oder Kniegelenken. Sie löst ferner wegen Nierensteinen heftige, zur Leiste ausstrahlende Koliken aus. Es kommt zur Gicht, wenn zuviel Harnsäure, das Endprodukt im Purinabbau, anfällt oder in der Niere, genetisch bedingt, zu wenig Harnsäure ausgeschieden wird. In beiden Fällen steigt die Harnsäurekonzentration im Blut auf kritische Werte > 8mg%. Dadurch wächst die Gefahr, daß die schwerlösliche Harnsäure in spitzen Nadeln besonders in den Gelenken und Nieren kristallisiert. Diese Ablagerungen reizen wie Spreißel die Umgebung oder verstopfen die Harnwege.

Die Prävention der Gicht wäre einfach und optimal, wenn die meist beleibten Kranken, die oft lukullisch leben und die Genüsse dieser Welt (Fleischverzehr, Innereien, Meeresfrüchte, Alkoholika etc.) voll auskosten, sich normal ernährten, an Gewicht abnehmen, auf Innereien, sowie Alkohol verzichten und 1 Tablette Allopurinol / Tag einnehmen würden. Das Medikament trägt dazu bei, daß an Stelle der im Blut / Gewebe schwer löslichen Harnsäure die chemische Vorstufe Hypoxanthin gebildet wird. Diese Substanz bleibt stets in Lösung und wird von der Niere problemlos ausgeschieden. Somit verschwinden unter Allopurinol allmählich auch die Gichtdepots (Tophi). Die Heilung wäre also komplett und eine zusätzliche Prävention erübrigte sich. In Wirklichkeit verhalten sich die Gichtpatienten ganz im Kontrast zu andern chronisch Kranken, medizinisch gesehen, unvernünftig. Sie ändern leider trotz aller Belehrungen ihre Eßgewohnheiten oder Trink(un)sitten nicht, vergessen sogar, die einzige ihnen empfohlene Allopurinol Tablette täglich zu schlucken. Sie nehmen statt dessen in Kauf, daß sie öfters Krankenhausaufenthalte zur Nierensteinzertrümmerung brauchen und zeitweise wegen schier unausstehlicher Gelenkbeschwerden kaum sich bewegen können. (Der Spruch eines unsrer zynischen Griechisch - Lehrer, der unsre Kenntnisse als Schüler stets kritisierte: „αντι τησ μωριασ οι θεοι μαχην μαχουσι“: Gegen die Dummheit kämpfen selbst Götter vergebens, hätte in bezug auf Gichtpatienten eine gewisse Berechtigung).

Was die hohe Zahl der wenig kooperativen Gichtpatienten in unsrer Zeit angeht, kann man wohl davon ausgehen, daß besonders der reichliche Genuß von Alkohol oder unvergorenen Fruchtsäften als überwiegender Auslöser einer Gicht in Betracht kommt, während der Verzehr von Innereien und Unmengen von Fleisch nicht mehr zu unsrer Zeit paßt. Dagegen bleibt wohl die Zahl der Familien mit genetisch erklärbarer Gicht eher konstant und niedrig.

Übrigens und nebenbei bemerkt, unterlief dem genialen Melanchthon wohl eine zweifelhafte Deutung der im Neuen Testament beschriebenen Heilung eines „Gichtbrüchigen“. Jener Patient erkrankte nämlich nicht an der seit Hippokrates diagnostizierbaren Gicht, sondern war offensichtlich gelähmt (paralytikos), was natürlich das Wunder der Heilung in keiner Weise schmälert.

Schlußbemerkung

Eine sinnvolle, seit den letzten 50 Jahren mögliche Prävention schwerer Erkrankungen setzt ein klares Konzept hinsichtlich der Diagnostik und medizinisch begründbarer Maßnahmen (Medikamente, Operationen, Diät, Physikalische Therapie, Kurse zur Selbstkontrolle u.a). voraus. Ferner geht es um die kluge Einsicht und vertrauensvolle Mitarbeit des mündigen Patienten, das Geschenk seiner Gesundheit im wohlverstandenen Eigeninteresse zu erhalten und Krankheiten, sofern sie durch die moderne Medizin, besonders mit den Möglichkeiten der Prävention korrigiert, günstig beeinflußt oder gelindert werden, als Chancen zur Heilung zu begreifen. Dem Ideal der Griechen vom Schönen und Guten möchte ich - Einstein folgend - die Relativität alles Biologischen einschließlich der Krankheiten entgegensetzen, was für den Mediziner eine ständige Herausforderung bedeutet, für den Kranken Wege öffnet, Nihilismus und Fatalismus zu überwinden und gemeinsam mit seinem heilkundigen Arzt trotz Krankheit oder Behinderung das Menschenmögliche an Lebensqualität und Lebensdauer zu erreichen.

Prof. Dr. Hermann Schönthal (Innere Medizin)

Josef Engelbert Weber

„Der Ruck durch Deutschland"

1.

Durch Deutschland muß ein Ruck gehen, sagte der Alt - Bundespräsident. Was ist ein Ruck? Ein Ruck ist eine geplante, plötzliche, gewaltsame Änderung der Richtung oder der Geschwindigkeit (z.B. aus dem Stillstand) eines Gegenstandes; wenn in der Landwirtschaft ein Wagen in einer Vertiefung steckengeblieben ist, hilft nur ein ruckweises Anpacken mehrerer Helfer, die eingesehen haben, daß nur ein Ruck den Wagen wieder in Bewegung bringen kann, und die den gemeinsamen Willen haben, ihre jeweilige körperliche Anstrengung in einem Ruck zu bündeln. Sie wissen, daß alle, auch sie, von der gemeinsamen Anstrengung profitieren, wenn der Wagen wieder rollt. Andererseits kennen sie diejenigen, die den Wagen in den Dreck gefahren haben, durch Eigennutz (Funktionäre der verschiedensten Art), durch Dummheit und Machtgier(Politiker), durch Denkfaulheit und Beharrungsvermögen (staatl. Verwaltung), und erwarten von diesen besondere Anstrengungen beim Ruck.

Und noch einmal die Elemente eines Ruckes:

a) Der Karren steckt im Dreck.

b.) Es besteht der Wille, ihn wieder flott zu machen.

c). Es existiert ein gemeinsamer Wille aller, bzw. er läßt sich durch eine Persönlichkeit erzeugen,

d.) Jeder weiß, es kostet erhebliche und schmerzliche, über das normale hinausgehende Anstrengung

e.) Alle wissen, daß die Kräfte gebündelt werden müssen, unter einem Ruck - Kommando

f.) Es besteht Einigkeit über das Ziel und die Richtung,

g.) Alle spüren die gemeinsame Verantwortung, durch den Ruck das Ziel zu erreichen.

Warum ist ein Ruck notwendig:

Die 4 Millionen offiziellen Arbeitslosen und die noch einmal fast 2 Millionen Arbeitsuchenden der verdeckten Arbeitslosigkeit repräsentieren ebenso viele Millionen grausame Schicksale. Sie müßten eigentlich eine Regierung - Politiker, Funktionäre, Verwaltung - in Panik versetzen, damit sie alles wegräumt, was eine Verbesserung behindert. Aber: von Panik keine Spur; den Politikern, den Funktionären und der Verwaltung geht es gut. Ein Ruck würde zwar dem Volke nützen, aber ihre eigene Idylle oder gar ihre Machtbasis zerstören. Wenn die Bevölkerung rebelliert und extreme Parteien wählt, wie in den neuen Bundesländern, wird die Schuld hin und her geschoben, die Schuld auf die extreme Partei und deren Hetzer geschoben, statt auf die miese Situation und diejenigen, die diese Situation verursacht haben.

Die Politiker denken und reden in Sprüchen und Beschimpfungen der jeweiligen Gegenseite,
die Funktionäre denken und reden in arbeitsrechtlichen Regelungen (z.B. Abbau der 610 DM - Jobs),
die Verwalter denken und reden in juristischen Schablonen (z.B. keine Restrukturierung von Behörden),

denn alle wollen ihre Positionen behalten und brauchen auf den Markt keine Rücksicht nehmen.

Was ein Ruck sicher nicht ist: ein allmähliches, vielleicht auch reformierendes Weiterentwickeln von Strukturen und Abläufen, welche die heutige Situation verursacht haben, und dann noch unter maßgeblicher Beteiligung derjenigen Personen - Politiker, Funktionäre, Verwalter etc.- die das Land in den heutigen Zustand hinein geführt haben. Was ein Ruck ebenfalls nicht ist: ein Mittel, um mit demagogischen Sprüchen den Wählerwillen zu sich hinüber zuziehen (z.B. CDU), bzw. die Wählergunst und damit die heutige Funktion zu behalten (z.B. SPD und Grüne).

Der Ruck müßte - auch fast 50 Jahre nach Erhard - heißen: die heute bestehenden Schleusen und Restriktionen öffnen für ein gigantisches Wirtschaftswachstum aus Investitionen, vergleichbar dem nach der Währungsreform, das damals imstande war, die Millionen Flüchtlinge und Vertriebenen in einen wirtschaftlichen Aufbruch zu führen und auch heute imstande wäre, die Arbeitslosigkeit zu verringern und die Infrastruktur für die Zukunft zu schaffen. Wirtschaftswachstum ist hierbei nicht nur der numerische Zuwachs im Volkseinkommen, bzw. im Sozialprodukt, sondern auch - und das in erster Linie - ein qualitatives Ziel. In den zivilisierten Ländern bedeutet es nicht die Vermehrung der Kühlschränke oder Waschmaschinen je Haushalt, sondern die Substitution vorhandener Güter durch Innovationen, in den unterentwickelten Ländern sind es Güter, die diesen zu einem lebenswerteren Dasein verhelfen könnten.

Heute jedoch wiederholt sich - so hat man besonders in Deutschland den Eindruck - der Chiliasmus der letzten Jahrtausendwende, diesmal nicht in Aufrufen zur Buße in Erwartung des Weltenendes durch die Herabkunft des Erlösers und Weltenrichters, sondern in den Prophezeihungen beamteter und daher abgesicherter Professoren oder deren saturierter Klientel über eine drohende Weltkatastrophe infolge der Überschreitung der Grenzen des Wachstums, die Zerstörung der Umwelt etc., verbunden mit der Forderung nach Nullwachstum und der zwangsweisen Verringerung der individuellen Mobilität und des individuellen Wohlstandes. Was gerne übersehen wird: auch die Beförderung eines Professors, z.B. als Belohnung für seine Prophetie, trägt zum Wirtschaftswachstum bei, trotzdem hört man selten von diesbezüglichen Verzichten. Der frühere Büßerprophet hat nach seinen Vorstellungen gelebt und gelitten, die heutigen Propheten heucheln nur. Mit einem - über Steuern den noch Arbeitenden zwangsweise abgenommenen - Garantieeinkommen als beamteter Prophet und Warner kann man es sich gut leisten, grün zu sein, und die "Nachhaltigkeit" des Ressourcenverbrauchs zu predigen.

So gelten auch die Städte mit hohem Anteil an Professoren, insbesondere der Geisteswissenschaften mit ihrer Klientel als Hochburgen der „Ökologie“, zu sehen am Beispiel Freiburg/Breisgau.

Der Büßerpessimismus von vor 1000 Jahren ist ein Pessimismus redivivus, allerdings jetzt als Professoren - Pessimismus. Hier handelt es sich um einen Pessimismus auf hohem Gehaltsniveau und auf gesetzlich fixierten sicheren Positionen. Ein Zyniker könnte sagen: „je weniger Anstrengung für das tägliche Brot notwendig ist, desto ausgeprägter der Pessimismus“.

Es ist ein Hohn auf die Menschenwürde von Betroffenen, wenn Arbeiter arbeitslos werden, falls z.B. ihre Kiesabbaufirma dicht machen muß, weil die Ausdehnung des Kiesabbaus wegen ein paar seltener Kröten oder Schmetterlingen von einer Behörde abgelehnt wird, welche die Folgen ihrer Entscheidung nicht selber spürt, und diese auch den Kröten und Schmetterlingen nicht dauerhaft nützt. Abschreckendes Beispiel: Leunabrücke in Frankfurt/Main. Ein weiteres Beispiel: ein Campingplatz im Schwarzwald, der für die Hälfte des Fremdenverkehrs der betreffenden Gemeinde sorgt, darf nicht um 30m in eine 800m breite Naturreservatzone hinein erweitert werden. Es ist das höchste Gefühl einer Behörde, wenn ein Gericht, das ein Bürger angerufen hat, ein Gebot oder Verbot der betreffenden Behörde bestätigt und dafür rein juristische Gründe angibt.

Eine Behörde, die nicht in der Lage ist, die wirtschaftlichen Folgen ihrer Erlasse abzuschätzen, ist noch viel weniger in der Lage, Naturprozesse wie Erhaltung oder Aussterben von Tieren oder Pflanzen vorauszusagen. Die heutige grüne Welle - wenn gegen die Interessen der Bevölkerung Naturreservate ausgewiesen und Wirtschaftstätigkeit, verbunden mit Straßenbau und anderen Infrastrukturinvestitionen, abgewiesen werden (Beispiel Oderreservat bei Schwedt)- degeneriert immer mehr zu den Methoden der Nazizeit. Die Ideologie ist wichtiger als das Wohlergehen der Bevölkerung.

Lassen wir wieder den Zyniker sprechen: „wenn man schon den Arbeitslosen die Beschäftigungsmöglichkeit verhindert, sollen sie wenigstens - natürlich nur auf vorgegebenen Pfaden - in diesen Reservaten die Natur genießen können".

Die Arbeitslosigkeit verringert sich nicht automatisch durch mehr Vorschriften des Staates oder mit Appellen der Politiker (auch nicht mit einem „Runden Tisch"), sondern nur dann, wenn die Unternehmen ihre Produktionsanlagen und Leistungspotentiale voll auslasten, aus Innovationen neue Absatzchancen erkennen und dann ohne bürokratische Hindernisse neue Anlagen bauen können. Und die Absatzchancen entstehen aus der Vielzahl von Einzelentscheidungen der Leistungsanbieter einerseits und deren Kunden andererseits. Auch der Sektor Dienstleistungen basiert auf einem industriellen Kern und nicht auf weiteren sozialen Diensten.

Der grausamste Wirtschaftsteilnehmer in der Marktwirtschaft ist nicht der Kapitalist, sondern in allen Bereichen der Verbraucher, auch der Wachstumskritiker, der bei seinen Einkäufen auf seinen eigenen Nutzen und nicht auf das Sozialverhalten des verkaufenden Unternehmens achtet. So kauft auch der obenerwähnte professorale Prophet seine Brötchen bei demjenigen Bäcker, dessen Waren ihm und seiner Familie am besten schmecken und nicht ausschließlich bei demjenigen, der seine Mitarbeiter und Lehrlinge besonders sozial behandelt, bzw. der aus Gründen des Umweltschutzes ohne Auto zu erreichen ist oder seinen Backofen nur mit Sonnenenergie statt mit Atomstrom heizt.

2.

Nicht nur die Volkswirtschaftler wissen, daß nur Investitionen auf deutschem Boden - sei es von deutschen oder von ausländischen Unternehmen - das Wirtschaftswachstum der kommenden Jahrzehnte und die Senkung unserer Arbeitslosenzahlen bewirken. Alle jedoch sehen, daß heutzutage viele Investitionen der deutschen Unternehmen im günstigeren Ausland stattfinden und daß die Direktinvestitionen der Ausländer in Deutschland auf einen Bruchteil der früheren Zahlen geschrumpft sind. Auch die Ursachen sind allgemein bekannt: hohe Lohnkosten (nicht unbedingt hohe Löhne), hohe Steuerlast, Vorschriftendickicht, starre Arbeitsbedingungen. Ziel müßte aber sein: Deutschland erringt für die inländischen und ausländischen Investoren wieder eine "Unique Position".

Maßstab aller wirtschaftlichen Tätigkeit ist der Markt. Und der Markt sind wir alle, die wir nur nach unseren eigenen Interessen und finanziellen Möglichkeiten Produkte und Leistungen kaufen und bezahlen.

Unternehmen, die etwas unternehmen und dem Markt anbieten wollen, prüfen die Investitionsvoraussetzungen nach den Kriterien dieses Marktes und des staatlichen Rahmens jeweils in einer Investitionsrechnung, ein Bestandteil jeder Investitionsüberlegung. Betrachten wir eine solche Investitionsrechnung etwas detaillierter:

Hauptkriterien sind:

Absatzchancen und -risiken des Marktes,
Kosten und Kostenrisiken der Produktion,
gesetzlicher Rahmen für Absatz und Produktion
Beständigkeit dieses staatlichen Rahmens

Daraus ergeben sich die folgenden Elemente einer Investitionsrechnung:

Höhe der Investition; dazu gehören auch z.B. die Kosten der Infrastruktur, der Umweltrestriktionen und die Opportunitätskosten bei einer Verzögerung der Investition durch Behörden,
die Lebensdauer der Investition, ungefährdet durch staatliche Eingriffe,
die Abschreibungsmodalitäten, auch diese ungefährdet durch den Staat,
Fixe und variable Kosten der Produktion (Lohnkosten sind immer mehr Fixkosten),

Absatzmengen und Markt- bzw. administrierte Preise während der Dauer des Betriebes,
Ertrags- und Kapitalsteuern und sonstige Abgaben
Kosten und Erträge des "Working Capital", etc.

Ergebnis dieser Rechnung ist der Cashflow, dieser diskontiert auf den Zeitpunkt der Entscheidung, damit erkannt werden kann. ob der planende Investor sein Geld statt in die Investition zu stecken, dieses lieber auf die Bank bringen oder dort liegen lassen soll, weil die Zinserträge als höher einzuschätzen sind, oder ins Ausland transferieren soll.

Diese Investitionsrechnung wird einer Sensitivitätsanalyse unterzogen. Diese prüft für jeden Parameter, um wieviel der diskontierte Cashflow sich verändert, wenn die jeweiligen Werte der Investitionsrechnung sich nach oben oder unten ändern. Und da kann es passieren, daß staatliche Auflagen in Deutschland bzw. staatliche Drohungen einer Sonderbesteuerung, die Genehmigungsdauer oder gar die Ankündigung eines Verbotes den einen oder anderen Parameter gegenüber den Verhältnissen in einem anderen Land verteuern und damit die Investition dorthin wandert. Sind dann in dem jeweiligen Land die ersten Investitionen durchgeführt und deren Infrastruktur einmal erstellt, so bleiben auch die folgenden Investitionen im selben Land, sofern sie dieselbe Infrastruktur benützen und die staatlichen Voraussetzungen dieses Landes sich nicht gravierend ändern. Hinzu kommt, daß Unternehmen vermehrt in denjenigen Ländern investieren und produzieren, wo auch ihre Märkte liegen; Erlöse und Kosten fallen im selben Währungsgebiet an. Es ist selbstverständlich, daß eine Umkehrung des heutigen Verhältnisses zwischen Investitionen der Ausländer in Deutschland und der Deutschen im Ausland (1997 = 1:9) viele Jahre wenn nicht Jahrzehnte dauern wird.

Kein Politiker oder Amtsleiter hat vor seiner Entscheidung über neue Gebote oder Verbote, die einen Einfluß auf laufende oder geplante Investitionen der Wirtschaft haben werden, je eine derartige Rechnung erstellt oder gar darauf aufbauend eine ländervergleichende Sensitivitätsanalyse durchgeführt. Weder Investionsrechnungen noch Sensitivitätsanalysen werden - verständlicherweise - von den Firmen veröffentlicht, so daß Politiker oder Amtsleiter die Konsequenzen ihrer Regelungen bzw. abrupter Änderungen von Regelungen auf die individuellen Unternehmensplanungen der einzelnen Unternehmen nicht beurteilen können, sondern nur in der Gesamtsumme sehen und jammern, wenn Firmen in das Ausland abwandern und in Deutschland Arbeitslose zurücklassen. Man kann darüber spekulieren, ob die Verwaltung überhaupt daran interessiert wäre, diese Berechnungen und Analysen zu kennen; ein professoraler Regierungskritiker könnte dann behaupten, die Regierung tanze am langen Seil der Wirtschaft.

3.

Die Bundesregierung ist - mit fast religiösem Eifer - eingeschworen auf die Teilnahme an der Währungsunion und den Startpunkt und will dafür die Maastricht - Kriterien genau erfüllen, sei es auch mit Buchungstricks, kreative Buchhaltung genannt, (die von den anderen Aspiranten, wie Italien, nicht bemerkt werden dürfen, weil sie diese dann ebenfalls anwenden könnten) oder durch die (versuchte) Höherbewertung der Gold- und Devisenbestände. Kaum ein staatlich besoldeter Wissenschaftler traut sich zu sagen, wir sollten die Währungsunion aufschieben und zuerst unsere Lage verbessern oder ehrlicherweise die Kriterien der gegenwärtigen Lage anpassen.

Die Politiker sehen auch noch nicht, daß auch nach der Euro - Einführung die Investitionen und damit die Steuereinnahmen dahin wandern, wo der Investor den höchsten Return erwartet, und das muß nicht in Deutschland sein. Denn der Euro hat zwei Wirkungen:

Die Transaktionskosten entfallen weitgehend, und das nicht nur für die Exporte deutscher Produzenten, sondern auch für die Importe aus ausländischer Produktion.
Die Markt- und administrierten Preise werden besser vergleichbar.

Nicht auszuschließen ist, daß Politiker und Verwaltung dann andere administrative Barrieren, z.B. an den Grenzen, aufbauen, wenn sie merken, daß wegen der gemeinsamen Währung und der dadurch gewonnenen Transparenz Verbraucher und Investoren noch mehr beginnen, aus Deutschland abzuwandern.

4.

Politiker, Funktionäre und Verwaltung wissen zwar um die miese Lage in Deutschland, um die Notwendigkeit eines Ruckes und geben Ratschläge, bzw. planen Maßnahmen, die sich jedoch im Rahmen der bisherigen Strukturen und Verfahren bewegen:

Alle sollen den Gürtel enger schnallen besonders die Arbeitslosen und Rentner
Die Lohnkosten sollen sinken, um die Arbeitslosigkeit zu halbieren
Das Staatsdefizit soll abnehmen, um die Maastricht - Kriterien zu erfüllen
Die Steuern auf Einkommen und
Unternehmenstätigkeit
sollen verringert werden, um Investitionen zu ermuntern (aber mit Gegenfinanzierung)

Das war's dann. Die Politiker gehen in Ferien, machen Wahlkampf, besuchen Parteiveranstaltungen, wählen Kandidaten für die nächste Wahl, etc.. ihre Hauptthemen sind zur Zeit die Steuerreform und die Parteienfinanzierung, weil man mit diesem Thema jeweils auf die andere Partei einschlagen kann. Die einen beschuldigen den Gegner, durch die Bundesratsblokade die „Reformen“ zu strangulieren und die Unternehmensinvestitionen weiter ins Ausland zu treiben, die anderen beklagen die soziale Kälte, wenn vorwiegend die Unternehmenssteuern gesenkt und bestehende Steuervergünstigungen für die "Reichen" beibehalten werden. Dabei ist die Steuerrate nur einer von mehreren Parametern der vorher erwähnten Investitionsrechnung.

Die Verwaltung, d.h. der Behördenapparat schlägt den Politikern Maßnahmen vor, die zwar oft versagt haben, aber viel Beifall finden und im Nebeneffekt der Verwaltung die Beschäftigung und die Macht sichern:

Umschichtung der Steuereinnahmen von direkten zu indirekten Steuern
Gegenfinanzierung einer Steuerreform durch Streichen von Vergünstigungen
Schließen von sogenannten "Steuerschlupflöchern"
strengere Kontrollen der steuerrelevanten Geldtransfers in „Steueroasen“
dafür insgesamt mehr Steuerfahnder
weniger Sozialleistungen für die Nutznießer der sozialen "Hängematte"
dafür mehr Kontrolleure
weniger 610-Mark Jobs ohne Sozialversicherung
Aufspüren von Scheinselbständigen, die keine Beiträge zahlen
oder allgemein: mit mehr Gesetzen und einer noch größeren Regelungsdichte

5.

Was wollen Politik und Verwaltung beim Rucken offensichtlich nicht ändern, in Einzelfällen sogar ausbauen und komplizieren ?

Die Struktur des Staatsaufbaues, z.B. Gliederung der Länder, Regierungsbezirke, Kreise; die Regierungsbezirke, die seit der Kreisreform nur 5 bis 7 Kreise „regieren“, könnten entfallen, weil diese deren Aufgaben genau so gut erfüllen.
Die Abläufe der Verwaltung und die Gliederung der Verwaltungsstellen; viele Amtsstellen könnten zusammengefaßt werden, da sie ähnliche Problemstellungen bearbeiten.
Das Rechnungswesen der Kameralistik; höchste Zeit in der Verwaltung eine Kostenrechnung einzuführen.
Das Beamtenrecht; Privilegien aus Kaiserzeit und Nazizeit, erweitert durch neue Vergünstigungen ohne Kontrolle.
Das Gewerberecht; jede Panne der Wirtschaft gebiert neue Vorschriften.
Das Umweltrecht; die Ideen für neue Restriktionen jagen sich in den Ämtern und bei den Funktionären; auch hier genügt ein Brand in einem Chemielager, um Vorschriften mit Milliardenkosten für die Wirtschaft zu erlassen.

Das Arbeitsrecht, z.B.
Kündigungsschutzgesetz
Betriebsverfassungsgesetz
Bundesurlaubsgesetz
Arbeitnehmerüberlassungsgesetz
Schwerbehindertengesetz
Nachweisgesetz, etc.

Zwangsmitgliedschaften in Kammern.

Die Handwerksordnung mit den jahrelang starren Berufsordnungen.
etc. etc.

Offensichtlich plant die Politik noch nicht eine Auflösung des Vorschriftendickichts und erst recht nicht die überfällige Reorganisation der staatlichen Verwaltung im Bund, Ländern und Gemeinden im Hinblick auf eine Wirtschaftlichkeit der Maßnahmen und Entscheidungen. Es gibt zwar zaghafte und dadurch spektakuläre Versuchsbeispiele (z.B. Einführung der "Doppik" und Kostenrechnung in der Stadt Wiesloch im Kreis Heidelberg) oder Vorschläge (z.B. Leistungsentlohnung für Beamte, Wegfall von Ministerialzulagen, Regionalverbände statt Kreise etc.), die nur Teilaspekte innerhalb des Systems darstellen und daher im Dickicht einer verfilzten Verwaltung stecken bleiben.

Die staatliche Bürokratie aller Bereiche ist der am meisten Kosten- und damit Steuertreibende und Wachstumshemmende Faktor, und dies in der Regel auf folgenden Wegen:

Beharren auf den bestehenden, für die im Bürokratiesystem wirkenden und nur für sie erfolgreichen Ämter- und Personalstrukturen,

Vorschriftenproduktion, um diese Strukturen zu rechtfertigen, oft mit der Folge zusätzlicher Stellen und Stellenanhebungen.

Die Politik sieht noch nicht, daß die staatliche Verwaltung nicht mehr der verlängerte Arm des Kaisers oder Fürsten im Mittelalter oder eines Diktators wie vor wenigen Jahrzehnten ist, sondern ausschließlich Leistungserbringer zum Nutzen der Allgemeinheit = des Souverains. Eigentlich müßte die Verwaltung diesem Souverain Rechenschaft ablegen, ob sie mit den über Steuern erzwungenen Geldern wirtschaftlich umgegangen ist, da für ihre Tätigkeit kein Markt existiert wie in der privaten Leistungswirtschaft. Die Ressourcenverschwendung eines Wirtschaftsbetriebes wird vom Markt bestraft, die Steuerverschwendung bleibt straflos.

Die Garantie der lebenslangen Beschäftigung der Beamten ist vielleicht der Lohn dafür, daß bei der Kreation und Umsetzung von Gesetzen, Verordnungen und Erlassen deren Gehirn und Gewissen ausgeschaltet werden. Wenn eine Verwaltung verottet, hilft sie zuerst nur sich selbst, ihren Mitgliedern und den sie stützenden Politikern, nicht aber den Verwalteten.

In der Diktatur des Nationalsozialismus oder Kommunismus war jeder Amtsleiter eine Art kleiner Diktaturgehilfe; z.B. das Einwohnermeldeamt oder das Grundbuchamt waren der verlängerte Arm der Diktatur (z.B. um die Juden identifizieren und deren Vermögen feststellen zu können); heute sollte die Verwaltung eigentlich eine Servicestelle für die Allgemeinheit sein.

Warum ist die Politik in diesem Punkte blind?

weil die Verwaltung die bessere Detailkenntnis hat, die Politiker oft mit der Verwaltung verfilzt sind und so die Politiker von der Verwaltung geführt werden, diese jedoch dem Volk als dem Souverain keine Rechenschaft ablegen und bei Fehlleistungen keine Sanktionen befürchten muß.
Beispiel: Hickhack um die Zusammenlegung von Forstämtern, von OFD's etc.

Gesetzentwürfe werden von der Verwaltung erarbeitet, die später danach die Durchführungsverordnungen und Erlasse kreiert, in der täglichen Arbeit danach entscheidet und sogar die Kommentare verfaßt, die schließlich in der Gerichtsbarkeit herangezogen werden. Wenn dann trotzdem ein Gericht in einem Einzelfall gegen die Verwaltung entscheidet, folgt sofort ein Nichtanwendungserlaß einer anderen Verwaltung.

Hauptunterschiede zwischen Wirtschaft und Verwaltung:

Wirtschaft: wenn Preise bzw. Umsätze sinken > Kosten werden angepaßt (Verschlankung der Strukturen und Rationalisierung der Abläufe, Investitionen in neue Geschäftsfelder); Fehlleistungen und Fehlentscheide werden vom Markt bestraft.

Staat: wenn Kosten steigen > Steuern und Gebühren (= Preise) werden erhöht
Regelungen werden verdichtet; Ausweichmöglichkeiten geschlossen
Fehlleistungen und Fehlentscheide bestrafen die Bürger (Beispiele:
Überkapazitäten bei Müllverbrennungsanlagen).

oder auf die handelnden Personen bezogen: es gibt zwei Gruppen von Personen:

Die einen erhalten ihren Lebensunterhalt vom Markt (als Arbeitnehmer oder Unternehmer),
der den besten Ausgleich zwischen Leistungsergebnis und Aufwand erzwingt;
sie denken in den Kategorien Chancen, Risiken und Erfolg,
sie verwenden daher Intelligenz und Zeit, um ihre Ressourcen wirtschaftlich einzusetzen, um ihren Kunden den besten Service zu bieten und haben damit Erfolg und gelegentlich wird in der Presse über diesen Erfolg berichtet.

Die anderen leben unabhängig vom Markt, manchmal etwas schlechter, aber oft etwas besser, nachdem sie aufgrund einer einmaligen Aufnahmeprozedur - unabhängig von ihrer Produktivität - auf Lebenszeit abgesichert sind.
Sie denken in den Kategorien von Geboten und Verboten,
sie verwenden Intelligenz und Zeit, um Gebote und Verbote noch feiner zu differenzieren und haben damit (für sich selbst) Erfolg.

Das Geschwätz vom "Gürtel enger schnallen" (was selbstverständlich wieder gesetzlich zu regeln ist):
Für die erste Gruppe regelt der Markt das "Engerschnallen", oft als Reaktion auf staatliche Regelungen und auf grausame Weise.
Für die zweite Gruppe bedeutet es höchstens ein langsamerer Einkommens - Anstieg

Was soll z.B. ein Schüler über diesen Ausspruch denken, der keine Lehrstelle bekommt, weil möglicherweise der ihn interessierende Betrieb keine Lehrlinge einstellen kann oder darf, da gesetzliche, und nur gesetzliche Voraussetzungen (z.B. Meisterbrief) fehlen bzw. die Ausbildung verbieten? Der Schüler muß den Gürtel enger schnallen. Was soll z.B. ein potentieller Bauherr darüber denken, der aus einer Laune eines Gemeindebeamten heraus eine Winzigkeit seines Bauplanes -trotz Zustimmung seiner Nachbarn - nicht sofort genehmigt bekommt und erst auf Grund seines Einspruches nach einem Jahr von einer oberen Behörde oder gar erst von Gerichten die Genehmigung doch erhält. Er und die vom ihm beauftragten Firmen, aber nie der Gemeindebeamte, haben Zeit und Geld dadurch verloren. Der Bauherr und nicht der Beamte müssen den Gürtel enger schnallen. Würden Behördenvertreter auch danach beurteilt (und bezahlt), wie viele Prozesse sie verloren haben, so wären auch deren Entscheidungen sorgfältiger geplant.

Man spricht viel in Politikerkreisen über die Notwendigkeit der Technologiefolgen - Abschätzung. Wichtiger wäre es, Regelungsfolgen (oder besser: Bürokratiefolgen) zu berechnen.

Das Haupthindernis für einen Ruck und das Hauptproblem, sich auf einen Ruck zu einigen, besteht darin, daß die jetzige Regierung (Politiker aller Parteien, geführt von der Verwaltung) die gegenwärtige Situation durch flaches Reagieren auf politische Entwicklungen verursacht hat. Beispiel

Wiedervereinigung: der Wegfall des Ostmarktes für die Wirtschaft der ehemaligen DDR und der marode Zustand der dortigen Industrie konnte nicht geheilt werden durch juristisch systemgerechte, aber wirtschaftlich katastrophale Regelungen und Strukturen, die bereits im Westen seit Jahren die Wirtschaftstätigkeit strangulieren und hier vorher schon - nicht erst als Folge des Anschlusses der DDR- nach und nach die Arbeitslosigkeit haben ansteigen lassen.

Juristen, nicht Wirtschaftler haben entschieden, daß nicht der Erhard'sche Mut zum Markt eine Chance erhält, sondern daß die westdeutsche Regelungsdichte den neuen Ländern aufgezwungen wird; eine Katastrophe für das Anschieben von Investitionen. Juristen, nicht Wirtschaftler haben entschieden, daß die Rückgabe des in der DDR enteigneten Grundbesitzes vor Entschädigung gelten soll; eine Katastrophe für die Finanzierung von Investitionen. Keine Bank gibt Hypotheken auf Grundstücke, deren Eigentumsrechte zweifelhaft sind. Für die Betroffenen ist es ein Schock, daß in gutem Glauben nach DDR-Recht erworbene Grundstücke für sie wertlos werden und zurückgegeben werden müssen. Ein Wirtschaftler mit dem Wissen und dem Mut von Erhard wäre vielleicht auf die Idee gekommen, den früheren Eigentümern die Grundstücke nicht wie einen Lottogewinn sofort zu übergeben, sondern die gegenwärtigen Besitzer z.B. in Erbpacht, etwa auf 30 Jahre auf den Grundstücken sitzen und arbeiten zu lassen. Die damals involvierten Juristen waren offensichtlich nicht in der Lage, einerseits die mögliche Dynamik eines Aufschwunges (aufgrund des Nachholbedarfs und des günstigen Umtauschkurse DM-Ost gegen DM-West) zu erkennen und andererseits die wirtschaftlichen Folgen ihrer Entscheidungen vorher abzuschätzen; und der Hauptjurist von damals ist heute der Nachfolger Kohls. Waren diese Entscheidungen nun Gaunereien - siehe das hartnäckige, angeblich von russicher Seite geforderte Festhalten an der Endgültigkeit der Enteignung durch die russische Besatzung - oder nur Dummheiten.

Es ist zu befürchten, daß der Nachfolger auch heute noch nicht die Parameter einer Investitionsrechnung und den Einfluß von Parameterveränderungen auf die Sensitivitätsanalyse und erst recht nicht die Auswirkung von Investitionen auf Wirtschaftswachstum und Arbeitsmarkt kennt.

Noch einmal:

Die Hauptursache der heutigen Misere - und damit der Ansatzpunkt einer Reform- ist die gegenwärtige Struktur der staatlichen Verwaltung, die dadurch induzierte Regelungsflut und das Beamtenrecht. Strukturen, Regelungen und das Beamtenrecht müssen per Gesetzesänderungen und -aufhebungen so umgestaltet werden, daß sich die Verwaltung als Servicestelle der Allgemeinheit versteht, und daß deren Mitarbeiter persönlichen Erfolg ihrer Leistung und persönliche Niederlage aus Fehlleistungen genauso erfahren wie die Mitarbeiter der freien Konkurrenzwirtschaft. Überspitzt könnte man sagen, daß jeder zusätzliche Beamte die in der Wirtschaft geplanten Investitionen noch mehr verzögert und dadurch verteuert.

Beispiele in anderen Ländern für mutige Maßnahmen und deren Erfolge gibt es genügend, auch in Ländern, die vorher exzessive Steuerquoten aufgewiesen hatten. Beispiele in Deutschland sind die Privatisierung der Telecom, in Ansätzen der Bahn und bald auch der Post. Dabei ist die Privatisierung nur das juristische Vehikel, um den dortigen Beamtengehirnen den Servicegedanken gegenüber dem zahlenden Kunden einzupflanzen. Durch eine Änderung des Beamten- und Verwaltungsrechts und die damit mögliche Einführung eines Modus an Wettbewerb in den Amtsstrukturen wäre der Servicegedanke auch im nicht privatisierten Bereich einführbar, wie im folgenden dargelegt wird.

Ansatzpunkt einer Reform ist nicht die heute anstehende Übung, Steuereinnahmen zu sichern oder gar zu erhöhen, sondern die Steuerverwendung durch eine Änderung der bestehenden staatlichen Strukturen effizienter und effektiver zu gestalten. Das hat der Alt - Bundespräsident, obwohl Jurist, erkannt und den Ruck durch Deutschland empfohlen. Dafür sollten wir ihm dankbar sein.

Leider hat sich auch mit der Wahl 98 nichts in die Richtung Umbau der Verwaltung und Änderung des Beamtenrechts bewegt:

Lehrer und Professoren wollen in ihrer Mehrheit Beamte bleiben, damit ihre Leistung nicht dem Wettbewerb ausgesetzt und danach bezahlt wird, sondern ihr einmal erworbener Status (siehe den Widerstand gegen den Ländervergleich über Schüler- und Studentenleistungen), Lehrer wollen in ihrer Mehrzahl auch deshalb am Beamtenstatus festhalten, damit sie ihre sogenannte pädagogische Freiheit behalten dürfen und nicht dem Wettbewerb aussetzen müssen,

Landräte wollen ihre Kreise, die Landratsämter mit allen Abteilungen und Zuständigkeiten behalten und werden dafür immer wieder von den in den Kreisräten sitzenden Bürgermeistern gewählt,
Amtsleiter wollen ihre Ämter an den heutigen Orten behalten; sie haben dort ihre Häuser gebaut, ihre Kinder gehen dort auch zur Schule,
behördennahe Unternehmen (Lotto, Stadtwerke, städtische Verkehrsbetriebe etc.) wollen ihre Behördennähe behalten; die Chefs stammen ja oft aus der Verwaltung;

Politik und Verwaltung ihrerseits wollen den Verschiebebahnhof behördennahe Unternehmen nicht abgeben, damit abgehalfterte Beamte und Politiker versorgt werden können.
Die Verwaltung klebt weiterhin an der Macht über die Umweltregelungen, ohne deren wirtschaftliche Auswirkungen untersuchen zu müssen. Der Verbraucher muß zahlen, der Leistungs- und Investitionswillige wird behindert.

Behörden üben mehr Macht aus als Unternehmen. Behördenleiter haben mehr institutionelle Macht als Unternehmensleiter. Ob ihre Leistung für den von ihnen verwalteten Souverain gut oder schlecht ist, bleibt - im Gegensatz zu Unternehmern - ohne Folgen für sie. Schlecht geführte Unternehmen gehen bankrott, schlecht geführte Behörden kosten immer mehr Geld - und bleiben und werden noch größer.

Gesetze haben heute eine andere Bedeutung als in Kaiserzeit oder Diktatur. Damals sollten sie die Allgemeinheit als Untertanen disziplinieren, damit diese den Zielen der Obrigkeit dienten, heute sollte die "Obrigkeit" den Zielen der Allgemeinheit dienen.

Die Steuern, welche die Bevölkerung dem Staate gibt, sind eine á conto - Zahlung auf die Bereitschaft der Ämter, für die Allgemeinheit Leistungen zu erbringen. Und für diese Leistungserbringung braucht es nicht den Status eines lebenslang abgesicherten Beamten. Auch der Polizeibeamte, der einen Verbrecher festnimmt, handelt im Auftrag der Allgemeinheit, damit diese vor Verbrechern geschützt wird.

Die Brüsseler Bürokratie übt noch mehr Macht aus mit zunehmender Tendenz. Da Bürokraten gerne Macht ausüben, entwickelt sich eine Sogwirkung auf weitere Beamte, sich nach Brüssel versetzen zu lassen. Deutsche Beamte, die nach Brüssel entsandt werden, verlangen dort und erhalten die gleiche Absicherung ihrer Tätigkeit und wirken beispielgebend für die Abgesandten anderer Länder. Die Lachbeispiele der "Krümmung von Gurken und Bananen" sind an sich zwar harmlos, aber als Beispiele der dortigen Regelungswut erschreckend. Die Brüsseler Agrarpolitik insgesamt ist die Krönung der Dummheit der Politiker einerseits und der marktfernen Leistung der Beamten andererseits.

Um die heutige Einstellung in Verwaltung und Politik zu ändern braucht es einen Ruck. Und dieser Ruck muß sich bis nach Brüssel auswirken.

Zum Thema „Steuerhinterziehung":

Wenn der Bürger den Eindruck hat, daß die Steuerverwendung zur Steuerverschwendung ausartet, flüchtet er in die Steuerhinterziehung. Steuerhinterziehung in der Demokratie ist - im Gegensatz zur Diktatur- eigentlich kein Verbrechen, sondern eine normale Marktreaktion darauf, daß dem Geld, das der Steuerzahler dem Staat als á conto - Zahlung geben muß, keine adäquate Leistung des Staates gegenüber steht. Und wer diese Möglichkeit nicht hat, seinen Frust loszulassen, weil er so wenig verdient, daß er eh keine Steuern zahlen kann, gibt seine Stimme den Extremparteien.

Der Verwaltungswissenschaftler von Arnim nennt sein Buch „Fetter Bauch regiert nicht gern“. Vielleicht könnte man sagen, daß ein „fetter Bauch“ zwar gerne über andere regiert, aber für sich selbst und für sein Regieren keinen Grund für einen Ruck und die damit verbundene Anstrengung verspürt.

6.
Nur ein "Ruck" kann folgende Grundeinstellung erzeugen:

Die staatlichen Stellen sind keine anonymen Ämter, sondern bestehen aus Personen, die ihren Beruf als "Staatsdiener" so gewählt haben wie unsereins den Beruf als "Kundendiener" einer Leistungswirtschaft. Wir verdienen das Geld, das uns unsere Kunden für unsere Leistung und gemäß unserer Leistung geben, jene sollten als Leistungserbringer sich das Geld verdienen, das ihnen der Souverain für ihre Lohntüte in Form von Steuern hat abführen müssen, d.h.

> Budgetzuteilung an die Ämter und Bezahlung der Beamten gemäß Zielvereinbarung (siehe Punkt 7)
> Ergebnisverantwortung und Kontrolle der Zielerreichung am Ende der Budgetperiode mit der Folge:
> Zielerreichung und Budgetunterschreitung muß sich für die Leistungsträger auszahlen,
> Budgetüberschreitung und Zielverfehlung muß entweder aus geänderten, nicht
> vorhersehbaren Rahmenbedingungen begründet oder vom Souverain bestellt werden,
> oder die Leitung der betreffenden Funktion wird ausgewechselt.
> Einführung des Prinzips der Kundenorientierung: wenn schon ein Kunde trotz eines
> schlechten Service das Amt nicht wechseln kann, so sollte er doch wissen, daß
> wenigstens die Amtsinhaber bei schlechtem Service ausgewechselt werden können.
> Einführung des Prinzips der Qualitätssicherung analog der Wirtschaft.

Essentials eines "Ruckes":

Verwaltungsstruktur straffen, auf 2/3 von heute redimensionieren, variabel gestalten mit den folgenden Strukturzielen und Maßnahmen:

> Beamtenrecht ändern künftig keine Beamten auf Lebenszeit,
> Zielvereinbarung als Lohnbasis
> leichtere Versetzungsmöglichkeit
> Zwang zur Weiterbildung oder Umschulung
> falls erforderlich, Zwang zum Amts- oder Ortswechsel
> Qualität als Ziel
>
> Stufensystem umbauen Einstufung in Tarifgruppen nach Leistung statt nach Schulabschluß; z.B. Polizisten aufwerten gegenüber Bürokräften
> einengendes Kammerrecht ändern bei Handwerkskammern, Berufsgenossenschaften
> Methoden der Geldverwendung ändern Budgetierung,
> Kostenrechnung, kommerzielle Buchhaltung
> einzelne Dienstleistungen privatisieren Verwaltungen dem Markt ausliefern
> Verwaltung Folgen tragen lassen personell, finanziell und strukturell
> falls überhaupt durchsetzbar Brüsseler Bürokratie reformieren
> generell Regelungsfolgen vorher kalkulieren, veröffentlichen und
> nachher öffentlich rechtfertigen

Die Behördenstrukturen müssen flexibel werden, d.h. Trennung oder Zusammenlegung von Funktionen, falls dies als gewinnbringend für den Souverain betrachtet wird. **Eine Privatisierung ist daher dann nicht notwendig, wenn das Serviceverhalten der Amtsstellen und der dort Beschäftigten "privatisiert" wird, d.h. dem Serviceverhalten der Privatwirtschaft entspricht.**

Ein Beispiel: Wie der Eigentümer eines Baugrundstückes in einem Bundesland erfahren mußte; er hatte entschieden, das Grundstück von 13 ar nicht mehr an einen Bauern zwecks regelmäßigen Mähens zu verpachten, sondern es brachliegen zu lassen und fallweise, wenn das Gras zu hoch wird, einen anderen Bauern mit dem Mähen zu beauftragen. Auf Veranlassung der landwirtschaftlichen Berufsgenossenschaft mußten - nach der bestehenden Rechtslage - das Landwirtschaftsamt, das Wasserwirtschaftsamt, das Umweltschutzamt und das lokale Bürgermeisteramt um das Einverständnis angegangen werden und jede Stelle mußte sich in den Vorgang einlesen (die Genehmigung traf nach 2 Monaten ein). Von der Sache her hätte das lokale Bürgermeisteramt eine genau so richtige Entscheidung in einer Viertelstunde treffen und dafür auch die Verantwortung tragen können.

Vor Jahren enthielt ein Bebauungsplan den Geländeplan mit der eingezeichneten Bebauung und den Straßen, sowie eine Legende von der Größe einer Seite; heute enthalten auch Bebauungspläne von Miniflächen von z.B. 5 ha außer dem Geländeplan und der Legende 20 Seiten lange detaillierte Vorschriften über die Bepflanzung, die Art der Zwischendeponie des Mutterbodens, den Transport des Aushubs, die Art der Hofbepflasterung, etc. Es entwickelt sich dann eine Art des Hochschaukelns, wenn die untere Behörde (z.B. die Gemeindeverwaltung) unter allen Umständen ein Veto der oberen Behörde (z.B. Landratsamt) und damit eine weitere Verzögerung der Bebaubarkeit vermeiden will: der typische Fall des vorauseilenden Gehorsams der Behörden untereinander.

Eine Bürokratie in der heutigen Struktur ist per se nie in der Lage, wirtschaftlich und ergebnisorientiert zu handeln. Sie sollte so geändert werden, daß sie sich auf die Gestaltung der Infrastruktur beschränkt, deren Gewinnpotential für die Allgemeinheit bedeutend ist und trotzdem den einzelnen Betroffenen nicht schädigt. Entscheidungen sollten mit Gewinnpotentialen begründet und Ablehnungen mit dem Argument des niedrigen Gewinnpotentials, bzw. des Schadenspotentials begründet werden. Ein Behördenkunde stellt heute noch einen Antrag, z.B. auf eine Baugenehmigung oder einen Reisepaß oder irgend eine andere Behördenleistung. In Wirklichkeit kauft er diese Leistung, die er vorher durch seine Steuern bereits bezahlt hat oder in Form einer Gebühr bezahlen wird.

Der "Ruck" muß zum Ziel haben, die heutigen Behördenstrukturen so zu ändern, daß sie erfolgreich operieren, wie auch ein Unternehmen, das Marktanteile und Umsatz verliert, seine Strukturen im Sinne einer "Verschlankung" reformiert, die Produktivität steigert und einen neuen Aufstieg schafft.

Damit nicht - wie in der Politik üblich - nur über Idealzustände räsonniert werden soll, werden im folgenden konkrete Maßnahmen und Prinzipien geschildert:

7.
Prinzip der Zielvereinbarung in der staatlichen Verwaltung nach dem Beispiel der Wirtschaft:

Eine Zielvereinbarung ist die nach vorne gerichtete Bündelung der gemeinsamen Leistung von Mitarbeiter und Vorgesetztem. Die Zielbestimmung ist ein jährlich neuer kreativer Akt.

Sie besteht im wesentlichen aus den beiden Elementen:

> Mitarbeiter und Vorgesetzter vereinbaren im gemeinsamen Gespräch die Ziele, die der Mitarbeiter im folgenden Jahr erreichen will und soll,
> Beide vereinbaren die finanziellen und menschlichen Ressourcen, mit denen die Ziele erreicht werden sollen,
>
> Ebenfalls im gemeinsamen Gespräch beurteilen beide, ob und wie die Ziele des vergangenen Jahres erreicht worden sind, welche Stärken und Schwächen sich dabei gezeigt haben, welche externen, vorher nicht erkennbaren Einflüsse einzelne Ziele verfehlen ließen und welche Verbesserungen und Zielvarianten für das folgende Jahr geplant werden sollen..

Das Prinzip der Zielvereinbarung ist in einer Reihe erfolgreicher Unternehmen eingeführt. Es wird - nach den Erfahrungen des Verfassers - von den Mitarbeitern begrüßt als ein Instrument der Versachlichung bei der Leistungsbewertung und Lohnfindung. Dabei beschränkt sich dieses Prinzip nicht auf die leichter meßbaren Leistungen von Verkäufern - Umsätze und Gewinne - oder Produktionsleuten - Produktqualität und Ausbeute - , sondern umfaßt auch die Arbeit der reinen Verwalter in Finanzabteilungen, Informatik, Einkaufsabteilungen etc.

Selbstverständlich ist das Prinzip der Zielvereinbarung auch für die staatliche Verwaltung aller Ebenen in Bund, Ländern und Gemeinden anwendbar.

Eine Zielvereinbarung ist so nichts anderes als eine vereinbarte Balance zwischen der Leistung des Mitarbeiters und dem dafür bezahlten Lohn. Sie gibt dem Mitarbeiter die Sicherheit, daß seine Leistung von seinem Chef abgenommen und dafür der Lohn bezahlt wird.

Jeder vereinbart mit seinem Chef; jeder ist verantwortlich für die Wirtschaftlichkeit seiner Ziele.
Delegation der Aufgaben und der Verantwortung nach unten
Möglichkeit der hierarchieübergreifenden Information
Zielvereinbarung nach Mengen bzw. Vorgängen,
nach Zeit- und Geldbedarf je Vorgang oder Mengeneinheit (z.B. Schüler und Studenten mit guten Ergebnissen)
nach dem Grad der Einhaltung des Gesamtbudgets
nach Anzahl der Vorgangsstufen, bzw. Ablaufstufen
nach Endpunkt der Zielerreichung
nach Qualität
Kontrolle der Zielerreichung mit Konsequenzen (Beispiel Zürich: Anklage gegen Beamte wegen fahrlässiger Genehmigung eines zu weiteren Verbrechen ausgenutzten Hafturlaubes)

Dabei werden im jeweiligen Vereinbarungs- und Beurteilungsgespräch unter anderem die folgenden Aspekte zwischen Mitarbeiter und Chef (auf jeder Stufe) besprochen:
Wie gut ist der Mitarbeiter mit allen Teilen seiner Arbeit vertraut, wo sind Lücken,
Wie initiativ und kreativ arbeitet er; worin will er sich verbessern,
Wie kommunikativ und kooperativ arbeitet er, weg vom unproduktiven Einzelkampf,
Ist er mutig, auch schwierige Entscheidungen zu vertreten,
Bleibt er auch unter Stress ruhig und ohne Emotionen
Hilft er seinen Mitarbeitern, sich weiter zu entwickeln.
Welche Risiken sollten künftig noch mit in Betrachtung gezogen werden.

Wenn diese und weitere Punkte zwischen jeweiligem Leiter und Mitarbeiter besprochen, vereinbart und nach Ablauf eines Jahres im Gespräch überprüft werden, wird im jeweiligen Amt ein völlig anderes Klima entstehen.

Voraussetzungen für eine Einführung dieses Prinzips sind:

Ausführliche Schulung in die Methodik der Zielfindung und Leistungsbeurteilung
Objektivität der Zielfestlegung und Beurteilung auf beiden Seiten
Beurteilung des Ergebnisses nach unten
Beurteilung der Voraussetzungen auch nach oben
Falls gewünscht, auch Gespräche hierarchieübergreifend nach oben oder unten.
In keinem Falle: eine Basis für eine Art Bestrafung.

8.
Prinzip der Budgetierung

Soweit wie sinnvoll Globalbudgets ohne starre Unterteilung der Sachmittel, oder der Kopfzahl der Mitarbeiter, oder der Investitionen.

Zuteilung des Budgets nach dem Output der Zielvereinbarung
Budgetkontrolle durch eine industrielle Kostenrechnung mit Gewinn- und Verlustrechnung

Übertragbarkeit der Gewinne oder Verluste in das Folgejahr
Auch Kosten (der Kläger) verlorener Gerichtsprozesse belasten das Budget (Staatshaftung)

9.
Personalführung in der staatlichen Verwaltung, Aufbau des Servicegedankens:

Keine lebenslange Verbeamtung für die Neueinstellungen, auch nicht im Bereich Polizei, Justiz und Finanzverwaltung (Beispiel: Ärzte als Freiberufler entscheiden über elementarere Dinge als Richter).
Amtsleiter als Unternehmerpersönlichkeiten, die den bestmöglichen Service anstreben und sich dessen bewußt sind, daß die Bürger die Leistung des Amtes in Form von Steuern bezahlt haben.
Wegfall der starren Eingangsstufen und Voraussetzungen; Ersatz dieser Regelungen durch die Zielvereinbarung.
Splittung der Gehälter in Basisgehalt und Leistungskomponente, abhängig vom Grad der jeweiligen
Zielerreichung. Das kann auch dazu führen, daß ein besonders tüchtiger "Beamter" durch eine hohe Leistungskomponente ein höheres Gehalt bezieht, als der Mitarbeiter des gleichen Ranges.
Ein Amtsleiter ist auf Zeit bestellt, mit Spezialgehalt für diese Zeit und kann im Rahmen seines Budgets temporäre Verträge mit Spezialisten abschließen, bzw. für besondere Aufgaben vorhandene Mitarbeiter umsetzen.
Bei regelmäßiger Zielverfehlung muß die Möglichkeit der Versetzung auf niedrigere Funktionen bzw. Kündigung des betreffenden Mitarbeiters bestehen.
Änderung der Pensionsregelung bei Neueinstellungen. Neue Mitarbeiter zahlen in die RV,AV und KV. Behörden müssen im Rahmen ihres Budgets Pensionsrückstellungen für Zusatzversorgungen vereinbaren.
Personalkosten werden wie im industriellen Rechnungswesen detailliert ausgewiesen
Unkündbare Beamte können auch gegen ihren Willen (mit Begründung und zumutbar wie in er Wirtschaft) versetzt werden. Grundlose Verweigerung führt zur Kündigung.
Bei Frühpensionierungen werden wie bei Betriebspensionen pro Jahr der Vorzeitigkeit Abzüge vorgenommen.

10.
Haushaltsrecht

Es ist ein Datenverbund zu schaffen, z.B. muß eine Gemeinde die Möglichkeit haben, die Kostenstruktur (z.B. Müllabfuhr) einer anderen Gemeinde einzusehen (Aufgabe der GPA).
Voraussetzung dafür ist die bundesweit einheitliche Kostenstellen - und Kostenartenidentität.
Die Möglichkeit des Leistungsaustausches ist zu schaffen.
Möglichkeit der internen Behördenkonkurrenz: Leistungen, z.B. Paßverlängerungen, KFZ - Zulassungen durch Datenverbund auch in anderen (geeigneten) Ämtern möglich.
Haftung bei Fehlentscheidungen (nicht nur bei Verschulden).

11.
Damit nicht im luftleeren Raum argumentiert wird, die folgenden Beispiele:

Die Schule; sie handelt autonom
Sie erhält ihr Budget gemäß der Schülerzahl, für die Bezahlung der Personal- und Sachkosten,
Die Fachaufsicht durch das Ministerium beschränkt sich auf den Schultyp, die angebotenen Fächer und den fachlichen Leistungsstandard (Innenrevision)
Schulleiterbestellung auf 5 bis 8 Jahre durch ein Gremium der Geldgeber (z.B. Land, Gemeinde),
danach Wiederwahl möglich, mit möglichen Gegenkandidaten.
Freie Lehrerwahl durch den Schulleiter (zaghafte Vorschläge der SPD und Grünen),
mit der Möglichkeit, gute Lehrer von anderen Schulen abzuwerben

Organisationsaufsicht durch das Gremium der Geldgeber
Erfolgskontrolle durch Elternvertretung und Budgetgeber
Die Schülerzahl je Klasse wird vom Schulleiter nicht nach einem starren Teiler, sondern je nach der Zusammensetzung der Schülerqualifikationen bestimmt, möglich wäre auch ein Wettbewerb mit anderen Schulen, um das Budget zu steigern.
Aufbau von Rückstellungen für Investitionen.

Die Hochschule:

Wettbewerb der Hochschulen untereinander
Auswahl der Studenten durch die Hochschule (zumindest ein Teil)
Studentenzahlen, Studien- und Belegungsgebühren sind die Finanzbasis
Begabte erhalten Stipendium; Nachweis durch Klausurnoten
Professoren erhalten Belegungsgelder - erfolgreiche Professoren ernten.
keine Professur auf Lebenszeit
Studierkosten sind eine Investition der Studenten, die nach dem Studium im Beruf wie andere Investitionen steuerlich abgeschrieben werden kann.
der Erfolg einer Uni oder TH entsteht aus täglichen Ideen und Innovationen nicht beamteter Angehöriger. Beispiele MIT mit Ausgründungen und Verwertung von Patenten.

Beispiele für mehr Wettbewerb:

Wettbewerb der Länder:

Je mehr der Bund Regelungen zentralisieren will, desto mehr bundesbezogene Mitsprache gewinnen die Länder, bis hin zur heutigen parteipolitischen, auf Wahlpropaganda ausgerichteten Verweigerung. Das klingt paradox; jedoch werden die Länder die Bedingungen verfeinern, unter denen sie Kompetenzen abzugeben bereit sind. Auch hier braucht es einen Ruck.

Gegenbeispiel ist die Schweiz: Kantone mit niedrigen Steuersätzen (bekanntes Beispiel Kanton Zug) ziehen Firmen an; die dadurch erzielten Mehreinnahmen erlauben es ihnen, ihre Steuersätze weiterhin niedrig zu halten, wovon nicht nur die Firmen, sondern alle Bewohner profitieren. Die "geschädigten" Kantone müssen dagegenhalten, um die Abwanderung weiterer Unternehmen möglichst abzuwehren.

Die in Deutschland vom Grundgesetz geforderten gleichen Lebensverhältnisse in den Bundesländern, Basis des Finanztransfers, stellen sich dadurch in der Schweiz auch ohne derartigen Transferzwang auf gesamthaft niedrigerem Steuerniveau ganz automatisch, ohne verfassungsrechtliche Vorgabe ein.

Wettbewerb in der Krankenversicherung, Beispiel:

Der Arbeitgeberanteil könnte (auf niedrigerem Niveau als bisher) mit dem Lohn ausgezahlt werden, falls der Arbeitnehmer eine KV nachweist. Die Versicherungen könnten den Versicherten Wahlmöglichkeiten anbieten, z.B. bei einem vereinbarten Selbstbehalt von jährlich 400 DM einen Rabatt von 15%, bei 650 DM von 20%, bei 1000 DM von 30%. Jeder kann sich nach seinen eigenen Vorstellungen und seiner eigenen Finanzkraft versichern. Der Arbeitgeberanteil könnte auf einem Niveau festgeschrieben werden, das niedriger wäre als heute, z.B. bei 5 % statt heute 6 bis 7 %. Nebeneffekt: ein kleiner Spielraum für den Beitragssatz der Rentenversicherung.

Wettbewerb und Differenzierung in den Ämtern, Beispiel:

Wer bei der Paßausgabe mit der heute geltenden Frist von 4 Wochen zufrieden ist, zahlt weniger als heute; wer den Paß innerhalb einer Woche erhalten will, zahlt mehr, z.B. 50,- DM, wer ihn in einem Tag erhalten will, zahlt den höchsten Betrag, z.B. 80,- DM. Das heißt, daß ein Amt durch schnellere Bearbeitung Geld verdienen kann.
Wettbewerb bei der Ausländerpolitik

Zur Zeit haben Politiker und Beamte das Sagen, die man sich auch als Funktionäre des dritten Reiches vorstellen könnte: Flüchtlinge raus, sie kosten Geld, dort gibt es die meisten Verbrecher, sie verdrängen die Deutschen vom Arbeitsmarkt. Jedoch brauchen wir besonders die jungen Ausländer in den folgenden Jahrzehnten, um den Altersdurchschnitt im nächsten Jahrtausend zu senken; sie helfen mit, die Renten der kommenden Rentnergeneration zu finanzieren.

Was wir ihnen geben könnten:

die deutsche Staatsbürgerschaft für die in Deutschland geborenen, falls gewünscht auch doppelt zu ihrer früheren
die Chance zu arbeiten, sich zu qualifizieren und allgemein ein bessere Zukunftsperspektive zu geben, als sie in ihrer Heimat hätten.

Was wir verlangen müßten:

Erlernen der deutschen Sprache, Kenntnis unserer Kultur, Aufgeben von Traditionen, die nicht zu unserer Kultur passen, insbesondere Verzicht auf deren für uns fremdartigen Auswüchse (heutige Probleme des Mädchenturnens bei Moslemen, Allmacht der Eltern gegenüber ihren Kindern, etc), d.h. weitgehende Assimilierung.

Was wir dadurch erreichen:

weniger Fremdenhaß; Aufbruchstimmung bei den jungen Ausländern,
die jungen in deutschen Firmen ausgebildeten und aufgestiegenen ehemaligen Ausländer sind Vermittler für Firmen, die sich in diese Länder ausbreiten wollen.

12.
Auswirkungen einer marktwirtschaftlich gestalteten Verwaltung:

Auch gute Leute gehen in den Staatsdienst, unabhängig von ihrem Schulabschluß und übernehmen Leitungsfunktionen; Innovationen werden belohnt
Mittelmäßige und bisher in der Leistungsanforderung gebremste entdecken ihre Talente, sie wollen etwas bewegen
Schlechte verbessern sich oder müssen ausscheiden
Geringere Prozeßlust der Behörden, da vorher eine Risiko- und Wirtschaftlichkeitsanalyse durchgeführt wird
Behörden sehen die Bürger als ihre Kunden und Geldgeber
Öffentlichkeit der Budgets und der Zielerreichung der Behörden
Allgemein: es entwickelt sich, besonders bei der Jugend, ein Aufbruchstimmung

13.
Gesetze und Verordnungen

In den deutschen Universitäten ist - im Gegensatz zur juristisch dominierten Verwaltung - ein riesiges nutzbares Potential an volks - und betriebswirtschaftlichem Wissen und Kreativität vorhanden, daher könnte die Überprüfung der vorhandenen Gesetze und Verordnungen in Form von fachbezogenen Seminar-, Diplom- oder Dissertationsthemen durchgeführt werden. Ziel ist die Überprüfung der Übereinstimmung bzw. der Unterschiede zwischen

angestrebtem Zweck und Erfolg
kalkulierten Kosten und effektivem Aufwand
behördeninternen und externen Auswirkungen
Vergleich mit erfolgreichen, bzw. erfolglosen Gesetzen und Regelungen anderer Länder zeigt die Chancen und Risiken des euro - induzierten Wettbewerbs unter den EURO - Ländern.

Aufsetzen von Projekten auf der Basis dieser Untersuchungen, schnelle Aufhebung, falls ineffektiv, d.h. wenn der Nutzen der Beibehaltung niedriger ist als der Nutzen bei einer Aufhebung.

So kann schnell erkannt werden welche Vorschriften ersatzlos aufgehoben werden können.

Ein Beispiel hat seinerzeit Erhard gegeben, als er die Bewirtschaftsverordnungen aufgehoben und den Startschuß für das "Wirtschaftswunder" gegeben hat. Vielleicht ist das Gespräch zwischen General Clay und Erhard eine Legende: Clay fragt Erhard, warum er die Bewirtschaftungsvorschriften geändert hat; Erhard gibt die Antwort: "mein General, da sind Sie falsch informiert; ich habe sie nicht geändert, ich habe sie aufgehoben"; darauf Clay: "meine Berater sagen, das sei ein Fehler"; die Antwort von Erhard: "hören Sie nicht darauf, meine Berater sagen dasselbe"

Nur ein derartiges Vorgehen gehört zu einem Ruck; jede Aufhebung á la Erhard wird ein Geschrei verursachen (Beamten- und Parteifunktionäre et al.), aber die Wähler begeistern und den Erfolg des Ruckes sichern. Erhard hat es vorgeführt: wer versucht, den Mangel zu verwalten, wie Ollenhauer es damals wollte, der wird den Mangel vergrößern; wer die Verwalter feuert, erzeugt Wachstum.

Mehr Gesetze mit automatischem Ablauf nach bestimmter Anzahl Jahre.
Belohnung der universitären Untersucher bei Erfolg (wie Verbesserungsvorschläge)

Gegebenenfalls Einsetzen von Projektgruppen, gebildet aus Pensionären der Wirtschaft und der Verwaltung, die grundsätzlich unentgeltlich, wie in Ehrenämtern mitwirken.

14.
Die Politiker

Sie wurden von der Allgemeinheit gewählt und sollten Rechenschaft über ihre Tätigkeit und Auswirkungen ihrer Tätigkeit ablegen.

Öffentlichkeit des Abstimmverhaltens bei Sachentscheidungen

Öffentlichkeit der Parteispenden; bei Verschleierung entsteht der Verdacht auf Bestechlichkeit

Keine Bundesbeamten im Bundestag, keine Landesbeamten im Landtag, keine Gemeindebeamten im Gemeinderat oder Kreisrat.
Zusammensetzung des letzten Bundestages bis 1998:
- 130 Lehrer
- 120 sonstige Beamte
- 115 Funktionäre (z.B. Gewerkschaften)
- 49 Angestellte des Öffentlichen Dienstes

Wesentlich höhere Sitzungsgelder als bisher, dafür weniger Überbrückungsgelder bei Nichtwiederwahl; d.h. der Ausscheidende muß die Überbrückung durch eigene Rücklagen finanzieren.

15.
Resumee

In der heutigen Struktur ist der Staat unfähig, eine effiziente und effektive Verwaltung zu betreiben. Leistungsschranken sind:

Gesetze mit Verordnungen und Erlassen, die das letzte Detail regeln und kontraproduktiv sind
die Ämterstruktur und deren Zersplitterung
das Beamtenrecht mit seiner Unbeweglichkeit
die Personalführung in den Verwaltungen
Behördenfehler haben keine Folgen für die Entscheider

Die Chancen für den "Ruck" ergeben sich aus einer Hinwendung zu Wirtschaftlicheit in der Leistungserstellung, mittels

einer Radikalbereinigung der Gesetze
einer Funktionszusammenfassung der Ämter ("Ganzfallbearbeitung")
einer Umwandlung der Beamten in Angestellte
einer Personalführung nach wirtschaftlichen Gesichtspunkten, d.h. nach Zielvereinbarungen
Behörden müssen für Fehlentscheidungen haften

Die hier aufgeführten Vorschläge klingen utopisch. Aber jeder weiß, daß etwas geschehen muß und daß ***ein Ruck ein Gewaltakt*** ist, der zwei Wirkungen hat:

er erzeugt einen Aufschrei
er setzt Kreativität frei

Die politische Situation ist derzeit sogar noch günstig: Kanzler Schröder ist ein Kanzler mit Raffinesse und Härte (z.B. wie er den Lafontaine ausgebootet hat) und könnte die Gewaltakte einleiten und das Geschrei und die Proteste überstehen. Je größer das Geschrei von Amtsleitern, Beamtenbund, ÖTV und Politikern, desto besser hätte er getroffen. Und mit deren Geschrei wird er noch mächtiger und gleichzeitig populärer.

er ist im Maastricht-Zwang
er ist zwar Jurist, hat aber keine juristischen Skrupel und ist daher eher zu überzeugen
er will 2002 wiedergewählt werden (wozu er aus heutiger Sicht gute Chancen hat)
er kann auch einfachen Wählern die Notwendigkeit des Ruckes klarmachen
auch große Teile der SPD wollen eine Beamtenrechts - und Verwaltungsreform
auch SPD - Wähler haben sich schon oft über Verwaltungen geärgert
auch engagierte Beamte wollen eine Reform und haben den Willen zur Veränderung

Schon die ernsthafte Einleitung eines Ruckes würde Wunder wirken und Wählerstimmen bringen.
Die breite Masse der Wähler ärgert sich mehr über Einschränkungen und Kostensteigerungen, die von der Verwaltung angeordnet oder verursacht werden, als über solche, die vom Markt erzwungen werden:
steigende Benzinpreise ärgern mehr, wenn sie aus Erhöhungen der Mineralölsteuer resultieren,
als wenn sie aus Erhöhungen der Ölpreise des Weltmarktes stammen. Es ist Schröder zuzutrauen, daß er kurz vor der Wahl die Mineralölsteuer wieder senkt.
Eine Verdünnung der Regelungsdichte muß nicht unbedingt den Lebensstandard (sozialen, Umwelt- etc.) senken, sofern die Regelungen marktkonform sind ***und keine Ideologie dahintersteht***.

16.
Sofortmaßnahmen

Damit so schnell als möglich Wirkungen eintreten, die folgenden Maßnahmen:

Änderung des Beamtenrechts, Einführung des Prinzips der Zielvereinbarungen.
Keine weitere Verbeamtung von Neueinstellungen, oder noch besser Einstellungsstop.
Buchhaltung und Kostenrechnung wie in der Wirtschaft statt Kameralistik.
Aufhebung von Kammerzwängen; z.B. Lehrlingsausbildung auch ohne Meisterbrief.
Privatisierung von Behörden oder Behördenteilen; bei Freiwerden von Stellen:
Versetzungs- und Entsendemöglichkeit von Beamten und Angestellten in andere Stellen, auch außerhalb des bisherigen Behördensitzes, zu Bedingungen wie in der Wirtschaft (notfalls mit Änderungskündigung). Falls erforderlich Zwang zur Umschulung.

Wechsel von Bundesbeamten in Landes - oder Gemeindebeamte mit Aufstiegs- und Abstiegsrisiko, bei letzterem mit Beibehalten des letzten Gehaltes, bis dieses durch Gehaltssteigerungen der niedrigeren Stufe erreicht ist.

Möglichkeit des Konkurses bei stattlichen Betrieben (z.B. Krankenhäusern, Müllabfuhr, etc)
Betroffene Beamte werden in andere Stellen versetzt, bzw. müssen umschulen.
Gehaltsverzicht bei Beamtengehältern für Aufbau eines Pensionsstockes.
Rationalisierungsaufträge an Uni - Institute mit Realisierungs - Chance für Studenten.

Bereits die Einleitung dieses Ruckes in einer größeren Kommune oder gar in einem Land wird in der dortigen Wirtschaft und in der Bevölkerung einen Vertrauensvorschuß erzeugen und manchen Startschuß auslösen, noch bevor eine Steuerreform überhaupt wirkt. Und dazu wird es höchste Zeit.
Der Ruck durch Deutschland muß ein Gewaltakt sein. Alt - Bundespräsident Herzog hat das erkannt und - wie es seine Art ist - auch ausgesprochen.
Die Zukunft sollte sein: die staatliche Verwaltung ist ein Wirtschaftsbetrieb auf dem Sektor "Dienstleistung" für die steuerzahlende Allgemeinheit, den "Souverain".

Zusammenfassung:
Wirtschaftswachstum und Abnahme der Arbeitslosigkeit resultieren aus Investitionen. Diese kommen aus Innovationen, die internationale Wettbewerbsvorteile schaffen (und dann auch eher das heutige Lohnniveau rechtfertigen).
Beides, Innovationen und Investitionen werden heute staatlich reguliert, positiv und negativ; daher schnellstens die staatliche Verwaltung reformieren, damit die Regulierung da abnimmt, wo sie nicht nötig oder gar schädlich ist, und dort effektiver und effizienter wird, wo sie notwendig bleibt.
Die Notwendigkeit einer Reform ist in fast allen Köpfen präsent, nur muß jemand dies beim Namen nennen und dadurch - hoffentlich - einen Selbstläufer wie unter Erhard initiieren.
Und noch einmal: Den Begriff "Ruck" hat der Alt - Bundespräsident geprägt; allein dafür gebührt ihm ein besonderer Dank.

Quellen (Auswahl):

Basler Zeitung 5.6.97	Normenflut
Wisu 10/96	Forsa-Umfrage. Bestimmungsfaktoren für die Entwicklung von Behördenstrukturen
Basler Zeitung 20.6.97	Euro - Unsinn
Chemiebrief 3/97	Sozialkosten
Chemiebrief 5/97	Herzog - Rede
Chemiebrief 6/97	Benchmarking der Länder
Basler Zeitung 17.6.97	ZH-Anklage
Computer-Woche 87	Projektmanagement
Computer-Woche 88	Management von Ablauf- und Aufbausystemen, Prototyping
Computer-Woche 87	Personalauswahl für Projekte
Computer-Woche 97/29	Ganzfallbearbeitung im Kreis Soltau/Fallingbostel
Medizin+Info 2.83	Mut zur Veränderung
Referat Pearson	Gewinnertypen als Amtsleiter
Online 9/83	Leistungsverrechnung
Referat Giersch 84	Voraussetzungen für Aufschwung
Wirtsch.Woche 26/97	Auslandsinvestitionen in Polen 9 Mia DM
Wisu 7/97	Samuelson: "Time to dump the Euro, risks to great, possible benefits to small" (Nachdruck aus Newsweek)
Focus 36/97	Finanzamtswillkür in Korbach und Neuwied
Wirtsch.Woche Juni 88	Wolfram Engels über Erhards Wirtschaftswunder
Wirtsch.Woche 38/97	Dominanz der Juristen in der Verwaltung
Focus 38/97	Steuerhoheit der Länder; Interview mit Scholz
Wirtsch.Woche 40/97	Vermarktung von Hochschulerfindungen in USA
Wisu 10/97	Eigenschaften von Unternehmen
Chemiebrief 10/97	Beispiel Neuseeland
Wisu 11/97	"Unique selling position"

Josef Engelbert Weber (Wirtschaftswissenschaften)

Rudolf Wein

Muslime in Deutschland - Probleme und Chancen gelingender Integration

Als ich vor 50 Jahren nach bestandenem Abitur zur Universität wechselte, um mein Theologiestudium zu beginnen, lagen fremde Religionen völlig außerhalb meines Bewußtseins. Im Vorlesungsprogramm der Theologischen Fakultät kamen sie nicht vor. Der Barbarei und Unkultur der Naziherrschaft gerade entronnen, betroffen von den Entbehrungen der Nachkriegszeit waren wir Studenten damit beschäftigt, uns auf uns selbst zu besinnen und neu nach den christlichen Wurzeln unserer eigenen Herkunftsgeschichte zu fragen. Wir hofften auf eine Erneuerung der Gesellschaft aus der Kraft des christlichen Glaubens. Außerchristliche Religionen traten dabei nicht ins Blickfeld.

Heute - 50 Jahre später - hat sich die Lage dramatisch verändert. Von einer christlichen Erneuerung der Gesellschaft ist wenig übriggeblieben. Statt dessen leistet sich Westeuropa einen Säkularismus und Agnostizismus, der einmalig ist auf der Welt und nicht einmal von den Vereinigten Staaten von Amerika erreicht wird. Im krassen Gegensatz dazu schießen neue und längst tot geglaubte Religionen wie Pilze aus dem Boden: Vom Glauben an Ufos, Geistheiler, Schamanen, Hopiindianer und Alchemisten, Tai Chi, die weise Frau Wicka, Hexen und Druiden bis hin zu hinduistischen und buddhistischen Zirkeln und Vereinigungen und schließlich bis zum Islam. Wir leben - so wird allseits versichert - in einer multikulturellen, multireligiösen Gesellschaft.

Der Tübinger Religionswissenschaftler und Theologe K.-J. Kuschel spricht in diesem Zusammenhang von drei Pluralisierungsschüben, die das Gesicht Westeuropas geprägt und verwandelt haben[60]. Der erste betrifft die Aufspaltung der kirchlichen Einheit im 16. Jahrhundert, ein konfessioneller, gewissermaßen innerkirchlicher Pluralismus. Der zweite fällt in das 18. Jahrhundert, als die immerhin noch gegebene christliche Einheit der Gesellschaft auseinanderbrach in einen christlich-kirchlich gebundenen und einen säkular-humanistisch orientierten Teil. Doch seit der Mitte des zwanzigsten Jahrhunderts zeichnet sich ein dritter Pluralisierungsschub in Westeuropa ab, der überraschend neu ist und der das schiedlich-friedliche Nebeneinander von Christen und solchen, welche die christliche Religion für längst überholt halten, außerordentlich stört und die stillschweigend hingenommene Aufteilung der Gesellschaft in einen kirchlichen und einen säkularen Bereich völlig durcheinanderwirft: Der „Pluralismus der Religionen“!

Fast drei Millionen Muslime leben zur Zeit in Deutschland, überwiegend aus der Türkei, aber auch aus Marokko, Tunesien, Bosnien, Irak oder Afghanistan. Über 500000 Aleviten sind vor allem unter den türkischen Einwandernden nach Deutschland gekommen. Von etwa 100000 Buddhisten kamen die meisten aus asiatischen Ländern. Etwa 70000 Juden sind größtenteils aus Rußland eingereist. Dazu kommt eine kleinere Anzahl von Hindus, Sikhs, Bahai oder afrkanischen und lateinmerikanischen Kulten. Es ist ein kaum überschaubarer multireligiöser Markt entstanden. Die weitaus größten Marktanteile entfallen allerdings auf Menschen islamischen Glaubens. Dies ist keineswegs Ergebnis gezielter religiöser Ausbreitung, sondern die Folge wirtschaftlich und politisch bedingter Wanderbewegungen. Erst die Anwerbung von Arbeitskräften aus dem Mittelmeerraum seit den sechziger und siebziger Jahren, um den riesenhaft ansteigenden Bedarf an Arbeitskräften im industriellen Großraum der Europäischen Union zu decken, hat dazu geführt, daß die Zahl muslimischer Mitbürger und Mitbürgerinnen in Westeuropa und so auch in Deutschland mächtig zugenommen hat Hochrechnungen besagen, daß diese Zahl auch weiterhin zunehmen wird. Schon heute leben in Europa zehn bis zwölf Millionen Muslime, bis 2020 werden es 40 bis 50 Millionen sein. Damit sind die Muslime nach Katholiken und Protestanten die drittgrößte Konfession.
Gestiegen ist aufgrund der letzten Einbürgerungswelle auch die Zahl der deutschen Muslime und sie wird weiter steigen. Ende 1997 betrug sie rund 239000, in zehn Jahren wird es nach Schätzungen des Zentralrats der Muslime in Deutschland 1,7 Millionen Muslime mit deutschem Paß geben. Allein unter

[60] Evangelische Kommentare, Monatszeitschrift zum Zeitgeschehen in Kirche und Gesellschaft, Stuttgart 12/98, 704

den Türken gaben 52,6 Prozent der Befragten an, daß sie sich für die Einbürgerung entschieden haben. Davon hat etwa die Hälfte die nötigen Schritte dazu bereits unternommen. Der Islam ist also in Europa längst präsent.

Das bringt nicht nur das christlich-kirchliche, sondern vielleicht mehr noch das säkulare Establishment in größte Verlegenheit. War man doch längst davon überzeugt, daß der Islam seit der kolonialen Unterwerfung der islamischen Länder durch das überlegene Europa, seit der Abschaffung des Kalifats durch Mustafa Kemal „Atatürk“ 1924 einer überwundenen Entwicklungsstufe angehört. Allenfalls als Ziel von Bildungsreisen zu den von orientalischem Zauber umgebenen fernen Moscheen in Istanbul, Isfahan oder Kairo schien der Islam noch interessant[61]. Inzwischen wissen wir: Dem Islam ist etwas gelungen, was ihm im „aufgeklärten“ Westen niemand mehr zugetraut hätte und was nicht einmal die kommunistische Weltrevolution zuwegegebracht hat. Er ist aus seiner Lethargie erwacht und hat eine religiöse Kraft entfaltet, die Millionen von Menschen in den vom Islam geprägten Ländern in seinen Bann zog und ihnen neues Selbstbewußtsein und eine neue Identität verlieh.
Was aber den Westeuropäer am meisten verunsichert: Der Islam macht vor Europa nicht halt, sondern dringt mit seinem religiösen Anspruch in das säkulare Gefüge westeuropäischen Kulturbewußtseins ein und stellt den für selbstverständlich gehaltenen säkularen, laizistischen Charakter von Staat und Gesellschaft in Frage. Man liebt zwar den Döner-Imbiß rechts um die Ecke, man will aber auf keinen Fall, daß die fernöstliche Moschee plötzlich am eigenen Wohnort steht mit Minarett und womöglich mit einem die fünf täglichen Gebetszeiten ausrufenden Muezzin. Schon Kopftuch tragende Frauen bereiten mitunter Unbehagen.
Nicht zu Unrecht bemerkt der ehemalige Bundespräsident Roman Herzog in seiner Laudatio für die 1995 mit dem Friedenspreis des Deutschen Buchhandels ausgezeichnete Islamwissenschaftlerin Annemarie Schimmel: „Man wird der deutschen Öffentlichkeit wohl kaum Unrecht tun, wenn man behauptet, daß zu viele bei der Nennung des Wortes 'Islam' vor allem Begriffe wie 'inhumanes Strafrecht', 'religiöse Intoleranz', 'Unterdrückung der Frau' und 'aggressiver Fundamentalismus' assoziieren. Aber das ist eine Verengung, die wir korrigieren müssen. Nur, alles das setzt voraus, daß die Völker und Kulturen mehr übereinander wissen. Ohne gegenseitiges Wissen gibt es kein gegenseitiges Verständnis, ohne Verständnis gibt es keinen gegenseitigen Respekt und kein Vertrauen, und ohne Vertrauen gibt es keinen Frieden, sondern nur die Gefahr des Zusammenpralls“[62].
Roman Herzog hat mit diesen Sätzen im Grunde die große gesellschaftspolitische Herausforderung umrissen, der sich Westeuropa und somit auch wir Deutschen zu stellen haben: Wie gelingt es uns, irrationale Ängste und Vorurteile abzubauen, den Fremden in seiner Andersartigkeit wahr - und anzunehmen, ihn nicht als Bedrohung, sondern als Bereicherung der eigenen Kultur zu begreifen und aus dem zunächst Fremdartigen etwas Eigenes zu machen? Konkret heißt das: Wie kann aus einem Fremden, dem Gastarbeiter oder Migranten, ein europäischer, ein deutscher Bürger muslimischen Glaubens werden?

Das setzt in der Tat voraus, daß wir mehr übereinander wissen, daß wir nicht nur unsere eigenen, sondern auch die Ängste und Schwierigkeiten des Fremden durchschauen. Und es heißt natürlich auch, den Moslem bei aller Anerkennung seiner eigenständigen Religion auf gemeinsame gesellschaftliche Standards und ein kulturelles Wertgefüge zu verpflichten, das unserem durch das Grundgesetz vorgegebenen Verständnis von Toleranz und Menschenrechten entspricht, so daß ein Zusammenleben in Frieden und in Vertrauen möglich wird.
Ziel aller Bemühungen um ein friedliches Zusammenleben von Europäern bzw. Deutschen und Muslimen muß die Integration der Muslime in die europäische bzw. deutsche Gesellschaft sein. Diese hat nichts zu tun mit „Assimilation“, also der völligen Anpassung der Muslime an die gesellschaftlichen Verhältnisse Westeuropas bzw. der Bundesrepublik, die den Zugewanderten keinen Raum zur Wahrung ihrer eigenen religiösen Identität zugesteht und die mit Recht von ihnen abgelehnt wird. Lieselotte Funcke, von 1981 bis 1991 Ausländerbeauftragte der Bundesregierung, hat das hier Gemeinte folgendermaßen umschrieben: „Ein schrittweises Einleben in unsere Lebensverhältnisse und ein friedliches Zusammenleben von Menschen unterschiedlicher Herkunft im gegenseitigen Respekt

[61] Auf der berühmten Weltmissionskonferenz von Edinburgh 1910, einer der entscheidenden Wurzeln der späteren ökumenischen Bewegung, schwelgte man noch in der euphorischen Annahme, es könne allenfalls noch eine Generation dauern, bis die ganze Welt christianisiert sein würde.
[62] Zit. in Evangelische Kommentare, Stuttgart 9/98, 508

vor dem nationalen, kulturellen und religiösen Selbstverständnis des jeweils anderen. Das setzt ein hohes Maß an Toleranz voraus und zugleich das Bemühen um Verständnis und Begegnung von beiden Seiten. Dabei muß allerdings unsere Rechtsordnung als Grundlage des politischen und gesellschaftlichen Lebens für alle Bewohner unseres Landes verpflichtend sein"[63].
Eine schwierige Aufgabe für beide Seiten, die Einheimischen und die Fremden, die Deutschen und die Muslime!

Auf deutscher Seite stößt bereits die Selbstgewißheit auf Verlegenheit, mit der sich der gläubige Moslem im Besitz der absolut vollkommenen Religion fühlt. „Ihr seid die beste Gemeinde", so steht es im Koran. Der Koran gilt als die letzte, endgültige Offenbarung Gottes, dergegenüber Bibel und Christentum nur als Verfälschung und Abweichung vom vollkommenen Gotteswort des Korans verstanden werden. Der aufgeklärte Christ, der daran gewöhnt ist, sich seinen heiligen Schriften mit dem Seziermesser der historisch-kritischen Wissenschaft zu nähern, bestätigt geradezu das Urteil des Moslems.
Aber was noch schwerer wiegt: Der Westeuropäer hat die Religion weitgehend zur Privatsache erklärt, zur mehr oder weniger persönlichen Angelegenheit, die niemanden etwas angeht, die er im stillen Kämmerlein schamhaft versteckt. Ganz anders im Islam. Das dem Begriff „Religion" entsprechende Wort „din" meint eine Lebensführung ganzheitlicher Art, die sich in äußerlich und öffentlich sichtbaren Kulthandlungen zeigen und bestätigen muß. Darum kommt man täglich zum gemeinsamen Gebet zusammen, man feiert gemeinsam das jährliche Fasten, pilgert gemeinsam nach Mekka. Daß eine junge Lehrerin einfach aus religiöser Überzeugung ohne jede provokative Absicht auch in der Schule öffentlich sichtbar ein Kopftuch tragen will, stößt in der deutschen Öffentlichkeit auf Unverständnis und Ablehnung
Aus dem Islam tritt man nicht aus. Er ist eine Lebensform. Aus dem Islam austreten würde heißen, die Gesellschaft zu verlassen. Der Moslem braucht die Gemeinschaft, um religiöse Erfahrung zu machen. Er braucht die weltweite Umma, wie er es nennt, um religiös zu überleben. Etwa eine Milliarde Menschen gehören ihr heute an. Der Westeuropäer indessen hat häufig in falsch verstandenem Individualismus alle kirchlichen Bindungen über Bord geworfen. Der fromme Moslem versteht die religiöse Indifferenz seiner europäischen bzw. deutschen Nachbarn nicht. Er hält sie für geistigen Ausverkauf und für den Ausdruck seelischer Dekadenz und dünkt sich in religiös-geistiger Hinsicht über die abendländischen Agnostiker hoch erhaben. Unter den Gründen für das Wiedererstarken des Islams, sein allenthalben zu Tage tretendes Selbstbewußtsein - zu nennen wären z.B. die Reaktion auf die beiden Weltkriege, in denen sich die „christlichen" Europäer alles andere als christlich gezeigt haben, oder die Enttäuschung über den von Europa ausgegangenen Kolonialismus und Imperialismus - steht an oberster Stelle zweifellos die Kritik am angeblichen Versagen des Christentums, das offenbar vor den Mächten des Säkularismus und Materialismus kapituliert hat. Der politische Islam von heute erhebt allen Ernstes den Anspruch, in Staat und Gesellschaft eine Alternative zum atheistischen und säkularistischen Modell des Westens aufzubauen, die Alternative einer Politik, die sich auf das Gesetz Gottes beruft und die Rechte Gottes durchsetzen will.
An dieser Stelle liegt sicher die Hauptquelle für westliche Ängste. Denn die für islamisches Denken selbstverständliche Zusammengehörigkeit von Religion und Politik, Religion und Gesellschaft verstößt gegen ein Grundprinzip des modernen, westlichen Verfassungsstaats, der zwischen Religion und Politik, zwischen Kirche und Staat streng unterscheidet und damit die Freiheitsrechte des Individuums gegenüber staatlicher Bevormundung als bedeutendste Errungenschaft der abendländischen Freiheitsgeschichte zu wahren hat.
Doch die Ängste und Unsicherheiten auf muslimischer Seite sind nicht geringer. Im Gegenteil. Dem frommen Moslem kann ja nicht verborgen bleiben , daß sein gesellschaftlicher Status als Angehöriger einer Minderheit innerhalb der deutschen Mehrheitsgesellschaft seinen religiösen Vorstellungen in keiner Weise entspricht. Er findet sich in einer fremden Umgebung vor, die seine religiöse Lebenswelt weder kennt noch teilt. Wie soll er sich einer säkularen Kommunalverwaltung gegenüber verhalten, wo er doch aus der Überzeugung lebt, daß der Glaube von der politischen Erscheinungsform der Glaubensgemeinde nicht zu trennen ist? Darf er eine säkulare Regierung anerkennen und sich ihr unterordnen? Die Frage ist natürlich nicht neu. Sie hat sich immer dann gestellt, wenn Muslime in ihrer über tausendjährigen Geschichte unter nichtislamische Herrschaft gerieten, so zum Beispiel 1878,

[63] Zit. in U. Marquardt, Miteinander leben, Bonn 1996, 123

als Bosnien-Herzegowina habsburgisch wurde. Das Problem wurde meist pragmatisch gelöst. Man sprach von geschichtlicher Notwendigkeit, die keinen anderen Ausweg zulasse und es den Muslimen ausnahmsweise erlaube, eine nichtislamische Herrschaft zur Not anzuerkennen. Dieses geschichtlich oft belegte Verhalten zeigt aber auch, daß der Islam durchaus anpassungsfähig ist. Er stellt keinen monolithischen Block dar, wie ihn besorgte Kulturpessimisten immer wieder als tödliche Gefahr für das sogenannte christliche Abendland an die Wand malen, sondern er ist immer wieder und grundsätzlich in der Lage gewesen, mit der ihn umgebenden Mehrheitsgesellschaft eine Synthese einzugehen und die Anregungen der Mehrheitskultur in sich aufzunehmen. Ich erinnere nur, was die Islamkritiker häufig unterschlagen, an die großartige Synthese, die der Islam bei seinem Siegeszug durch die Mittelmeerwelt mit der Kultur der griechisch-römischen Antike eingegangen ist. Ob es um Philosophie ging oder um Medizin, um Naturwissenschaft oder Kunst, Musik, Literatur, höfische Etikette oder Kochkunst, in all diesen Disziplinen war die islamische Welt bis zum Beginn der Neuzeit dem Westen haushoch überlegen. Die christlichen Gelehrten des Mittelalters waren auf die arabischen Übersetzungen der Werke des großen Aristoteles angewiesen. Ohne diese arabischen Übersetzungen wären diese Texte vermutlich für immer verloren gegangen. Und die Muslime haben diese Texte nicht nur überliefert, sondern sich auch produktiv mit ihnen auseinandergesetzt, wie so bedeutende Philosophen wie Avicenna (arabisch: Ibn Sina) und Averroes (arabisch: Ibn Ruschd) zur Genüge beweisen.

Natürlich darf der Hinweis auf die vielfach bewiesene Anpassungsfähigkeit des Islam, das strikte Verbot, ihn auf eine starre Einheitsfront festzulegen, nicht die Schwierigkeiten verharmlosen, in die der schlichte Moslem gerät, wenn er aus einem islamisch geprägten Land, sei es Ägypten, Nordafrika, Iran, Indonesien, Palästina oder - vor allem - der Türkei[64] zu uns in das säkular verfaßte Europa kommt. Wie und wo soll er seine Gebetszeiten halten, ist er doch eingebunden in einen kontinuierlichen, auf persönliche Bedürfnisse kaum Rücksicht nehmenden industriellen Arbeitsprozeß. Wie soll er mit der westlich-säkularen Rechtsordnung zurechtkommen, wo er doch von zuhause seine gewohnte islamische Lebensweise mitbringt, in der die Verpflichtung auf das islamische Gesetz, die Scharia, von der Rechtleitung, die ihm der Koran bietet, nicht abzutrennen ist? Wie weit kann er sich auf die Lebensgewohnheiten seiner neuen säkularen Umgebung einlassen, ohne seinen islamischen Glauben zu verleugnen. Und umgekehrt: Wieweit darf er seiner vom islamischen Recht bestimmten Lebensweise treu bleiben, ohne mit den grundgesetzlichen Bestimmungen, die in seiner neuen Heimat gelten, in Konflikt zu geraten? Es ist eine schwierige Gratwanderung zwischen Selbstbehauptung und Anpassung, welche die Migranten zu bestehen haben. Und es darf nicht verwundern, daß sie Ängste erzeugt, Unsicherheit aufkommen läßt und die Gefahr in sich birgt, daß sich der Verunsicherte von der Mehrheitsgesellschaft distanziert und sich in die eigene Gruppe zurückzieht.

Die eigene Gruppe! Sie gewinnt ihre ambivalente Bedeutung gerade dadurch, daß der Islam in Deutschland einen außerordentlich niedrigen Organisationsgrad aufweist. Der Islam kennt keine Kirche, welche die Muslime in ihrer Gesamtheit dem weltlichen Staat gegenüber repräsentieren könnte. Der Moslem zählt sich zur weltweiten islamischen Gemeinde, der sogenannten Umma, die aber gegenständlich nicht zu fassen ist, sondern jeweils in den verschiedenen islamischen Staatsgebilden partiell in Erscheinung tritt. Der Islam kennt keine Institution, welche die Glaubenslehre verbindlich formuliert und die für alle Muslime sprechen könnte. Jeder Moslem ist in seinem Glauben gleichsam unmittelbar zu Gott. Er kennt keine Vermittlungsinstanzen. Das hat zur Folge, daß sich jede Einzelgemeinde nach dem Vereinsrecht zu organisieren hat. Man rechnet in Deutschland zur Zeit mit 3000 bis 5000 solcher Vereine.

Und hier schlägt die Stunde der großen Dachverbände, die sich in den siebziger und achtziger Jahren formiert haben und um die Mitgliedschaft der vielen und mannigfaltigen Einzelgemeinden kämpfen und miteinander konkurrieren. Sie reichen von gemäßigten Vereinigungen, die lediglich die Interessen ihrer muslimischen Gemeinden vertreten, sie bei sozialen Problemen beraten und ihnen bei der Planung und beim Bau von Moscheen und islamischen Kulturzentren helfen wollen, bis hin zu Verfechtern eines großtürkisch-islamischen Reiches oder einer radikal-islamischen Revolution nach iranischem Vorbild[65]. Diese Dachorganisationen könnten zweifellos eine dringend notwendige

---

[64] Etwa 80 % der in Deutschland lebenden Muslime sind türkischer Nationalität. Das ist der Grund, warum der Islam in Deutschland in seiner türkisch-osmanischen, weniger in seiner arabischen Gestalt auftritt.

[65] Nach dem Eingreifen des türkischen Militärs 1980 wichen einzelne Anhänger extremistischer Strömungen nach Deutschland aus mit der Zielsetzung, auf ihr Herkunftsland politisch Einfluß zu nehmen.

Funktion erfüllen, wenn sie ihre Arbeit ganz in den Dienst der Integration stellten und den Gemeinden, die ihnen angehören, Wege zeigten, wie sie sich mit den westlichen Lebensgewohnheiten und den Prinzipien eines modernen säkularen Verfassungsstaats produktiv auseinandersetzen können. Vor allem sollte es ihnen gelingen, eine Einigung der unterschiedlichen Gruppen und Lehrmeinungen herbeizuführen, also eine kirchenähnliche Struktur zu erzeugen, die es dem deutschen Staat ermöglicht, den islamischen Gemeinden den gleichen Status zuzuerkennen, den das Grundgesetz für die christlichen Kirchen und für die jüdische Gemeinschaft in Deutschland bereithält: den längst auch von den Muslimen begehrten Titel einer „Körperschaft des öffentlichen Rechts" mit den damit verbundenen Privilegien der Selbstverwaltung, des Steuererhebungsrechts, der Dienstherreneigenschaft und der Disziplinargewalt über ihre Mitarbeiter.
Dieser Rechtstitel ist an drei Voraussetzungen geknüpft. 1. Es muß eine ausreichend große Gruppe von Gläubigen vorhanden sein, eine Voraussetzung, die für die Muslime in Deutschland ohne Zweifel zutrifft. 2. Die Gruppe bzw. Religionsgemeinschaft muß die Garantie auf längeren Bestand in Deutschland bieten. Auch dieses Kriterium dürfte im Blick auf den Islam erfüllt sein, der sich längst in Deutschland etabliert hat. 3. Die Religionsgemeinschaft muß gegenüber dem Staat durch eine Institution oder eine Person vertreten sein, die im Namen aller ihrer Mitglieder sprechen und verbindliche Abmachungen mit den staatlichen Stellen treffen kann. An dieser organisatorischen Frage sind bisher alle Bemühungen von islamischer Seite gescheitert.
Statt dessen übertreffen sich die islamischen Organisationen einander darin, die ihnen angeschlossenen Vereine auf ihre jeweilige ideologische Verbandslinie festzulegen und die Muslime dadurch an das entsprechende Herkunftsland zu binden anstatt sie zur Integration in die neue Umwelt freizugeben.

Aus der großen Zahl islamischer Dachverbände möchte ich, um das Gesagte zu belegen, auf die drei wichtigsten kurz eingehen: Die Türkisch-islamische Union der Anstalt für Religion (Diyanet Isleri Türk-Islam Birligi, abgekürzt DITIB), der Islamrat für die Bundesrepublik Deutschland und der Zentralrat der Muslime in Deutschland.

1. Die Türkisch-islamische Union ist eine halbstaatliche Einrichtung, die den offiziellen Staatsislam in der Türkei vertritt. Sie untersteht dem Ministerium für Religiöse Angelegenheiten in der Türkei. Die Trauerfeiern für die Mordopfer von Mölln und Solingen fanden z.B. in einer Hamburger und Kölner Moschee statt, die von der DITIB organisiert wird. Hiesige Botschaften und Konsulate übernehmen die Koordination der Moscheen und ihrer Vereine. Der Attaché für Religiöse Angelegenheiten der Türkischen Botschaft ist meistens Vorsitzender der DITIB. Etwa die Hälfte der rund 2000 Moscheen[66] in Deutschland sind der DITIB zuzurechnen. Die DITIB wurde 1982 in Berlin gegründet mit dem erklärten Ziel, den zahlreich in der Bundesrepublik agierenden staatsunabhängigen und staatskritischen islamischen Organisationen entgegenzuwirken und eine staatskonforme Alternative zu schaffen. So vertritt DITIB die offizielle laizistische und kemalistische Grundhaltung der türkischen Staatspolitik und wird deshalb von den deutschen Behörden als Garant gegen islamischen Fundamentalismus bevorzugt behandelt[67]. Die Imame werden als Staatsbeamte vom türkischen Staat entsandt und bezahlt, halten sich allenfalls sechs Jahre in der Bundesrepublik auf, sprechen in der Regel nur Türkisch, sind in den seltesten Fällen mit dem Leben in Deutschland und den spezifischen Problemen der muslimischen Minderheit vertraut. Kaum haben sie sich mit den staatlichen und gesellschaftlichen Strukturen vertraut gemacht, ist ihre Dienstzeit vorbei. Dieses Vorgehen hat natürlich System und ist einer gelingenden Integration eher hinderlich. Auf der einen Seite ist DITIB gesprächsbereit und sucht den Dialog mit den deutschen Stellen; sie ist interessiert an der Zusammenarbeit mit den Kirchen und rät zum christlich-islamischen Dialog, auf der anderen Seite nimmt sie politisch Einfluß auf die in Deutschland lebenden Türken und verpflichtet sie zur Treue gegenüber dem türkischen Staat.

[66] In den meisten Fällen handelt es sich um kleine, in die jeweiligen Stadtteile eingebundene Gebetsräume, um sog. mescid. Es gibt in der Bundesrepublik zur Zeit ca 45 große Moscheen, sog. camii. Die größte Zentralmoschee steht seit März 1995 in Mannheim. Sie hat 2500 Gebetsplätze und wird an Festtagen von bis zu 5000 Gläubigen besucht. Auch sie wurde von DITIB gebaut.

[67] Die deutschen Behörden müssen sich freilich darüber im klaren sein, daß sich die staatspolitische Linie von DITIB ändern kann, sobald ein islamistisches Regime die kemalistische Richtung ablösen sollte, wie das während der kurzen Präsidentschaft des Führers der Refah-Partei, Nedschmeddin Erbakan, 1996 vorübergehend in greifbare Nähe zu rücken schien.

Es ist leicht einzusehen, daß eine vom türkischen Staat abhängige Interessengemeinschaft wie DITIB nicht erwarten kann, daß ihr der deutsche Staat den Rechtstitel einer „Körperschaft des öffentliche Rechts“ zuerkennt.

2. Der Islamrat für die Bundesrepublik Deutschland ist ein Zusammenschluß von über zwanzig verschiedenen islamischen Gruppen von unterschiedlicher Größe und Bedeutung. Wie stark er wirklich ist, läßt sich schwer einschätzen, da zahlreiche Gruppen und Verbände, Gemeinden und Vereine in seinen Aufstellungen mehrfach genannt werden, einmal auf Bundesebene, dann auf Landesebene und schließlich als Regional- bzw. Kommunalverbände. Die Zersplitterung könnte kaum größer sein.
Von Bedeutung ist, daß auch die regelmäßig vom Verfassungsschutz beobachtete „Vereinigung der neuen Weltsicht in Europa (AMGT)“ - sie nennt sich auch „Islamische Gemeinschaft Milli Görüs (IGMG)“ - zum Islamrat gehört. Es werden ihr bisweilen Verbindungen zur in der Türkei inzwischen verbotenen Refah-Partei des Nedschmeddin Erbakan nachgesagt, dem bekanntlich die Abschaffung der laizistischen Staatsordnung in der Türkei am Herzen liegt. Jedenfalls wird sie dem Lager des islamischen Fundamentalismus zugerechnet, dem es um eine Stärkung des Islam nicht nur in der Türkei, sondern in der weiten Welt geht. Die AMGT unterhält etwa 500 - 800 Zweigstellen in Deutschland. Sie organisiert Koranunterricht, hat aber inzwischen auch eine gut funktionierende Infrastruktur von Kaffehäusern, Jugendclubs und Kindergärten entwickelt, mit der sie türkische Bevölkerungsteile ansprechen will. In Planung sind islamische Friedhöfe, Krankenhäuser und Altersheime. Ihre Mitgliederstärke wird vom deutschen Verfassungsschutz auf etwa 30000 geschätzt. Sie betont den Islam als Identifikationsfaktor für türkische Migranten, tritt aber für ein friedliches Nebeneinander verschiedener Religionen und Ethnien in Deutschland ein. Gegenüber der deutschen Öffentlichkeit verfolgt die AMGT eine gemäßigte, dialogbereite Haltung und sucht Kontakt zu christlichen Gruppen und Organisationen. Allen Verdächtigungen von außen begegnet sie mit einer klaren Verurteilung von Intoleranz und Gewalt. So heißt es in einer Erklärung vom Jahr 1990[68]: „Die AMGT ist sehr daran interessiert, daß in der Gesellschaft ein breites Spektrum an Meinungsvielfalt existiert. Gesellschaftliche Spannungen wegen Kultur- und Weltanschauungsunterschieden müssen durch eine gemeinsame Erziehung zur Toleranz abgebaut werden. Jegliche Gewaltanwendung und Terror zur Durchsetzung von politischen und anderweitigen Zielen wird von der AMGT unmißverständlich und deutlich abgelehnt. Auch in der Vergangenheit hat die AMGT sich klar und deutlich von Gewaltanwendung als politischem Instrument distanziert. Zur Verwirklichung von Zielen und zur Durchführung von Programmen sind die Möglichkeiten der Verfassung der Bundesrepublik unter Beachtung von Chancengleichheit ausreichend.“
Trotz dieses Bekenntnisses zum Grundgesetz werden dem Islamrat oder der AMGT kaum Chancen eingeräumt, das einigende Band aller Muslime in Deutschland zu sein. Zu dominant sind beide auf die Situation in der Türkei ausgerichtet.

3. Am ehesten bringt der Zentralrat der Muslime in Deutschland die Voraussetzungen mit, um so etwas wie eine Repräsentationsinstanz für alle deutschen Mitbürger und Mitbürgerinnen islamischen Glaubens zu werden. Er umfaßt zwar nur sechzehn unterschiedlich große Gruppierungen, aber in ihm sind nicht-türkische Gruppen am stärksten präsent und er ist am intensivsten an einem innerdeutschen Dialog interessiert: Es ist „ein Anliegen des Zentralrats der Muslime in Deutschland, mit allen Gruppen - insbesondere aber mit den Juden und Christen - in unserem Land einen konstruktiven Beitrag zu leisten und am Aufbau einer neuen ethischen Kultur und eines moralischen Gerüstes mitzuwirken. Wir denken konkret aber auch an die Probleme der Jugend, der Arbeitswelt, der sozial Benachteiligten, der alten Menschen oder der Bewahrung der Schöpfung; und es gilt ganz im Sinne unserer Religion, Frieden zu stiften.“ So heißt es in einer Erklärung[69].
Die Bedeutung des Zentralrats wird auch dadurch erhöht, daß ihm u.a. das Islamische Zentrum Aachen angehört. Das Islamische Zentrum Aachen hat sich durch seine Struktur und inhaltliche Arbeit als die markanteste und prägendste Einrichtung des sunnitischen Islam in Deutschland erwiesen. In seiner übernationalen und internationalen Ausrichtung hat es Vorbildcharakter. Die dort tätigen Mitarbeiter sind hervorragend ausgebildet und stellen so etwas wie die Elite des Islams in Deutschland dar. Hier dürfte in absehbarer Zeit am ehesten die Gründung einer islamischen Hochschule zu erwarten sein, die

[68] Zit. in M.S.Abdullah, Was will der Islam in Deutschland?, Gütersloh 1993, 39
[69] Zit. in P. Heine, Halbmond über deutschen Dächern, München 1997, 128

in der Lage ist, deutschsprechende Imame und Islam-Lehrer auszubilden und damit die obskure Einfuhr derselben aus der Türkei, Kairo oder aus Saudi-Arabien zu stoppen.
Der Zentralrat hat in den zurückliegenden Jahren seine geistige Kompetenz schließlich dadurch bewiesen, daß er immer wieder zu konkreten Tagesfragen fundiert Stellung nahm, so z.B. zur Verleihung des Friedenspreises des deutschen Buchhandels an die Islamforscherin Annemarie Schimmel, zu medizinischen Fragen wie Hirntod oder Organverpflanzung, zu den Wahlen der Ausländerbeiräte und anderem mehr. Der Zentralrat ist - so hat es den Anschein - am stärksten bemüht, die Gemeinsamkeiten der verschiedenen islamischen Großorganisationen herauszustellen, ohne penetrant auf einen Alleinvertretungsanspruch zu pochen.

Das gemeinsame Ziel muß es sein, dem deutschen Mitbürger muslimischen Glaubens so viel Selbstbewußtsein zu vermitteln, daß er sich ohne Angst auf die Angebote einer freien, offenen Gesellschaft einlassen kann und zugleich Sicherheit gewinnt in dem, was er als gläubiger Moslem gegenüber der deutschen Gesellschaft und ihrer „Leitkultur" an Ansprüchen zurecht einfordern darf. Hier tragen die islamischen Organisationen ein hohes Maß an Verantwortung. Es muß der Zustand beendet werden, der leider gar nicht selten ist, daß der Moslem, sobald er abends von der Berufsarbeit, die er als entfremdet empfindet, weil sie sich in deutscher Umgebung abspielt, verunsichert nach Hause kommt, sodann in die eigenen vier Wände flieht oder ins nahegelegene islamische „Clubhaus" überwechselt, wo ihm via Fernseher von den medienbewußten Vereinsmanagern die vertraute Welt seiner islamischen Heimat vorgespielt wird, womöglich gespickt mit Anklagen gegen den ach so dekadenten, demoralisierten Westen. Ein solches Doppelspiel, das erwiesenermaßen von manchen Organisationen bewußt betrieben wird, verhindert Integration, weil es dem verunsicherten „Gastarbeiter" ein Hintertürchen offenläßt, das ihm erlaubt, sich den Herausforderungen seiner neuen Lebenswelt permanent zu entziehen.
Der Vorwurf an manche islamistische bzw. nationalistische Organisationen, sie nützten die Unsicherheit ihrer Landsleute zu ihren Zwecken aus, muß jedoch in allererster Linie und mit der gleichen Entschiedenheit an die deutsche Seite zurückgegeben werden. Hat die deutsche Sozialpolitik alles Notwendige und Menschenmögliche getan, um unseren fremdländischen Nachbarn den Einstieg in unsere Gesellschaft zu erleichtern und ihnen das Gefühl zu vermitteln, daß sie uns willkommen sind? Oder müssen sie sich an den Rand gedrängt, abgeschoben oder diskriminiert fühlen, so daß sie den Heilsversprechungen radikaler Rattenfänger leichten Herzens ins Garn gehen?
Unter dem Titel „Verlockender Fundamentalismus" haben der Bielefelder Sozialwissenschaftler W. Heitmeyer und seine beiden Kollegen J. Müller und H. Schröder im Januar 1996 in der edition suhrkamp die erste empirische Umfrage zu „islamisch-fundamentalistischen Orientierungen bei türkischen Jugendlichen in Deutschland" vorgelegt. 1221 Jugendliche im Alter von 15 bis 21 Jahren aus 63 Schulklassen Nordrhein-Westfalens wurden befragt. Untersucht wurden islamische Überlegenheitsansprüche, der Grad religiös fundierter Gewaltbereitschaft und die Hinwendung zu entsprechenden türkischen Organisationen. Das brisante Ergebnis: Für rund 68 % der befragten Jugendlichen ist eine türkische Nation wichtiger als Demokratie. 33 % fühlten sich von der islamistischen Milli Görüs vertreten, die bekanntlich das Ziel eines islamischen türkischen Staats unterstützt. Ähnlich hoch fällt die Zustimmung für die nationalistischen Grauen Wölfe aus. Und immerhin jeder fünfte befragte Jugendliche gab an, daß die Politik sich an der Scharia, der rigorosen islamischen Gesetzgebung, zu orientieren habe. Auf die Frage „Auch wenn man hier lebt, sollte man sich nicht zu stark an die westliche Lebensweise anpassen, sondern sich mehr nach den Lehren des Islam richten" antworten 26 % mit „stimmt völlig", mit „stimmt" 30 %, „stimmt nicht" 24,9 % und „stimmt gar nicht" 13,3 %.
Die durch die Umfrage belegte Tendenz muslimischer Jugendlicher der zweiten und dritten Generation, aus der deutschen Gesellschaft auszusteigen, ist ein alarmierendes Zeichen sozialer Verwerfung, die in unserer Gesellschaft wirksam ist. Wer sich von der Mehrheitsgesellschaft sozial ausgegrenzt, abgelehnt, an den Rand gedrängt, nicht ernst genommen fühlt, der läßt sich leicht auffangen von extremistischen Gruppen und Organisationen, die ihm neue Heimat und Geborgenheit, ein neues Gefühl von Wert und Würde in Aussicht stellen. Soll Integration gelingen, so stehen sozialpolitische Maßnahmen auf der Tagesordnung, die jenem Fremdheitsgefühl und jedem drohenden Identitätsverlust gezielt entgegenwirken. Extremistische Organisationen werden besiegt, indem man die Bedingungen ändert, die den Boden für ihre Wirksamkeit bereiten.

Es ist zu wünschen, daß das neue Einbürgerungsgesetz, das in Deutschland geborenen Kindern von Ausländern die frühe Staatsbürgerschaft ermöglicht, zu einer stärkeren Einbindung in die deutsche Gesellschaft führt, das Gefühl der Zugehörigkeit wachsen läßt und immun macht gegenüber der Einflußnahme fundamentalistischer Organisationen, islamischer Kultur- und Religionsvereine und schließlich auch gegenüber dem türkischen Staat.

Hat Integration das Ziel, den deutschen Mitbürger islamischen Glaubens zu schaffen, so stellt sich wie von selbst die Frage nach der religiösen Erziehung der heranwachsenden Muslime.
Muslimische Eltern, die ihren Kindern eine islamische Erziehung angedeihen lassen wollen, schicken sie in der Regel in die Korankurse, die im Rahmen des (vom türkischen Erziehungsministerium beaufsichtigten) muttersprachlichen Unterrichts an den deutschen Schulen oder beim Imam in der Moschee angeboten werden. Dort lernen sie die wichtigsten Suren auf arabisch und werden mit den Grundregeln islamischen Lebens vertraut gemacht.
Aus Gründen der Gleichbehandlung fordern heute die muslimischen Verbände, daß - wie bei Christen und Juden - nach Artikel 7 des Grundgesetzes verfahren und Islamunterricht als „ordentliches Lehrfach" auch in den staatlichen Schulen eingerichtet wird. Die christlichen Kirchen unterstützen diesen verständlichen Wunsch mit Nachdruck. Religionsunterricht als „ordentliches Lehrfach" verlegte nicht nur die religiöse Unterweisung aus dem obskuren Milieu verborgener Hinterhöfe oder muttersprachlicher Indoktrination in das Licht der Öffentlichkeit einer staatlichen Schule, er könnte auch für diejenigen muslimischen Jugendlichen von Bedeutung sein, die - und ihre Zahl ist nicht gering[70] - den Bezug zum islamischen Glauben längst verloren haben, denen sozusagen der Sprung ins moderne, säkulare Europa dem Anschein nach geglückt ist. Erst bei näherem Hinsehen wird ein inneres Vakuum erkennbar, das die verlorene weltanschauliche Verwurzelung hinterläßt. Wie bei vielen ihrer deutschen Altersgenossen basiert der Lebensentwurf dieser jungen Muslime häufig auf oberflächlichen, meist materiell ausgerichteten Zielsetzungen. Ein fundierter Religionsunterricht könnte hier Abhilfe schaffen und die Grundlagen des islamischen Glaubens in ihrer Orientierung gebenden Bedeutung ins Bewußtsein rufen. Er könnte zu islamischer Identität verhelfen, die für das Gelingen von Integration in die deutsche Gesellschaft entscheidend ist.
Bisher existieren jedoch keine einheitlichen Rahmenbedingungen, die einen islamischen Religionsunterricht möglich machten. Denn gemäß Art. 7 III GG steht der Religionsunterricht an den öffentlichen Schulen unter staatlicher Aufsicht, er ist in deutscher Sprache zu halten von Lehrern, die in Theologie und Pädagogik wissenschaftlich vorgebildet sind. Und er wird erteilt in Übereinstimmung mit den Grundsätzen der jeweiligen Religionsgemeinschaft nach Lehrplänen, die von der Schulaufsichtsbehörde genehmigt sind. Keine einzige dieser Voraussetzungen ist im Blick auf den Islam erfüllt: Es gibt keine an deutschen Hochschulen wissenschaftlich ausgebildete Islam-Lehrer, die in deutscher Sprache unterrichten könnten. Und - vor allem - es ist den zahlreichen und unterschiedlichen islamischen Organisationen noch nicht gelungen, mit einer Stimme zu sprechen und gegenüber dem deutschen Staat Grundsätze für einen Islamunterricht zu formulieren, an dem alle muslimischen Kinder teilnehmen können unabhängig von ihrer ethnischen Herkunft. Es ist das gleiche Problem, das sich schon bei der Erlangung des Rechtstitels einer „Körperschaft des öffentlichen Rechts" gestellt hat.
Trotzdem haben einige Bundesländer, so zum Beispiel Nordrhein-Westfalen, Berlin und Baden-Württemberg, versucht, auf Landesebene mit islamischen Regionalverbänden in Kontakt zu treten, um die Voraussetzungen für die Einführung eines Islamunterrichts zu schaffen. Die Kultusministerin von Baden-Württemberg, Annette Schavan, zum Beispiel richtete im Herbst 1999 eine unter der Leitung des Kultusministeriums stehende Steuerungsgruppe ein. Die drei (regionalen) islamischen Gemeinschaften, die bis dahin Interesse am Religionsunterricht bekundet hatten, sollten zusammen mit Vertretern der Islamwissenschaften, der Pädagogik und - auf Wunsch der muslimischen Seite - der christlichen Kirchen Rahmenbedingungen für Lehrpläne und eine Ausbildung islamischer Religionslehrer schaffen. Doch die drei Gruppierungen stellten sich wechselseitig in Frage, so daß die

[70] Natürlich sind nicht alle in Deutschland lebenden Muslime praktizierende Mitglieder von Moscheegemeinden. Nach einer Umfrage aus dem Jahre 1992 bezeichnen sich etwa 68 % als „gläubige Muslime", 45 % zählen sich zur islamischen „Kerngemeinde", wobei als Kriterium der regelmäßige Besuch der Freitagsgebete und die Einhaltung des Ramadanfastens gelten. (Evangelische Christen nehmen mit 3-5 %, katholische mit ca 17 % am gottesdienstlichen Leben teil. Damit erweist sich der Islam als die „aktivste Religion" in der Bundesrepublik.) Trotzdem sind nur etwa 5-7 % der hier lebenden Muslime in islamischen Vereinen organisiert.

Verhandlungen zunächst an innerislamischen Konflikten gescheitert sind. Der Ministerin fehlt die landesweite Dachorganisation, die als Ansprechpartner verbindliche Aussagen machen könnte. Derweil werden knapp die Hälfte der 70000 türkischen Kinder in Baden-Württemberg im Rahmen des muttersprachlichen Unterrichts religiös unterwiesen. Während sich das Kultusministerium bei seinen Bemühungen um islamischen Religionsunterricht - wie vom Grundgesetz verlangt - in Zurückhaltung übt, billigt es zur gleichen Zeit dem türkischen Staat über den muttersprachlichen Unterricht eine beherrschende Rolle zu. Der nämlich bestimmt nicht nur die Inhalte, sondern läßt auch die Lehrer eigens aus der Türkei einfliegen. Die Türkei möchte ihren Einfluß auf die in Deutschland lebenden Türken behalten und übt über ihr Generalkonsulat erheblichen Druck auf die Schulverwaltung, aber auch auf Eltern und islamische Organisationen aus, um etwaige Schulversuche zu verhindern. „Man kann sich vorstellen, was geschähe, wenn ein Religionsunterricht für Muslime angeboten würde, und keiner ginge hin", resümiert der Leiter des Religionspädagogischen Instituts der Badischen Landeskirche, Eckhart Marggraf[71], der übrigens die Lehrplanentwürfe der Steuerungsgruppe für brauchbar hält. Sie seien eher problemorientiert und nicht indoktrinierend.

Man sieht, die Frage nach dem islamischen Religionsunterricht an deutschen Schulen ist nicht von nebensächlicher Bedeutung. Er wirft die Grundproblematik der Integration auf. Integration wird es solange nicht geben wie die in Deutschland lebenden Muslime abhängig bleiben von ihren islamischen Herkunftsländern. Erstrebenswert ist ein eigenständiger Islam, sind unabhängige Moscheen, ist ein Islam, der sein Gesetz in Übereinstimmung bringt mit den Wertvorstellungen des Grundgesetzes, und nicht ein Religionsgebilde, das an der Nabelschnur islamischer Staaten hängt. Integration fordert den deutschen Bürger islamischen Glaubens, der so selbstverständlich seine islamische Konfession lebt wie der Christ seine evangelische oder katholische.

Die geforderte Abnabelung vollzieht sich um so leichter, je mehr unsere muslimischen Mitbürger von der deutschen Bevölkerung in ihrem Glauben ernstgenommen werden, je mehr wir ihren religiösen Überzeugungen und Bräuchen mit Respekt begegnen und ihnen ihre islamische Identität zugestehen. Hier gewinnen die Worte des ehemaligen Bundespräsidenten brennende Aktualität: Kein Verständnis, ohne übereinander Bescheid zu wissen, kein Vertrauen ohne den Versuch, sich gegenseitig zu verstehen!

An dieser Stelle haben die Kirchen eine unverzichtbare Aufgabe übernommen. Seit Jahren haben sich in allen größeren Städten der Bundesrepublik „Arbeitskreise christlich-islamischer Begegnung" oder „Gesellschaften für christlich-islamische Verständigung" gebildet, die den Dialog zwischen den beiden Religionen auf eine feste Grundlage zu stellen versuchen, die Vorurteile und Ängste, die der Einheimischen und die der Fremden, beim Namen nennen und eine Atmosphäre des Vertrauens schaffen, in der es möglich wird, über religiöse Gemeinsamkeiten zu sprechen, ohne dabei Trennendes zu tabuisieren. Denn was wissen wir eigentlich über den Islam, über die religiösen Inhalte und Bräuche, die unseren muslimischen Nachbarn wichtig und heilig sind? Die meist einseitige Berichterstattung in den Medien bewirkt leider, daß viele Europäer mit dem Stichwort 'Islam' Begriffe wie Terror und Gewalt assoziieren[72].

Ich vermute, wir müssen uns zu der Einsicht bequemen, daß die Hauptquelle der Abneigung, welche die christlich-islamischen Beziehungen prägt, geschichtlich gesehen so etwas wie ein Familienstreit ist. Die Christen hatten und haben Schwierigkeiten zuzugeben, daß ihr Glaube in vieler Hinsicht dem Islam nähersteht als jeder anderen Religion. Beide sind - theologisch gesehen - Kinder einer früheren, durch die Tora und die Propheten an das Volk Israel ergangenen Offenbarung. Beide erweisen sie der Jungfrau Maria und Jesus von Nazareth die Ehre. Beide haben sie einen gewaltigen Anfangsschwung mitbekommen von einem religiösen Genie - vom Apostel Paulus das Christentum, vom Propheten Mohammed der Islam. Ganz ohne Zweifel ist es Mohammed gelungen, einer in Stammesstreitigkeiten zerrissenen, einem krassen Polytheismus verfallenen, von Blutrache, Sklaverei und materieller Habgier

[71] Zit. in SÜDKURIER vom 5.02.2000

[72] Ich selber habe vor drei Jahren im Zusammenhang mit der Planung des Baus einer Moschee und eines islamischen Kulturzentrums in meiner Heimatstadt Konstanz einen Arbeitskreis CHRISTLICH-ISLAMISCHE BEGEGNUNG gegründet. Durch Informationsveranstaltungen und Diskussionsrunden sollte Ängsten in der Bevölkerung entgegengewirkt und ein Klima gegenseitiger Akzeptanz geschaffen werden. Unter der Überschrift WAS WIR VONEINANDER WISSEN WOLLEN - CHRISTEN UND MUSLIME IM GESPRÄCH veranstalteten wir z.B. 1999 eine Vortrags- und Diskussionsreihe, in der Muslime über die Grundlagen ihres islamischen Glaubens informierten. In diesem Jahr ist es umgekehrt: Christen antworten auf die Fragen ihrer muslimischen Weggefährten.

zerfressenen Vielzahl von Stämmen eine neue moralische Identität, ein stämmeübergreifendes Gemeinschaftsgefühl, eben die Umma, und einen streng monotheistischen Glauben zu vermitteln. Das Wort Allah - es steht in der Kernformel des Islam: „Es gibt keinen Gott außer Gott (= Allah), und Mohammed ist sein Prophet“ - ist gar kein ausschließlich moslemischer Ausdruck. Er ist das arabische Wort für Gott und bei arabischen Christen ebenso gebräuchlich wie bei den Muslimen.
Später haben islamische Theologen Mohammeds Abstammung auf Hagar zurückgeführt, die leibeigene Magd, die Abraham zur Frau gegeben worden war[73]. Die Muslime verstanden sich als die Nachkommen Ismaels, des Sohns, den Abraham mit Hagar zeugte. Und so finden sie sich in der gleichen Familie derer vor, die sich auf Abraham als ihrem gemeinsamen Vater berufen, der Juden, der Christen und der Muslime.
Der um die Herausarbeitung eines gemeinsamen Weltethos der Religionen bemühte Theologe H. Küng hat des öfteren mit Nachdruck auf das hohe Maß an Gemeinsamkeiten zwischen den drei monotheistischen Religionen hingewiesen[74] und sie als typisch „prophetische Religionen“ von den sog. mystischen, persönlichkeitsverneinden Religionen des fernen Ostens strukturell unterschieden.
Als „prophetische Religionen“ leben Judentum, Christentum und Islam aus der gemeinsamen Glaubenserfahrung, daß der Mensch Gott gegenübersteht als sein Geschöpf, darum Anteil hat an der Unverfügbarkeit Gottes und sich ihm im Glauben anvertrauen darf. Es geht bei allen dreien um Glaubensreligionen.
Alle drei denken sie nicht in kosmischen Zyklen, sondern haben eine zielgerichtete Schau der Geschichte. Diese hat ihren Anfang in Gottes Schöpfung, erfährt ihre Bestätigung durch Gottes Handeln in der Zeit und ist auf ein Ende durch Gottes Vollendung ausgerichtet. Küng spricht von „geschichtlich denkenden Religionen“.
Gemeinsam ist allen dreien die immer neue Verkündigung des Wortes und des Willens Gottes durch prophetische Gestalten.
Gemeinsam ist ihnen die ein für allemal verbindlich gegebene Offenbarung Gottes an den Menschen in Gestalt einer Offenbarungsschrift. Sie sind Religionen des Wortes und des Buchs.
Und schließlich ist ihnen gemeinsam das in Gottes Willen begründete Grundethos einer elementaren Humanität. Ich meine den Dekalog, die „Zehn Gebote“, die ja auch im Koran in der Sure 17 deutliche Entsprechungen und Parallelen haben. Die „Zehn Gebote“ stellen elementare Imperative der Menschlichkeit dar. Es handelt sich also bei allen drei monotheistischen Religionen um grundsätzlich ethisch ausgerichtete Religionen.
Darüberhinaus tritt die Ähnlichkeit zwischen Christentum und Islam in besonderer Weise zutage: Die spezifische Botschaft des Koran - das Glaubensbekenntnis an den einen Gott, das Fasten im Monat Ramadan, die Armensteuer, das fünfteilige Gebet, die Wallfahrt nach Mekka, die jeder Moslem mindestens einmal im Leben auf sich nehmen soll - hat durch die Bank ihre christlichen Entsprechungen. Man nehme die calvinistische Betonung des Glaubens an einen allmächtigen Gott, die pietistische Pflege des täglichen persönlichen Gebets, die mittelalterliche Lehre von der Nächstenliebe, die Anziehungskraft des Wallfahrtens im katholischen Volk und den klösterlichen Brauch des Fastens, und man erhält alle wesentlichen Bestandteile des Islam, natürlich zusammengebunden durch die geniale religiöse Inspiration des Propheten und zu einer einheitlichen Religion verschmolzen, die Hunderte von Millionen Menschen in ihren Bann gezogen hat.
Christen und Muslime haben viel mehr gemeinsam als ihnen bewußt ist. Sie können sich als Geschwister betrachten, die im Verlauf der Geschichte leider viel zu oft miteinander im Streit lebten, weil sie sich kaum kannten. Darum dürfen sie sich nicht weiterhin einander gleichgültig sein. Sie tragen wie Geschwister füreinander Verantwortung.
Daß dies von islamischer Seite gelegentlich auch so gesehen wird, dafür sind die Sätze des Leiters des Zentralinstituts „Islam-Archiv Deutschland“ in Soest, Mohammad Salin Abdullah, ein eindrückliches Beispiel: „Wir haben einen gemeinsamen Ursprung. Der Prophet hat darauf verwiesen, daß seine Lehre eine Religion im biblischen Umfeld sei. Wir sind die Söhne Ismaels. Diesen ist verheißen, daß sie eines Tages an der Seite ihrer Brüder stehen werden. Der Koran sagt in der fünften[75] Sure, daß alle

---

[73] Nachzulesen in Genesis 16 und 21
[74] Zuletzt in seinem großen Werk „Das Christentum, Wesen und Geschichte. Die religiöse Situation der Zeit“, München 1994, 53ff
[75] In der 5. Sure heißt es (V.48): „Für jeden von euch (die ihr verschiedenen Bekenntnissen angehört) haben wir ein (eigenes) Brauchtum und einen (eigenen) Weg bestimmt. Und wenn Gott gewollt hätte, hätte er euch zu einer einzigen Gemeinschaft gemacht Aber er (teilte euch in verschiedene Gemeinschaften auf und) wollte euch (so) in dem, was er euch (d.h. jeder

drei Wege: Christentum, Judentum und Islam legitim seien. Die Vielfalt der Religionen ist gewollt, damit die Kinder Abrahams im Guten miteinander wetteifern können. Das heißt: Gott wird mich danach beurteilen, wie ich mit Juden und Christen umgegangen bin. Und im jeweils umgekehrten Fall ist es genauso“[76].

Die im christlich-islamischen Dialog gewonnene Einsicht in die gemeinsamen Wurzeln und in die vielfältigen Gemeinsamkeiten zwischen Christentum und Islam schaffen ein Klima gegenseitiger Vertrautheit, die es möglich macht, auch die problematischen Seiten des heutigen Islams offen zur Sprache zu bringen, die in eigenartigem Widerspruch stehen zum humanen Ansatz seiner Ethik. Ich meine die enge Verbindung von Religion und Politik und - daraus resultierend - sein Verhältnis zu den Menschenrechten.

Lapidar stellt der Göttinger Politologe und Islamwissenschaftler Bassam Tibi[77], als gebürtiger Syrer selbst Grenzgänger zwischen der islamischen und der europäisch-christlichen Welt, fest: „Im Islam gibt es keine Menschenrechte, sondern Pflichten der Gläubigen gegenüber Allah und gegenüber der Umma“.

Die islamische Vorstellung von der Umma geht von einer einheitlichen religiösen Gesellschaft aus, wie sie im Mittelalter ja auch einmal für die christlichen Völker bestanden hat. Wie im mittelalterlichen „corpus christianum“ die kirchliche Lehre, so reguliert nach Auffassung heutiger islamischer Theologen das „göttliche Gesetz“, die sog. Scharia, alle Bereiche des menschlichen Lebens. Eine Entkoppelung von Recht und Religion widerspricht Gottes Weisung. Die unbedingte Verpflichtung auf die Scharia gesteht dem einzelnen keine Freiheit gegenüber Staat und Gesellschaft zu, da sie ja aus der Sicht einer Einheit von Religion und Politik die gute „Schöpfungsordnung Gottes“ repräsentieren. Subjektive Freiheitsrechte des einzelnen, die der Staat zu respektrieren hat, weil sie staatlicher Rechtsordnung vorausliegen und gegebenenfalls auch gegen den Staat eingeklagt und durchgesetzt werden können, gelten zahlreichen islamistischen Theoretikern - wie übrigens bis vor kurzem in ähnlicher Weise ja auch den marxistischen - als westliche Ideologie, die nur westlichen Herrschaftsanspruch, Imperialismus und Kulturdominanz rechtfertigen wollen. So verweigert z.B. Saudi-Arabien bis zum heutigen Tag seine Unterschrift unter die UNO-Menschenrechtserklärung vom Jahre 1948[78].

Es mutet grotesk an, wenn islamische Theologen allen Ernstes behaupten, der Islam und nicht etwa die westliche Kulturtradition habe die Menschenrechte entdeckt, sie seien im Koran längst alle enthalten und in der Scharia weit besser und vollkommener bewahrt als in den UN-Deklarationen. Sie berufen sich dabei auf den bekannten Koranvers. „Es gibt keinen Zwang in der Religion (2,256)“. In der Tat, man muß zugeben, daß der Islam dort, wo er zur Herrschaft kam, mehr Toleranz geübt hat, als es viele christliche Herrscher im Mittelalter gegenüber Andersgläubigen getan haben. Aber es war keine Toleranz auf der Basis religiöser Gleichheit. Nur die Muslime waren „Vollbürger“; Anhänger anderer Religionen wurden geduldet, sie erhielten - jedenfalls die „Leute des Buchs“, also Juden und Christen - den Rechtsstatus von Minderheiten. Sie waren „Schutzbefohlene“ und damit Bürger zweiter Klasse und mußten als solche eine besondere Steuer entrichten.

Vor allem gibt es keine Freiheit des Religionswechsels. Der Apostat ist Repressalien ausgesetzt. Von Zwangsscheidungen, Berufsverboten, Freiheitsentzug, sogar von Todesurteilen war in letzter Zeit die Rede.

Gruppe von euch) (von der Offenbarung) gegeben hat, auf die Probe stellen. Wetteifert nun nach den guten Dingen! Zu Gott werdet ihr (dereinst) allesamt zurückkehren. Und dann wird er euch Kunde geben über das, worüber ihr (im Diesseits) uneins waret. (Der Koran in der deutschen Übersetzung von Rudi Paret, Stuttgart 1979, 84.) Der Korantext erinnert sehr an die „Ringparabel“ in Lessings Schauspiel „Nathan der Weise“. Dort sagt der alte, weise Richter: „Es eifre jeder seiner unbestochnen von Vorurteilen freien Liebe nach! Es strebe von euch jeder um die Wette, die Kraft des Steins in seinem Ring' an Tag zu legen! Komme dieser Kraft mit Sanftmut, mit herzlicher Verträglichkeit, mit Wohltun, mit innigster Ergebenheit in Gott zu Hülf'! Und wenn sich dann der Steine Kräfte bei euren Kindes-Kindeskindern äußern: So lad' ich über tausend Jahre sie wiederum vor diesen Stuhl. Da wird ein weisrer Mann auf diesem Stuhle sitzen als ich; und sprechen. Geht!“ , so sagte der bescheidne Richter.(III/7).

[76] Evangelische Kommentare, Stuttgart 12/98, 710

[77] Bassam Tibi, Im Schatten Allahs. Der Islam und die Menschenrechte, ²1996, 53

[78] „Menschenrechte gelten in unserer Monarchie. .. im Rahmen der islamischen Scharia. Islamische Gesellschaften halten sich in der Praxis an ihre eigenen Werte und benötigen deshalb nicht die Erfahrungen und Wertmaßstäbe der anderen .... Wir fordern die anderen auf, unsere Partikularitäten anzuerkennen, die uns von allen anderen abgrenzen.... Wer unsere Leistungen (im Bereich der Menschenrechte) nicht anerkennt, ist bezahlter Provokateur.“ So König Fahd von Saudi-Arabien in seiner Rede vor islamischen Pilgern in Mekka in: al-Hayat vom 2.Juni 1993.

Bekannt sind die Einschränkungen der Rechte und Freiheiten der Frau gegenüber dem Mann im Familien- und Erbrecht. Grundsätzlich kann ein Moslem nach wie vor bis zu vier Frauen heiraten[79]. Während der Mann durchaus auch nicht-muslimische Frauen heiraten darf, vorausgesetzt die Kinder werden im islamischen Glauben erzogen, ist Musliminnen nur die Ehe mit einem Moslem erlaubt. Diskriminierend ist das Scheidungsrecht, weil es laut Scharia die einseitige Verstoßung der Frau zuläßt.
Aus dem Sudan[80], aus Saudi-Arabien, dem Jemen, Iran und aus Pakistan werden Körperstrafen wie das Handabschneiden für Diebstahl, die Auspeitschung für Alkoholgenuß, die Steinigung für Ehebruch gemeldet, die allesamt gegen Artikel 5 der „Allgemeinen Erklärung der Menschenrechte" von 1948 verstoßen: „Niemand darf der Folter oder grausamer, unmenschlicher oder erniedrigender Behandlung oder Strafe unterworfen werden".
Westliche Islamexperten sehen in einigen Menschenrechtsentwürfen, die von verschiedenen islamischen Organisationen in den vergangenen Jahren vorgelegt worden sind, erste Schritte einer Annäherung an westliche Standards. So gab der Islamrat für Europa 1981 eine „Allgemeine Erklärung der Menschenrechte im Islam"[81] heraus, 1990 folgte ihm die Islamische Konferenz mit ihrer „Kairoer Erklärung der Menschenrechte im Islam".[82] Es ist jedoch nicht zu übersehen, daß beide Erklärungen weniger Freiheitsrechte des einzelnen als dessen Pflichten gegenüber der Gemeinschaft formulieren, also mehr die „sozialen" Rechte als die „individuellen" zum Inhalt haben. In beiden Erklärungen steckt nach wie vor die Scharia die Grenzen ab, innerhalb derer sich die Menschenrechte zu bewegen haben. So heißt es in Artikel 24 der Kairoer Erklärung ausdrücklich: „Alle Rechte und Freiheiten, die in dieser Erklärung genannt wurden, unterstehen der islamischen Scharia". Und in Artikel 25: „Die islamische Scharia ist die einzige zuständige Quelle für die Auslegung oder Erklärung jedes einzelnen Artikels dieser Erklärung".

Die Menschenrechte, wie sie von der UNO am 10.12.1948 formuliert worden sind, haben ihren Ursprung wahrhaftig nicht im frühen Islam, wie uns heutige Islamisten weismachen wollen. Sie sind allerdings auch kein Erzeugnis des Christentums - der Antike und dem Mittelalter waren sie in ihrer heutigen Form unbekannt -, sie sind ein Produkt der europäischen Aufklärung und der modernen Kultur. Aber sie sind eindeutig vom christlichen Gottesglauben mitgeprägt und stehen mit ihm in Einklang. Die Kirchen haben sie heute auch voll anerkannt und in ihr Denken und Handeln aufgenommen. Das war leider nicht immer so
Das biblische Zeugnis von der „Gottebenbildlichkeit" stellt den Menschen nämlich in eine unüberbietbar enge Beziehung zu Gott. Er hat Anteil an der Unverfügbarkeit Gottes. Keine Macht der Welt darf ihn zum bloßen Zweck erniedrigen. In der Gottebenbildlichkeit[83] gründet nach christlicher Überzeugung die unantastbare Würde des Menschen. Und zwar beider Menschen, des Mannes und der Frau zusammen. „Gott schuf den Menschen nach seinem Bilde. Als Mann und als Frau erschuf er sie" - heißt es in Genesis 1. Nur beide zusammen entsprechen sie Gott. Daraus folgt unabdingbar die volle und konsequente Gleichberechtigung von Mann und Frau.
Aus der Unverfügbarkeit ergibt sich die Freiheit. Gott hat den Menschen als freies Wesen erschaffen. Und Freiheit heißt Entscheidungsfreiheit. Gott geht damit ein Risiko ein. Er nimmt in Kauf, daß sich der Mensch auch gegen ihn entscheiden kann - aus welchen Gründen auch immer. Gott riskiert sozusagen den Empörer. Freiheit schließt also Religionsfreiheit ein, und zwar nicht nur als Duldung des Ungläubigen oder des Andersgläubigen, sondern in voller Anerkennung seiner individuellen Rechte. Die Entscheidungsfreiheit, die der biblische Glaube gewährt, sprengt dadurch die traditionale Einheit von Religion und Gesellschaft, Religion und Politik, Religion und Staat. Gesellschaft, Staat und Politik haben in die persönlichen Glaubensentscheidungen des einzelnen nicht hineinzureden. Die religiöse Erfahrung ist stärker als alle gesellschaftlichen Bindungen. So verläßt z.B. Abraham sein

[79] Da der Mann laut Koran (Sure 4,3) seinen Frauen gerecht werden muß, ihn dies aber in der Regel wirtschaftlich überfordert, wird durch diese koranische Bestimmung praktisch die Einehe zur Normalform.
[80] In den vergangenen Wochen wurden laut epd im Staatsgefängnis Kober von Khartum im Sudan sechs Menschen die rechte Hand und der linke Fuß amputiert. Weiteren sechs Häftlingen wurde „nur" die rechte Hand abgeschlagen (Deutsches Allgemeines Sonntagsblatt, 11/2000 vom 17. März 2000).
[81] Veröffentlicht in: Cibedo-Dokumentation Nr. 15/16, Frankfurt 1982
[82] Veröffentlicht in: Gewissen und Freiheit (hg. von der Internationalen Vereinigung zur Verteidigung und Förderung der Religionsfreiheit) Nr.36, 19.Jg., 1991, 93ff
[83] Dem christlichen Begriff der Gottebenbildlichkeit des Menschen entspricht im Koran die Bezeichnung „'abd allah" = Knecht Gottes (und nicht eines Menschen, also frei geboren) bzw. „khalifa" = Statthalter Gottes auf Erden.

Vaterhaus, seine kollektiven Stammesbindungen, als ihn Gottes Ruf erreicht[84]. Und Jesus stellt die religiös-gesellschaftlichen Traditionen seines Volkes in Frage, wenn sie seiner Freiheits- und Liebesbotschaft hinderlich im Wege stehen[85]. Die Freiheit im biblischen Sinne schließt die Glaubens-, Gewissens- und Religionsfreiheit ein und setzt damit die Entschränkung von Religion und Gesellschaft, von Staat und Kirche voraus.

Das haben die christlichen Kirchen im Verlauf ihrer Geschichte lange Zeit ebenso wenig begriffen, wie es der islamischen Welt heute bewußt ist. Sie sind sozusagen hinter dem Niveau ihres eigenen Glaubens zurückgeblieben. Inzwischen ist es den christlichen Kirchen[86] längst klar geworden, daß gerade aus der Sicht des biblischen Glaubens der Staat als eine rein weltliche Einrichtung zu gelten hat und zwischen politischer Ordnung und Gottes Reich, zwischen Staat und Kirche streng unterschieden werden muß: Der Staat hat die politische Aufgabe, eine Friedensordnung zu schaffen und für das irdisch-leibliche Wohl seiner Bürger zu sorgen. Er hat sich aber davor zu hüten, eine Wahrheitsordnung zu garantieren bzw. religiös-weltanschauliche Überzeugungen kraft staatlicher Autorität seinen Bürgern vorzuschreiben. Religionsfreiheit fordert die religiöse und weltanschauliche Neutralität des Staates.

Zugespitzt könnte man sagen: Durch das Wiedererwachen, durch die Re-Politisierung des Islams mit seinem häufig antiwestlichen Affront ist eine historische Ungleichzeitigkeit entstanden. Der Islam der Gegenwart ist nicht mit dem gegenwärtigen, modernen Christentum zu vergleichen, er entspricht eher dessen vergangener mittelalterlicher Gestalt.

Aber damit stellt sich auch die Frage, warum es dem Islam nicht möglich sein sollte, aus seinen oben aufgezeigten Glaubenstraditionen heraus sich in ähnlicher Weise zu wandeln, wie das beim Christentum der Fall war. Die Begegnung mit den Christen, die ihren Glauben ganz selbstverständlich in Übereinstimmung mit den Grundsätzen der freiheitlich-demokratischen Rechtsordnung leben, könnte den unter uns lebenden Muslimen helfen, sich von überholten traditionellen Positionen zu lösen, die mit dem Grundgesetz und den Wertvorstellungen einer modernen Gesellschaft in Widerspruch stehen. Und gestalten nicht die allermeisten Muslime in unserem Land ihren praktischen Alltag schon längst nach diesen Grundsätzen?

Auf keinen Fall halte ich das Schreckensszenario für berechtigt, das der Direktor des Instituts für Strategische Studien an der Harvard-University, Samuel P. Huntington, in seinem Essay „Clash of Civilization?“ von 1993[87] entworfen und womit er hauptsächlich zu einer Eskalation massiver Ängste bei westlichen Intellektuellen beigetragen hat.

Der Islam stellt keineswegs jene monolithische Einheitsfront dar, die in steter Gewaltbereitschaft demnächst zum Schlag ausholt gegen die gesamte zivilisierte Welt und sie mit Untergang bedroht, wie es Huntington als Angstgespenst an die Wand malt. *Den* Islam gibt es gar nicht, er tritt vielmehr in vielfältigen Erscheinungsformen auf von Malaysia und Indonesien über Zentralasien, Nordafrika, der Türkei bis zu jenem konservativ-wahhabitischen Islam auf der Arabischen Halbinsel, der die Menschenrechtserklärung von 1948 für „Kreuzzugspropaganda“ hält. Der Islam hat im Laufe seiner Geschichte viel Wandlungs- und Anpassungsfähigkeit bewiesen und - was man nicht unterschätzen sollte - er ist gar nicht so geeint, wie manche befürchten, sondern durch zahlreiche innerislamische Konflikte und gegensätzliche ökonomische Interessen in viele unterschiedliche Richtungen gespalten.

Gewalt und Terror, wie sie in islamischen Ländern von radikalen Gruppen immer wieder ausgeübt werden, haben ihre Ursachen fast ausschließlich in politischen und sozialen Verwerfungen, sie sind Folge ökonomischer Unrechtsverhältnisse. Mit dem Islam als Religion haben sie an sich nichts zu tun. Sie stehen in eklatantem Widerspruch zu den zahlreichen Weisungen im Koran, die zum Frieden und zum Gewaltverzicht aufrufen[88]. Grundsätzlich bekennt sich der Koran genauso wie die Bibel zum Schutz des Lebens[89]. Auch das für westliche Ohren gefährlich klingende Wort „djihad“ -

[84] Genesis 12,1 - 4a

[85] Man lese dazu z.B. die neutestamentliche Perikope Mk 2,23 - 28, wo Jesus ‘Freiheit’ und ‘Liebe’ über das jüdische Ritualgesetz stellt.

[86] Nicht ganz so eindeutig trifft das für die orthodoxen Kirchen des Ostens zu. Ihnen sind die Traditionen der westeuropäischen Aufklärung (ähnlich wie den Muslimen) fremd geblieben.

[87] Liegt inzwischen unter dem Titel „Kampf der Kulturen. Die Neugestaltung der Weltpolitik im 21. Jahrhundert“ in erweiterter Form und in deutscher Übersetzung als vollständige Taschenbuchausgabe vor, München 1998

[88] Zum Beispiel Sure 7,56: „Stiftet nicht Unfrieden auf Erden nach ihrer Befriedung und rufet ihn an in Furcht und Hoffnung. Wahrlich, Gottes Barmherzigkeit ist nahe denen, die Gutes tun.“

[89] Sure 5,32: „Wer einen Menschen tötet, ohne daß dieser eine Gewalttat begangen hat, ist wie einer, der die ganze

fälschlicherweise oft mit „Heiliger Krieg“ wiedergegeben - hat nach Auskunft heutiger Islamexperten keineswegs diese martialische Bedeutung. Es heißt eigentlich „sich anstrengen“ und meint in erster Linie „die Mobilisierung aller Energien zur Durchführung großer Aufgaben und umfaßt im individuellen Bereich alle Bemühungen, die Vorschriften Gottes im persönlichen Leben zu verwirklichen: in der Ehe, im Berufsleben, in der Kindererziehung, im Unterricht, im Umgang mit den Mitmenschen usw.“[90] Dieses im Koran zweifellos belegte und von modernen Muslimen mit Nachdruck hervorgehobene Verständnis von „djihad“ darf freilich nicht darüber hinwegtäuschen, daß das Wort in der Vergangenheit oft auch im Sinne gewaltsamer Auseinandersetzung verwendet worden ist und heute radikalen islamistischen Gruppen erneut als Kampfruf dient. Dennoch wird kaum jemand bestreiten können, daß die weit überwiegende Mehrheit der Muslime sich friedfertig verhält und nur wenige islamische Staaten die Scharia in ihrer rigoros-mittelalterlichen Lesart anwenden. Vor allem dürfen die oben beschriebenen strukturellen Gemeinsamkeiten nicht übersehen werden, welche die drei monotheistischen Religionen zu einer einzigen großen Religionsfamilie zusammenführen und sie grundsätzlich untereinander dialogfähig machen.

In einem Punkt freilich ist Huntington uneingeschränkt zuzustimmen. Während westliche Politiktheoretiker aus religiöser Indifferenz oder ideologischer Voreingenommenheit die Religion aus ihren Analysen häufig ausblenden, erkennt Huntington sehr deutlich deren fundamentale Bedeutung für die politische und kulturelle Entwicklung der zukünftigen Völkergeschichte. „In der ersten Hälfte des 20. Jahrhunderts nahmen die geistigen Eliten an, daß wirtschaftliche und soziale Modernisierung zum Verkümmern der Religion als einem wichtigen Element menschlicher Existenz führen werde. ... Die zweite Hälfte des 20. Jahrhunderts zeigte, daß diese Hoffnungen und diese Ängste unbegründet waren. Die wirtschaftliche und soziale Modernisierung umfaßte die ganze Welt, und gleichzeitig fand eine weltweite Renaissance der Religion statt. ... Die Menschen leben nicht von der Vernunft allein. Sie können erst dann ihre Eigeninteressen klären und rational verfolgen, wenn sie sich selbst definiert haben. ...In Zeiten eines rapiden gesellschaftlichen Wandels lösen sich angestammte Identitäten auf, das Ich muß neu definiert, neue Identitäten müssen geschaffen werden. Fragen der Identität gewinnen Vorrang vor Fragen des Interesses. Die Menschen müssen sich fragen: Wer bin ich? Wohin gehöre ich? Die Religion bietet auf diese Fragen überzeugende Antworten, und religiöse Gruppen bieten kleine soziale Gemeinschaften, welche die durch Urbanisierung verlorenen ersetzen“.[91]

In diesem Sinne bemühen sich heute Reform-Muslime in Westeuropa und in den Vereinigten Staaten von Amerika[92] um einen Islam, der neue, überzeugende Antworten zu geben vermag auf die gesellschaftlichen Wandlungen, die durch die Entdeckung des Subjektseins der menschlichen Person, durch die Erfahrung des menschlichen Freiheitswillens und durch die Entstehung eines säkularen Bewußtseins bestimmt sind.
Der oben schon erwähnte Reformer Bassam Tibi versucht deshalb, den Islam zu entpolitisieren und auf seinen - wie er meint - ursprünglichen religiösen Kern zurückzuführen. „Im Gegensatz zu den totalitären Äußerungen der Fundamentalisten ist der Islam eine tolerante Religion: er ist ein Gottesglaube und keine politische Ideologie“[93]. Tibi geht es darum, die individuellen Menschenrechte nach dem Verständnis der westlichen Kulturnationen auch in der islamischen Zivilisation heimisch zu machen. Seiner Auffassung nach „kann allein die 'Entjuridifizierung' der Scharia dies versprechen. Denn die Scharia entjuridifizieren heißt, sie von der Überfrachtung mit einer historisch entstandenen, also im Koran selbst nicht enthaltenen Rechtskasuistik befreien, um eine Harmonisierung von islamischer Ethik und modernen Menschenrechten zu erzielen. ... Die Scharia ist erst nach der

Menschheit tötet. Und wer einen am Leben erhält, ist wie einer, der die ganze Menschheit am Leben erhält.“ Häufig wird darauf hingewiesen, daß der Konsonantenbestand im Wort Islam s-l-m im arabischen „salam“ und im hebräischen „shalom“ wiederkehrt. Beide Worte bedeuten „Heil“, „Frieden“, woraus zu folgern ist, daß sich der Moslem durch eine friedensstiftende Verhaltensweise auszuzeichnen hat.

[90] M.S. Abdullah, Islam für das Gespräch mit Christen, Gütersloh ²1995, 124. Für das Wort „Krieg“ im politisch-militärischen Sinne wird im Arabischen nicht „djihad“, sondern das Wort „kital“ verwendet.

[91] Samuel P. Huntington, Kampf der Kulturen. Die Neugestaltung der Weltpolitik im 21. Jahrhundert, München 1998, 143 ff

[92] Reform-Muslime stellen natürlich noch eine Minderheit dar, sie entstammen meist bildungsbürgerlichen Eliten und sind in ihren Herkunftsländern häufig Repressalien ausgesetzt. Darum ihre Flucht ins westliche Ausland, wo sie unter dem Schutz rechtsstaatlicher Ordnungen ihre Ideen entfalten können - in der Hoffnung, daß diese auf ihre Heimatländer allmählich zurückwirken.

[93] Bassam Tibi, Im Schatten Allahs. Der Islam und die Menschenrechte, München ²1996, 14

Vollendung der islamischen Offenbarung entstanden, ist aber in ihr nicht enthalten"[94]. Tibi plädiert für einen „Euro-Islam", der sich zur westlichen Demokratie und deren Tradition der individuellen Menschenrechte bekennt und den in Europa lebenden Migranten aus seiner Ghettoisierung befreit. Er ist davon überzeugt, daß dieser Euro-Islam nicht ohne Rückwirkung bleiben wird auf die noch im Zustand der Vormoderne existierende islamische Welt: „Die Kultur der Menschenrechte, nicht aber die Scharia kann den Muslimen helfen, sich in eine demokratische Weltgemeinschaft aller Zivilisationen zu integrieren. Die in Europa lebenden Muslime könnten selbst zu einer Brücke für den Frieden zwischen Orient und Okzident werden, wenn sie von der europäischen Diaspora aus als Vorreiter für Demokratie und Menschenrechte in ihren Ländern wirken würden"[95].

Um die hier lebenden Muslime von der Aufgabe einer solchen Brückenfunktion zu überzeugen, ist es erforderlich, daß sie bei uns in Europa, in Deutschland am eigenen Leib die Akzeptanz erfahren, die ihr Vertrauen in die Demokratie stärkt, und daß sie bei der Ausübung ihrer Religion die Unterstützung erhalten, die das freiheitliche Grundgesetz allen freien Bürgern gewährt. Und das unabhängig davon, ob in islamischen Ländern Christen heute Diskriminierungen ausgesetzt sind oder am Bau von christlichen Kirchen gehindert werden. Schließlich sind die hier lebenden Muslime nicht verantwortlich zu machen für Unrechtstaten, die in ihren fernen Heimatländern geschehen, und - ganz abgesehen von den Bestimmungen des Grundgesetzes - sollten Christen ihr Verhalten gegenüber ihren muslimischen Mitbürgern und Mitbürgerinnen nicht vom Gedanken der Vergeltung, sondern von der christlich gebotenen Nächstenliebe leiten lassen.
Der zunehmenden Ausbreitung des Islams in Europa ist nicht durch eine innere Abwehrhaltung gedient. Allen voran die Christen sollten ihm selbstbewußt gegenübertreten, und zwar dadurch, daß sie ihre eigenen Glaubensquellen neu entdecken und im Bewußtsein ihrer tief verwurzelten abrahamischen Verwandtschaft einen fruchtbaren Dialog mit ihm führen. Denn beide Seiten haben voneinander zu lernen: Der Glaubenseifer der Muslime könnte die Christen aus ihrer selbstverschuldeten religiösen Gleichgültigkeit aufschrecken und sie zu kompetenten Gesprächspartnern machen. Die Freiheits-erfahrungen des christlichen Glaubens könnten die Christen in die Lage versetzen, ihre muslimischen Geschwister anzustecken, so daß sie selbst über ein allzu gesetzliches, ritualistisches und in manchen Fällen noch menschenrechtsfeindliches Religionsverständnis hinauswachsen zur Freiheit der Kinder Gottes, die im Evangelium verheißen ist.
Wie der Islam sich in Zukunft in Europa entwickeln wird, ob er ein bedrohliches oder freundliches, weil freiheitliches Gesicht tragen wird, das hängt zu einem guten Teil auch von der Dialogbereitschaft und dem Glaubenszeugnis der Christen ab. Ein weiterhin seine Religionslosigkeit und seinen Agnostizismus hätschelndes Westeuropa hat dem Islam nichts zu bieten und wird allenfalls dessen Spott ernten.

„Die Zeit vergeht - was bleibt?" - so lautet der Titel dieser Jubiläumsschrift. Es bleibt die Bereitschaft, die Grenzen eigener Befindlichkeiten und Überzeugungen stets selbstkritisch wahrzunehmen und gegebenenfalls zu überspringen. Es bleibt die Offenheit, sich den Herausforderungen einer in beängstigend schnellem Wandel begriffenen Zeit zu stellen und sich auf neue Begegnungen einzulassen. Und es bleiben die Hoffnung, die Religionen möchten im globalen Ringen um den Frieden zwischen den Völkern zur Integration und nicht zur Spaltung beitragen, und der persönliche Wunsch, diesem für das Überleben der Menschheit so notwendigen Prozeß des Dialogs und der Verständigung im Rahmen der eigenen bescheidenen Möglichkeiten ein wenig weiterzuhelfen.

Prof. Rudolf Wein (Theologie)

[94] a.a.O., 344 f
[95] a.a.O., 12

B. Ulmer: Connemara

Hansjörg Wöhrle

Leben - Spurensuche und Entdeckung -

Eine Besinnung in der Rückschau auf die Jahre des totalen Umbruchs.

Wir hatten glücklich überlebt. 1945, die deutliche Zäsur war zugleich Halbzeit unsres Schülerdaseins am Gymnasium. Die Stadt Heidelberg blieb verschont. Der Krieg war zwar nicht gänzlich an uns vorbeigegangen: Tieffliegerbeschuß während des Schulwegs Anfang 1945. Schutz im Graben nahe der Czernybrücke. Mappe auf den Kopf, während unten im Bahngraben ein Zug von den Jabos rasiert wurde. Herbst 1944: Schanzeinsätze in Lothringen. Auch da, vor Zabern, Begegnung mit Jabos wahrend der Fahrt zum Einsatzort. Einer aus Wieblingen wurde tödlich getroffen. Ein Schock! Und doch: Wir haben überlebt.

Im Dezember 1945 traf sich die Klasse wieder nach der langen Zwangspause. Die Stadt war fast unversehrt. Das Elternhaus in Pfaffengrund stand noch. Ich höre noch das „Stiefelgetrappel" der amerikanischen Soldaten am Morgen, nachdem die Front über uns hinweg gerollt war. Wir hatten die Nacht im Keller verbracht. Im Garten hinter dem Haus verfeuerten einige Amerikaner unsre Tomatenstangen. Links vor dem Haus hatten sie einen Mg - Posten aufgebaut. Unser Haus war das letzte vor einem weiten Feld.

Als ich noch im März 1945 zusammen mit meinen gleichaltrigen 14 - 15 Jährigen einen Einberufungsbefehl „zur Behebung eines Notstandes" erhielt, wie es vieldeutig und zugleich bürokratisch auf dem Einberufungszettel hieß, und meine Mutter ziemlich verzagt und traurig war, da ging unser Untermieter, Herr Müller, wie ein gefangenes Tier im Käfig, in seinem Zimmer auf und ab und rief stammelnd immer wieder: „Diese Verbrecher". Er war ein biederer anständiger Mann, gleichwohl ein „alter Kämpfer" mit dem silbernen Parteiabzeichen. Daß seine Partei, die für ihn Inbegriff des guten Deutschen, ja des Idealen schlechthin war, nun noch trotz offensichtlich verlorenem Krieg 14 - 15 Jährige ins Feuer schicken und verheizen wollte! Das war zu viel. Eine Welt brach zusammen. Nicht nur bei ihm.

Seltsam unwirklich war die neue Situation. Panzer fuhren durch die engen Siedlungsstraßen. Sehr schnell hatten sich manche Landsleute umgestellt. Die amerikanischen Soldaten brauchten nicht lange auf ihre Liebchen warten, derer zweier Namen mir noch heute in Erinnerung sind. Merkwürdig, was man so alles behält und vergißt.

Einer meiner Volksschulkameraden fragte damals, wie das denn jetzt sei, wenn man auf die Polizei gehe? „Heil Hitler" könne man jetzt nicht mehr sagen, aber was statt dessen? Einfach „guten Tag" - das ginge doch wohl auch nicht. Der relativ kurze Spuk der 12 statt 1000 Jahre hatte sich doch tief, vor allem bei uns Jüngeren, in uns eingefressen, selbst bei denen, die wie meine Schwester und ich keine angepaßten Eltern hatten und vom NS - System nicht völlig vereinnahmt waren..

Die Hakenkreuzfahne war schneller entsorgt als der innere Wust. Das, was für unsern Herrn Müller und viele andere gestern noch eine Art Lebensmitte, heute nur noch ein Scherbenhaufen der Enttäuschung war, alles war zusammengebrochen, nicht erst mit dem Einzug der Amerikaner.

Es reichte nicht, die Fahnen bzw. die Fronten zu wechseln. Wir waren und blieben ja Deutsche. Als der holländische Offizier in US - Army - Diensten, der unser Haus im Schwalbenweg inspizierte, von meiner Mutter Auskunft auf der Landkarte über diese oder jene Orientierung wollte, gab sie ihm diese nicht: Strikte Nazigegnerin, aber doch eben auch Deutsche. Auch das gehörte zur unwirklichen Situation, dieses Dazwischenhängen in einem lädierten Koordinatensystem der geistigen, politischen, gesellschaftlichen und wertemäßigen Orientierung.

Als ich am ersten Tag amerikanischer Besatzung - die Front war irgendwo ein paar Kilometer im Süden, die Aufklärungsflugzeuge kreisten noch am Himmel (jene fliegenden Leitzentralen für die amerikanische Artillerie) - zum Bäcker einkaufen ging, da war sie wieder da, diese schwebende Unwirklichkeit: Dasselbe Geschäft, dasselbe Brot, dasselbe Brötchen - und doch plötzlich auf der andern Seite der Front. Befreit von einem schlimmen Alptraum und doch nicht am Ziel

„angekommen“. Befreit und besetzt zugleich. Daheim und doch fremdbestimmt. Situative Momentaufnahme - und zugleich Symbol für das Leben schlechthin? Die Sonne schien an jenem Apriltag. Das war schön, aber auch irgendwie unwirklich - und doch tröstlich!

Als 1941 mein Vater starb - ich war damals 11 Jahre - auch da war sie da - wenn auch auf andere Weise - diese Unwirklichkeit des Lebens. Der Straßenverkehr ging weiter, die Menschen schwatzten und lachten. War das das Leben? Konnte es sein, daß der liebste Mensch nicht mehr da war, aber alles ging seinen gewohnten Gang, als wäre nichts geschehen? Was war, was ist das Leben?

Eine andere ambivalente Empfindung ist mir erinnerlich. Ein Verwandtenbesuch im rauchenden Mannheim nach einer Bombennacht 1943. Neben verkohlten Trümmern und ätzendem Brandgeruch junge unbekümmerte Blüten am Boden, als wollten sie sagen: Wir leben! Das Leben geht weiter! - Oder in den schlimmsten Zeiten des kalten Krieges. Hinter dem eisernen Vorhang, gepiesackt durch die Berliner Mauer gekommen, am Kontrollpunkt Friedrichstraße umgeben von Spruchbändern und DDR - Parolen („es lebe der so und sovielte Parteitag der SED...“) , wie schön, wie tröstlich der Löwenzahn am Weg, der blühende Forsythienstrauch. Eine Botschaft der Gelassenheit, der Weisheit, die das Politgeschrei und die engstirnigen Phantasien der Ideologien überdauert: Wir sind noch da, grünen, blühen und haben vor, das auch noch weiterhin zu tun, wenn auch dieser Spuk vergangen sein wird.

Merkwürdig blaß sind meine Erinnerungen, wie unsre Lehrerinnen und Lehrer den Bruch zwischen Nazizeit und beginnender Demokratie in ihren pädagogischen Bemühungen verarbeitet haben. Vielleicht hängt dies auch damit zusammen, daß die uns unterrichtenden Lehrkräfte mit wenigen Ausnahmen sich um einen sachbetonten, kaum verpolitisierten Unterricht bemühten. Auch Vorsicht war wohl mit im Spiel - vor und nach 1945 - aus im einzelnen unterschiedlichen Gründen.

Eine geradezu groteske Episode ist mir noch aus einer Mathematikstunde - vor einer der ersten öffentlichen Wahlen - in Erinnerung. Wir hatten während des Pause die Tafel voll mit Wahlplakaten der verschiedenen Parteien geklebt (natürlich nur mit Wasserhaftung). Als der liebenswerte Herr Enderle den Wahlkampf in der Klasse sah, meinte er ziemlich irritiert, aber vorsichtig und beherrscht „Das ist natürlich schade, daß diese Dinge auch ins Klassenzimmer kommen.“ Er beließ die Plakate an der Tafel und ließ das Mathematische auf einem kleinen verbliebenen, offenen Tafelrest abhandeln.

Es ist überhaupt schwierig, ja wohl unmöglich, die Einflüsse der Schule auf Person, wachsende Überzeugung, Lebensinhalte und Ziele im Rückblick zu messen oder zu bestimmen. Es ist wie mit jenem Beispiel vom mit Äpfeln gefüllten Korb, was unter Theologen gern verwendet wird, um die Wirksamkeit einer Predigt zu beschreiben. Schüttest du Wasser in einen solchen Korb, so hält der Korb zwar nicht das Wasser, es fließt ab - aber die Früchte im Korb, über die das Wasser sich ergoß, sind gewaschen. Will sagen: Die Wirkung ist da, ja groß, auch wenn wenig Einzelheiten, „behalten“ werden. So sind gewiß wesentliche „Zuflüsse“ durch die Schule in mein Leben gekommen, welche die Gründlichkeit zu denken, das Gewinnen von Urteilen, die Fähigkeit zu methodischem Vorgehen, Umgang mit der Sprache, den Sprachen und im Blick auf die alten Sprachen einen Kosmos von geistigen und kulturellen Räumen erschließen halfen. Eine besondere Bedeutung kam hier dem Deutschunterricht zu.

Direkt im Bewußtsein blieben markante Äußerungen zu zentralen Fragen des Lebens. Professor Klingenstein fragte bsp. im Deutschunterricht einen Klassenkameraden: „Na .... warum gehen Sie in die Meistersinger ?“ Der Angesprochene erwiderte: „Weil`s zur Bildung gehört, Herr Professor“. Klingenstein antwortete mit seinem unvergleichlich vielsagendem, milde - freundlich - ironischem Lächeln: „Was heißt Bildung? Sicher nicht enzyklopädisches Viel - und Bescheidwissen! Es kann sein, daß einer etwas ganz Bekanntes, was eigentlich alle wissen, nicht weiß. Macht nichts! Er kann trotzdem gebildet sein, wenn er das, was er weiß und kennt, in seinem Gehalt erfaßt und sinnvoll mit seiner Lebensgestaltung in Verbindung bringt. Der einfache Volksschüler, der das, was er weiß und erkennt, was er an Wissen sich erschließt, in sein Leben verantwortlich gestaltend einbringt, der ist eher gebildet als der oberflächliche Vielwisser“.

Ein im Religionsunterricht häufig gebetetes biblisches Gebet ist mir stark in Erinnerung und in der Seele geblieben: „Weise mir Herr deinen Weg, daß ich wandle in deiner Wahrheit. Erhalte mein Herz bei dem einen, daß ich deinen Namen fürchte“. Daß dieses Gebet mehr als das gewiß Wichtige am kognitiv und argumentativ Vermitteltem, mir geblieben ist, zeigte sich mir auch in meinem

Pfarrersleben und Tätigsein, daß nämlich nicht nur Erkenntnisvermittlung geschehen soll und im geistigen Diskurs Lebens - und Glaubensfundamente gelegt werden, sondern daß es auch und vielleicht noch mehr darauf ankommt, sich einzuprägen und aufzunehmen, wovon die Seele lebt.

Die wichtigste Lebensentdeckung im doppelten Sinn: Entdeckung vom Leben und fürs Leben vollzog sich für mich aber nicht im Horizont von Cäsar und Ovid, von Xenophon und Homer, von Platon und Goethe. Ein kleines Neues Testament, von meiner Patentante mir zur Konfirmation geschenkt, - mit 16 / 17 Jahren und in der Folge intensiv gelesen - wurde schlechthin lebensentscheidend. Es war die Begegnung mit dem Wort und Werk, dem Wirken, Sein, Leben und Sterben Jesu von Nazareth, die auf der Suche nach Lebensgrund, Lebenswahrheit, Lebenssinn und Lebensziel entscheidend prägend wurde.

Ich erinnere mich an eine Religionsstunde mit Professor W. Joest. Einer bat ihn, uns über die andern großen Weltreligionen zu informieren: „ aber bitte, ganz objektiv, Herr Professor". Joest antwortete sinngemäß: „Ich will, so sachlich ich kann, informieren, aber im letzten objektiv kann ich nicht sein. Ich bin Christ und dies wird in allem Darstellen der andern Religionen durchscheinen." Ich greife diesen Gedanken auf, um deutlich zu machen, daß mir bewußt ist, daß ich keine „objektive" Aussage mache, wenn ich Jesus von Nazareth als Entdeckung des Lebens, fürs Leben nenne.

Es gibt Erfahrungen, die sind geradezu notwendigerweise subjektiv. Ich habe aber später im Studium. vor allem in der Beschäftigung mit dem Tübinger Theologen Karl Heim über das „Gewißheitsproblem" in der Theologie gelernt, daß die entscheidenden Wahrheiten nicht objektiv mit naturwissenschaftlicher Präzision faßbar sind. Heim nennt sie axiologische, vor allem Beweisenkönnen und Beweisenmüssen gegebene Wahrheiten. (Übrigens erinnere ich mich an die Äußerungen des Philosophen W. Weischedel in einer Tübinger Vorlesung, der sinngemäß sagte: Wenn Sie bei einem Philosophen an den Kern seiner Philosophie kommen wollen, dann müssen sie auf das achten, was er nicht mehr beweist, sondern voraussetzt).

Dietrich Bonhoeffer hat in seinem Buch „Nachfolge" im Blick auf Gestalt, Wirken und Wirkung Jesu Christi dieses axiologische Phänomen der Christusgewißheit beschrieben. Der Ruf der Jünger in der Nachfolge, nicht durch Argumente begleitet, entspringe einer letzten, in Jesus ruhenden, nicht mehr begründeten und begründensnotwendigen Autorität. Die knappen schmucklosen Berufungsberichte der Evangelisten ohne jedes Beiwerk und ohne zusätzliche Argumentationsfütterung würden genau diesem Sachverhalt gerecht.

So muß Jesus Christus nicht erst als der Sohn Gottes bewiesen werden, um geneigt zu werden, ihm alsdann zu folgen. Es ist umgekehrt. Jesus Christus erweist sich in seinem Wesen und Wirken als der Einzigartige, ist und lebt jene von Gott kommende Autorität, die Menschen in seiner Nähe innerlich überwindet und zum Bekenntnis seiner Einzigartigkeit führt, mit welchen Worten, Namen und Ehrentiteln auch immer sie diese bezeichneten.

In den Evangelien heißt es einmal, die Menschen seien in der Begegnung mit Jesus erschrocken, ja entsetzt gewesen, denn „er lehrte gewaltig und nicht wie die Schriftgelehrten". Die Begegnung mit den Worten Jesu stellt gleichsam unter Starkstrom, bsp. in der Bergpredigt, (aber nicht nur hier).Daß in Jesus Gott selber auf der Erde ist, muß mit keinem Dogma der Menschwerdung Gottes erst postuliert werden. Es ist in Jesu Wort unmittelbar evident

Jesus erspart dem Menschen, den er anspricht und der sich ansprechen läßt, nicht den heiligen Ernst in der Begegnung mit Gott, der den Gottfernen Menschen erschrecken läßt. Er rührt den Menschen also nicht allgemein religiös an, um seine religiösen Bedürfnisse zu befriedigen, er umgeht diese notwendige Begegnung der Menschen mit Gott nicht, aber er verwandelt sie. Er stellt den Menschen unbedingt und kompromißlos - und ist doch zugleich Gottes unendlich sanfter Finger, der den Erschrockenen hält, heilt, tröstet, ihm seine und damit Gottes ganze Liebe zuwendet. Das „Fürchte dich nicht" aus Jesu Mund ist von einer letzten unbezweifelbaren Glaubwürdigkeit und helfenden Tröstlichkeit, weil es durch das Leiden und Sterben Jesu für den Menschen hindurchgegangen ist.

Versöhnung und Vergebung sind bei ihm nicht mehr Bedingungen mit „Vielleicht" und „wenn - dann" verbundene Eventual - oder Teilgaben Gottes, sondern ganz und vollkommen, weil sie in dem am Kreuz geschehenen „Es ist vollbracht" unumstößlich gründen. Dies zu verinnerlichen, heißt, allem Schwankenden entrissen und auf tragfähigen, neuen Lebensgrund gestellt zu sein, heißt leben.

Die Hoffnung des Psalmbeters, „du stellst meine Füße auf weiten Raum“ wird von Christen als in Christus erfüllt als wunderbare Chance begriffen, leben zu dürfen, d. h. neuen Zugang zu haben zur Schöpfung, zu all ihren Farben und Facetten, als zeitlebens Angeschlagene und von Anfechtung und Schuldigwerden Versehrte trotzdem fröhlich sein zu dürfen. Gottes Ja im Rücken, ja sagen zu dürfen zu seiner Welt und in der am eigenen Leib erfahrenen, versöhnenden Liebe Gottes den Sinn und Antrieb zu finden, Welt und Leben zu gestalten und sich den Mitmenschen zu öffnen.

Das Wort Jesu: „Ich bin gekommen, daß sie das Leben und volles Genüge haben sollen“, eröffnet ein Fest - übrigens ein Fest, das auch mit dem Tod nicht zu Ende sein soll.

Ich blende nochmals zurück in die deutsche Gemütslage in den ersten Nachkriegsjahren. Nach dem tiefen Einschnitt 1945 und dem nationalen und weithin auch seelischen Totalfrust der vielen, die rückblickend feststellen mußten, mit Hitler aufs falsche Pferd gesetzt zu haben und die sich nun mühsam durch die Mangel der Entnazifizierung durchzuhangeln versuchten, machte sich vielerorts eine Grundstimmung des „ohne mich“ breit. Man wollte nicht noch einmal bei den Falschen erwischt werden. Man war auch weithin tiefer getroffen in seinen inneren Kapazitäten, sich für hehre Ziele zu begeistern, als man sich eingestehen wollte oder konnte. Man hatte ja auch genug zu tun, zu reparieren, zu bauen, zu basteln, so daß die Neigung, seine menschliche Existenz an Ideen , Autoritäten oder Programme zu binden, nur schwach war.

Auch kirchliche Bindungen blieben häufig an der Oberfläche, soweit die Kirche nur als Moralanstalt oder soziale Institution verstanden wurde, die Care - Pakete aus Amerika verteilte, wofür natürlich dringender Bedarf bestand. Ich hatte damals auch Grund, für manches Kleidungsstück zu danken, das über den großen Teich zu uns gelangte.

Und doch war es im Raum dieser Kirche möglich, aus dem allgemeinen Trend der Ohne - mich - Lähmung, mit der sich die junge Demokratie und ihre Parteien quälen mußten, aus - bzw. aufzubrechen, einfach weil in ihr die Stimme Jesu Christi laut wurde, die aus der Masse herausholt und zugleich in eine Gemeinschaft stellt.

Es war das Besondere und Herausragende gerade in diesen Zeiten, daß die Autorität Christi den hinter aller Anpassung.- und Ablenkungsmentalität verborgenen, verschütteten, seelischen Hunger erreichen und schließlich auch sättigen konnte. Christus konnte sich durchsetzen gegen das Ohne mich - Denken und Fühlen. Er kann es zu allen Zeiten bis hin zu den aktuellen Tendenzen einer Verantwortungsflucht in die oberflächliche Spaßgesellschaft - durch sein bis ins letzte glaubwürdiges „Für mich“ sein.

In diesem Kontext erlebte ich christliche Gemeinde und insbesondere die Junge Gemeinde als einen besonderen Ort der Lebensvermittlung. Hier fand ich mich als ein im Innersten Angesprochener, Empfangender und zugleich auch im Prozeß des Weitergebens christlicher Frohbotschaft Gebrauchter - in Jugendgruppen, Laienspieleinstudierungen, in Freizeiten, Fahrten etc. hinein genommen in einen lebendigen Prozeß der aktiven Teilnahme eines Lebens mit Freude und Farbe, gespeist aus den nie versiegenden Quellen göttlichen Lebens und barmherziger Christusliebe.

Ich vergesse nicht, wie der spätere Bundespräsident G. Heinemann auf dem Essener Kirchentag dem Frust der Enttäuschung an den immer wieder zusammenbrechenden menschlichen Idealen, Allmachts - und Ewigkeitsphantasien sein fröhliches Credo entgegenrief: „Eure Herren gehen, unser Herr kommt“.

Begreiflicherweise hat es auf diesem Weg bisweilen auch geknirscht und es gab Sand im Getriebe. Wollten nicht alle so tiefschürfend genommen werden, gab es Spannungen, Enttäuschungen und viel Angefochtensein über das eigene Ungenügen. Aber die Reibungen und Verwerfungen stellten das Fundament und das Strömen der entdeckten Quellen nicht in Frage. Und dies genügt, nicht wegen der eigenen Stabilität, sondern wegen der Zuverlässigkeit der Treue Gottes.

Meinen späteren Beruf als Pfarrer hätte ich nicht ergreifen und ausüben wollen ohne diese Entdeckung vom Leben: „Bei dir ist die Quelle des Lebens - und in deinem Licht sehen wir das Licht“. des aus Liebe gebenden und vergebenden Gottes, aus dessen unerschöpflicher Fülle geschöpft und weitergereicht werden darf.

So war es wohl auch kein Zufall, daß der Landesjugendtag der evangelischen Jugend 1966 in der Heidelberger Stadthalle, den ich damals als Landesjugendpfarrer zusammen mit den Mitarbeiterinnen und Mitarbeitern vorzubereiten und auszurichten hatte, unter dem Thema stand: „Das Leben wagen“.

Zum Schluß noch einmal ein dankbarer Rückblick auf das Gymnasium. War die Schule ihrem Wesen entsprechend mehr der Ort der Wissensvermittlung, so gab sie doch auch Raum zu ganzheitlicher Lebensfreude und emotionalen Grundprägungen. Ich denke stellvertretend für vieles an einen Reformationsgottesdienst in der Christuskirche, in dem wir den leider bald danach verunglückten Musiklehrer und Organisten Linder - er stürzte bei Mannheim von einer Behelfsbrücke in die Tiefe - mit dem Schulorchester zu einem Orgelkonzert von G. F. Händel begleiteten und unter seiner Leitung zusammen mit dem Schulchor Bach´s Reformationskantate: „Gott der Herr ist Sonne und Schild“ musizierten. Tief eingeprägt hat sich mir auch - bis zum heutigen Tag, wenn wir die Matthäuspassion hörten oder sangen, wie wir als Knabenchor des KFG auf der Bühnengalerie der Stadthalle unter der Leitung von H. Poppen den Cantus firmus Choral singen durften: „O Lamm Gottes unschuldig am Stamm des Kreuzes geschlachtet, all Sünd´ hast du getragen, sonst müßten wir verzagen, erbarm dich unser - o Jesu, gib deinen Frieden, o Jesu“.

Da hat es angefangen, was sich fortgesetzt hat bis zur Erfahrung des 7o Jährigen, wenn ich in der Kantorei das Gotteslob mitsinge und dabei spüren darf, wie ich empfangend und weitergebend hinein genommen bin in einen Strom des Lebens, der mich trägt, jenes Lebens, das nicht per definitionem fixiert werden muß, sondern durch Gnade empfangen und gelebt werden darf.

Hansjörg Wöhrle (Theologie)

B. Ulmer

Die Autoren:

Gerhard **August**: Abiturrede in Heidelberg vom 28.7. 1950

Gerhard **August**: Ist die christliche Religion die einzig wahre? - Zum Absolutheitsanspruch des Christentums

Christina **Falck** - **Ytter**, geb. **Herrmann**: Von der Philologie zur Eurhythmie.

Agathe **Hommel**: Milet im Wandel der Zeiten (4 Abbildungen)

Hans Christoph **Huber**: Zustände der Volksschule

Ursula **Koretzky**, geb. **Wolffhardt**: Schweigen ist ein wirkliches Verbrechen gegen das Menschheitsgeschlecht

Reinhold **Kreile**: Richard Strauss und das Urheberrecht

Peter **Kunkel**: Negritude

Dietrich **Lehmann**: Der Traum, die Natur der Welt und das Bewusstsein - und alles im Hirn?

Dieter **Maaß** und Wilma, geb. **Egner**: Informationstechnik: Wunsch oder Alptraum?

Klaus **Schmidt - Koenig**: Orientierung im Raum

Hermann **Schönthal**: Zur Prävention in der Medizin

Barbara **Ulmer**: Zeichnungen von europäischen Landschaften und Städten

Joseph Engelbert **Weber**: Ein Ruck durch Deutschland

Rudolf **Wein**: Muslime in Deutschland - Probleme und Chancen gelingender Integration

Hansjörg **Wöhrle**: Leben - Spurensuche und Entdeckung. Eine Erinnerung in der Rückschau auf die Jahre des totalen Umbruchs